Hanns-Josef Ortheil erzählt von seinen Lebensthemen: Entlang zentraler Stichworte wie Wohnen, Reisen, Essen und Trinken, Film, Jahreszeiten oder Musik geht er den vielfältigen Facetten einer literarischen Lebenskunst auf den Grund. Diese Passionen werden nicht nur beschrieben, sondern auch nach ihrer Herkunft und vor allem danach befragt, was sich hinter ihnen verbirgt. Warum hasst Ortheil Frühstücksbüfetts, und warum hört er beim Schreiben ausschließlich Klaviermusik aus den Zeiten vor 1750? Wieso gefällt ihm eine so spröde TV-Sendung wie das »Alpenpanorama«, und warum wird er wohl nie nach Japan reisen, vielleicht aber einmal ein Buch über Japan schreiben?

HANNS-JOSEF ORTHEIL wurde 1951 in Köln geboren. Er ist Schriftsteller, Pianist und Professor für Kreatives Schreiben und Kulturjournalismus an der Universität Hildesheim. Seit vielen Jahren gehört er zu den beliebtesten und meistgelesenen deutschen Autoren der Gegenwart. Sein Werk wurde mit vielen Preisen ausgezeichnet, darunter dem Thomas-Mann-Preis, dem Nicolas-Born-Preis, dem Stefan-Andres-Preis und zuletzt dem Hannelore-Greve-Literaturpreis. Seine Romane wurden in über zwanzig Sprachen übersetzt.

Hanns-Josef Ortheil

Was ich liebe –
und was nicht

btb

Verlagsgruppe Random House FSC® N001967

1. Auflage
Genehmigte Taschenbuchausgabe Oktober 2018
Copyright © 2016 Luchterhand Literaturverlag
in der Verlagsgruppe Random House GmbH,
Neumarkter Str. 28, 81673 München
Umschlaggestaltung: semper smile, München
nach einem Entwurf von buxdesign, München unter Verwendung
eines Motivs von © Amy Weiss / Trevillion Images
Druck und Einband: GGP Media GmbH, Pößneck
cb · Herstellung: sc
Printed in Germany
ISBN 978-3-442-71688-3

www.btb-verlag.de
www.facebook.com/btbverlag

Entrée

Der französische Zeichendeuter und Schriftsteller Roland Barthes hat viele Bücher geschrieben. Über den Eiffelturm, die Mode, die Sprache der Liebe. Als er sechzig war, stellte er solche Themen aber einmal zurück und schrieb ein entspanntes Buch nur über sich selbst. Warum er gerne Zigarren raucht. Wie er sich hinter einem Vortragspult fühlt. Was er besonders liebt (Salat, Zimt, Käse, Rosen, Schreibfedern etc.) und was er überhaupt nicht mag (Geranien, das Telefonieren, das Cembalo etc.).

Es wurde ein übermütiges und auch heiteres Buch, in dem der Autor sich in vielen Facetten porträtiert. Mit bloßen Benennungen seiner Passionen begnügte er sich jedoch nicht. Vielmehr ging er ihnen detailliert nach: Wie waren sie entstanden (Ursprünge)? Woraus bestanden sie (Strukturen)? Und als welchen Typus oder Charakter ließen sie ihren Darsteller erscheinen (Zugehörigkeit zu einer Spezies)?

In Barthes' Buch *Über mich selbst* habe ich seit seinem Erscheinen (1975) immer wieder gelesen. Und jedes Mal erlebte ich während der Lektüre, wie »anregend« es wirkte und dass es mich darüber nachdenken ließ, was ich selbst liebe und was eben nicht. Als befragte das Buch mich ganz direkt und redete auf mich ein: Gib doch zu …, lass mal hören …, denk mal drüber nach …!

Oft legte ich es schon nach wenigen Seiten Lektüre zur Seite und überließ mich meinen Ideen und Gedanken. Viele davon habe ich aufgeschrieben und mit den Jahren gesammelt. Jetzt sind die meisten in dieses Buch eingegangen. Insgeheim schielen sie danach, dass auch die Leserin oder der Leser sich selbst befragen. Damit das Ganze nicht nur mein eigenes Selbstporträt in kurzen Fragmenten bleibt, sondern zu einer Art Spiegel wird, in dem Leserin oder Leser sich selbst genauer erkennen.

Im Grunde handelt es sich bei einem solchen Vorhaben um ein traditionsreiches, schon seit der Antike bekanntes Projekt. Es geht dabei um so etwas wie Lebenskunst, das heißt um die Fragen, wie ich mein Leben einrichte und meine fortlaufenden Überlegungen dazu begründe. Einerseits schaut man dabei auf all die subjektiven Passionen, die sich in einem Leben mehr oder minder zufällig herausgebildet haben, schließlich aber bewusst angenommen und kultiviert wurden. Der Ursprung dieser Passionen liegt in der Kindheit und Jugend. Daher werde ich, um viele von ihren Ursprüngen her genauer zu erkennen, immer wieder in diese frühen Zeiträume zurückgehen müssen.

Andererseits schaut man aber auch darauf, welche Strukturen und Hintergründe die gelebten Passionen im Zusammenhang mit den Überlegungen, die sie stabilisieren und formen, im Laufe der Zeit ausgebildet haben. Solche Fragen betreffen Räume und Zeiten, Architekturen des Lebens und lebenslang ausgebildete Rituale.

In der griechischen und römischen Antike waren solche Fragen beliebte Themen im brieflichen oder mündlichen Dialog zwischen Philosophen und Schriftstellern. Von den meisten Autoren des frühen Christentums wurden sie übernommen und mit dem Blick auf die organisierenden Lebensformen des Christentums bis heute thematisiert.

Ein in diesem Zusammenhang besonders und von mir »über die Maßen« (wie Roland Barthes in hymnischen Momenten gerne sagt) geliebtes Buch ist das *Kopfkissenbuch* der japanischen Dichterin Sei Shōnagon, das sie als Hofdame am japanischen Kaiserhof um das Jahr 1000 n. Chr. geschrieben hat (Erstmals vollständig aus dem Japanischen übersetzt und neu herausgegeben von Michael Stein. Zürich 2015). Diese sehr privaten Bekenntnisse erzählen nicht nur vom Leben am Hof, sondern sind auch ein Kompendium verschiedener Kurzformen des Berichtens und Bekennens. So gibt es viele Listen, die bestimmte Attraktionen und Passionen sammeln und nebeneinanderstellen. Oder es gibt kurze Dialoge, in denen sich zwei Menschen (oft leise, geheim und flüsternd) über Dinge und Ereignisse austauschen, die nicht öffentlich werden sollen.

In der Formanlage dieses Buches habe ich mich (auch) an Sei Shōnagons *Kopfkissenbuch* orientiert. So gibt es lauter mehr oder minder kurze und in sich geschlossene Texte, die der Leser wie knappe Meditationen, Gedankengänge oder auch emotionale Ausbrüche lesen kann. Eingestreut habe ich kurze Gedichte, die ich in meiner Kindheit geschrieben und deren Gedichtformen ich bis heute beibehalten habe. (Über ihre Herkunft habe ich in meinem Roman *Der Stift und das Papier* ausführlicher erzählt.) Daneben gibt es Listen, Dialoge mit anderen Menschen, kurze Inhaltsangaben von Projekten, O-Töne aus meiner Umgebung und vieles andere mehr.

Im Ganzen ist auf diese Weise ein buntes Kaleidoskop (und keine durchlaufende Reflexionsprosa) entstanden. Die

Mischform der vielen sehr unterschiedlichen Kurztexte soll etwas von der Lebendigkeit und Fülle der zugrundeliegenden »Lebensprosa« wiedergeben. So, als wäre alles noch keineswegs sicher, zur Ruhe gebracht und damit abgegolten, sondern als wäre vieles noch sehr in der Schwebe, unruhig und inspirierend.

Daher »bekennt« sich in diesem Buch ein Ich in vielen unterschiedlichen Rollen und Lebensaltern: Das Kind macht seine ersten Beobachtungen, der Pubertäre versucht, sich zu orientieren, und der Mann mittleren und höheren Alters gibt sich erfahren, verständig und an jeder Kleinigkeit interessiert, nicht ohne die Neugierde laufend anzufachen und anzustacheln, damit die alte, nicht versiegende Unruhe immer wieder Überraschendes und Unerkanntes hervorbringt.

Hanns-Josef Ortheil
Stuttgart, Köln, Wissen an der Sieg,
im Frühjahr 2016

Reisen

Autofahren 1

Ich fahre nicht gern mit dem Auto. Obwohl ich seit Jahrzehnten eines besitze, gehe ich vor jeder Fahrt mit leichtem Widerwillen darauf zu, während das Fahrzeug mit sturer Geduld auf mich wartet. Eigentlich will ich nicht einsteigen, nein, ich will mich nicht in einen unbequemen Autositz pressen und stundenlang in peinlicher Bewegungsstarre festhalten lassen.

Sitze ich dann doch, mache ich oft etwas verkehrt und tue so, als hätte ich vergessen, wie man überhaupt Auto fährt. Ich bin nicht der routinierte Autofahrer, der sich längst an alles gewöhnt hat, sondern der ewige Anfänger, der noch darüber nachdenken muss, wie er für die richtige Innentemperatur sorgt und die Lüftung perfekt einstellt. Dabei weiß ich doch genau, dass ich die Lüftung nie richtig werde einstellen können, denn alles, was mein Wagen an Technik und Komfort zu bieten hat, erschließt sich nur über Gebrauchsanweisungen der Hersteller. Diese dicken Bücher mit all ihrem penetranten Technikerempfehlungsdeutsch lese ich aber nicht. Die Technik sollte sich leicht erschließen. Sie will jedoch beachtet, bedient und laufend neu eingestellt werden. So etwas ist nicht nur lästig, sondern auch unverschämt. Schließlich sollte die Technik auf mich und meine Wünsche eingehen und sich daraufhin von selbst einstellen, anstatt von mir immer wieder neu mit hilflos herumtastenden Fingern bedient zu werden.

Fahre ich dann endlich los, erscheinen mir die nächsten Stunden, die ich wie ein Gefängnisinsasse in meinem Wagen verbringe, als reinste Zeitverschwendung. Alle Vergnügen, die ich sonst liebe, sind streng verboten. Ich kann weder etwas Gescheites essen noch trinken, ich kann weder lesen noch Klavier spielen, ich darf lediglich Musik hören oder eine der chic gewordenen Hörbuchkassetten einlegen, um der 13. Fortsetzung von Theodor Fontanes »Effi Briest« ergeben zu lauschen.

Immerhin, die Hörbuchkassetten sind eine gute Erfindung und für einen Autofahrer wie mich eine gewisse Wohltat. Allerdings verleiten sie dazu, das Autofahren nun vollends zu ignorieren und sich ausschließlich auf den gehörten Text zu konzentrieren. Meist wird mir viel zu spät klar, dass ich mich zwar im zehnten Kapitel von »Effi Briest«, gleichzeitig aber auch auf der Autobahn zwischen Darmstadt und Frankfurt und damit auf einem Autobahnstück befinde, auf dem ich mich gar nicht befinden sollte.

Vor lauter Zuhören und gedanklichem Mitgehen bin ich von meiner eigentlichen Route abgewichen und treibe nun auf Gegenden zu, auf die ich nicht zutreiben dürfte. In solchen Fällen hilft alles nichts, ich muss auf einen Parkplatz fahren, den Wagen einige Minuten zur Ruhe kommen lassen, »Effi Briest« sofort aus meinem Kopf wegblenden, um dann wieder (scheinbar gelassen) einzusteigen und (wie das Navigationsgerät empfiehlt) »wenn möglich bitte (zu) wenden«.

Hätte ich bloß früher auf dieses Gerät gehört, aber ich

höre darauf nicht, wenn eine Hörbuchkassette läuft und erst recht nicht, wenn ich Musik höre, die mich begeistert. Eigentlich höre ich fast nie auf das Navigationsgerät, ich lasse es reden und Strecken empfehlen und verkünden, dass soeben eine neue Routenberechnung vorgenommen wurde – all das ist mir gleichgültig, denn ich empfinde eine gewisse Schadenfreude, wenn ich anders fahre, als das Gerät empfiehlt. Aus eigenem Antrieb, mit eigenem Willen, strikt gegen alle noch so tüchtigen Empfehlungen für eine »dynamische Route«!

Ich mag weder »dynamische« noch »sportliche« noch »effiziente« Routen, am liebsten würde ich stets auf den entlegensten, langsamsten fahren und natürlich am allerliebsten nicht auf Autobahnen, sondern auf Landstraßen ohne Mittellinie. Ganz im Abseits, im Nirgendwo zwischen Brumpfdorf und Rumpfdorf an Feldern und Wäldern entlang – das ist gerade noch erträglich, denn es lässt einem Zeit, auch auf die Umgebung zu achten. Ein Habicht auf einem Feldzaun! Die kleine Schar Kühe vor einem Unterstand! Wie sich die Wolkenmassen über den nahen Hügeln herumlungernd ausbreiten, als warteten sie auf den richtigen Zeitpunkt, endlich all das Wasser abzulassen, das sich gerade in ihnen staut! So etwas zu sehen und sich ihm zu widmen, macht seltsam ruhig und führt oft dazu, dass ich anhalte, aussteige und ein Stück spazieren gehe. Ist ein Gasthof in der Nähe? Oder wo gäbe es sonst etwas an guten, ländlichen Freuden?

Es kommt gar nicht so selten vor, dass ich wirklich einen Gasthof finde, der etwas Überraschendes, ländlich Fernes hat. Keine Anbindung an die neusten Gastromoden. Einfach Schwein, Rind, Kalb oder Lamm von der nächsten Weide geschlachtet und schlicht zubereitet! Und dazu die genau passenden Getränke, eisgekühltes Bier oder einen Grauburgunder vom Weinberg gerade hinter dem Haus! Sind keine freundlichen Einheimischen für ein Gespräch da, reichen notfalls auch ein paar Tageszeitungen aus dem ländlichen Umkreis. Ich sitze, esse, trinke und lese – wie schön vergehen doch solche Stunden, so schön, dass ich den Wagen vollends stehen lasse und mich danach erkundige, ob in dem entlegenen Gasthof noch ein Zimmer frei ist.

Meist ist eines frei. Wie gut! Wie entgegenkommend! Ich hole meinen kleinen Allerweltskoffer aus dem Auto und lasse dem Wagen wie einem müden Gaul seine nächtliche Ruhe, soll er doch weiter geduldig und apathisch dreinschauen und warten: ich kann ihm einfach nicht helfen – wir sind nicht füreinander gemacht.

Aufbruch

Ich: Wo ist die Brille?

B: Welche Brille?

Ich: Die Sonnenbrille, Du weißt schon.

B: Die steht Dir nicht, Du siehst furchtbar damit aus.

Ich: Wo ist sie? Ich sehe fast nichts.

B: So schlimm ist es doch gar nicht.

Ich: Schaust Du jetzt bitte mal im Handschuhfach nach.

B: Dass es dieses Wort überhaupt noch gibt.

Ich: Welches Wort?

B: Handschuhfach!

Ich: Schaust Du jetzt bitte mal nach? Die tief stehende Sonne blendet.

B: Tief stehende Sonne ... auch so eine altertümliche Wendung.

Ich: Ich hätte jetzt gern mal meine Sonnenbrille ...

B: Du siehst damit aus wie ein Zuhälter aus Köln-Mülheim ...
Ich: Wieso denn das?
B: Als hättest Du was zu verbergen ...
Ich: Was sollte i c h schon verbergen ...
B: Lassen wir das ... (schaut im Handschuhfach nach) ...
*   Da ist sie nicht.*
Ich: Aber da war sie immer ...
B: Manchen steht sie ... manchen aber kein bisschen.

Autofahren 2

Vielleicht hat meine Abneigung gegenüber dem Autofahren
auch damit zu tun, dass ich als Kind nicht frühzeitig daran
gewöhnt worden bin. Anders als die Eltern meiner Klassen-
kameraden besaßen meine Eltern nämlich sehr lange kein
Auto, und als sie sich endlich eins anschafften, waren diesem Kauf lange Debatten darüber vorausgegangen, ob wir
denn wirklich ein Auto brauchten. Viele Jahre sind wir nur
mit der Bahn gefahren – was hatte nähergelegen, als genau
das zu tun, arbeitete mein Vater doch als Vermessungsingenieur für dieses alte, stolze Unternehmen und konnte uns
daher in den schönsten Abteilen mitbefördern.

Wir gingen sehr viel zu Fuß, fuhren nie Bus, sondern
höchstens Straßenbahn und bewältigten längere Strecken
ausschließlich im Zug. Kein einziges Auto konnte ich als
Kind an der Marke erkennen, Lokomotiven dagegen erkannte ich auf den ersten Blick. Nie kam es uns seltsam
vor, ausschließlich mit der Bahn zu fahren, vielmehr hielten wir das für »natürlich« oder »normal«, als wäre die Bahn
ganz selbstverständlich für uns da, wie ein uraltes Fuhr-
unternehmen, das zur Familie gehörte.

Als wir uns schließlich doch ein Auto gekauft hatten, parkte dieses Auto oft tagelang vor der Haustür. Kürzere Strecken gingen wir weiter zu Fuß, etwas längere fuhren wir mit der Straßenbahn – und für noch längere Strecken taugte das Auto nicht, weil es (wie mein Vater sagte) »zu unbequem« sei. Wann also konnte das Auto überhaupt zum Einsatz kommen? Ausschließlich, um etwas schwerere Waren aus der Innenstadt in unsere Wohnung zu befördern! So wurde das Auto zu unserem Gepäckträger und hatte außerhalb dieser Dienste frei.

Erst nach langem Stillstehen kam es häufiger zum Einsatz, und das auch nur, weil ein Kollege meines Vaters behauptet hatte, ein Auto müsse »dann und wann auch gefahren oder bewegt werden«. Mein Vater glaubte solchen Behauptungen sofort. Im Grunde verstand er nicht viel von Autos, wohl aber von Lokomotiven – und natürlich war in seinen Augen das Lokomotivwissen ein weitaus interessanteres, anspruchsvolleres als das Autowissen. Lokomotiven fuhren nur aufgrund schwer zu verstehender, komplizierter Gesetze, Autos dagegen fuhren einfach von selbst, man musste nur etwas Gas geben!

Und so nahm mich mein Vater als seinen Beifahrer und Begleiter mit auf kleine Touren durch die nähere Umgebung. Diese Fahrten dauerten meist nicht mehr als eine Stunde und führten zu irgendeinem Aussichtspunkt in der Nähe von Köln, von dem aus man »die halbe Welt auf einen Blick« (Vater) überschauen konnte. Oft gingen wir in der Umgebung eines solchen Höhenpunkts noch etwas spazieren, um schließlich am Rand eines Waldes auf eine Bushaltestelle zu treffen und mit dem Bus wieder nach Köln zurückzufahren.

Dort fiel uns dann auf, dass wir unseren Wagen in der Nähe des Aussichtspunkts stehen gelassen hatten. Wir hatten ihn einfach vergessen, denn wir waren nicht daran gewöhnt, ihn im Auge oder in Erinnerung zu behalten. An einem der folgenden Tage mussten wir den irgendwo abgestellten Wagen zurückfahren, manchmal hatte er während seiner einsamen Stunden ein paar Stöße und Püffe abbekommen und sah ramponiert aus – und einmal hatte jemand sogar eine Scheibe zerschlagen und ihn gewaltsam geöffnet, ohne etwas Nennenswertes in ihm zu finden.

Mein Vater sagte nach solchen Missgeschicken (die gar nicht so selten vorkamen), dass sich der Wagen »von uns entfremdet habe«. Das hörte sich so an, als hielte er ihn für ein lebendiges Wesen mit eigenen Launen und einem undurchsichtigen Charakter. Wenn er einstieg und der Wagen erstmal nicht anspringen wollte, sagte er »na willst du wohl!« oder auch »was hast du denn heute wieder?« Der Sturkopp oder die Mimose benahmen sich dann auch während der Fahrt seltsam, sie würgten ab oder rasselten mit uns unbekannten Teilen des Motors. Passierte so etwas während einer Fahrt häufiger, war es mein Vater irgendwann leid und parkte den Wagen am Straßenrand. »Dann bleib doch, wo du bist«, rief er ihm beim Weggehen zu, und es klang wie das Wort zur endgültigen Scheidung.

Erst Tage später fuhr er ihn wieder zu unserem Haus zurück (»na, geht doch!«). Danach aber beachtete er ihn tagelang nicht, sprach nicht mit ihm und ließ ihn stehen, bevor er ihn (als ginge es um einen Akt der Versöhnung) noch einmal »um den Block« fuhr (fünf Minuten, als wollte er ihn testen). Passierte auch auf dieser kurzen Tour etwas nicht Erwartetes, wurde der Wagen umgehend verkauft.

Auf diese Weise durchlitten wir in wenigen Jahren viele Autos (alle von der Marke VW). Keines fand Gefallen an uns, alle »entfremdeten« sich schon bald – und so gaben wir es schließlich auf, uns an ein Auto zu gewöhnen, und fuhren wieder nur noch mit der Straßenbahn und mit dem Zug.

Gedichte aus der Kindheit

1962, im Frühjahr
Wir fahren ein Auto,
das keiner will.
Wir fahren ein Auto,
das uns nicht mag.
Wir fahren ein Auto,
das uns bald nicht mehr gehört.

1962, im Frühjahr
Papa sagt,
ein VW sei ein Kompromiss.
Ein Mercedes
wäre aber auch ein Kompromiss.
Im Grunde sind alle Autos
Ein übler, peinlicher Kompromiss.

Zug fahren 1

Genau so ist es bis heute geblieben. Ich fahre gern mit einer Straßenbahn und noch lieber mit einem Zug, selten aber mit einem Bus und nur ungern mit einem Auto. Der Bus ist nichts anderes als ein etwas längeres Automobil, deshalb mag ich auch das Busfahren nicht. Die Straßenbahn dagegen hat etwas von einem Zug, man kann sie durchqueren, den Platz wechseln, man kann in ihr stehen, all das macht sie zu einer kleinen Verwandten des viel größeren Zugs.

Fast jede Woche bin ich mit einem Zug durch halb Deutschland unterwegs, meistens mit einem ICE. Ich habe mich in den letzten Jahrzehnten derart an das ICE-Fahren gewöhnt, dass ich den ICE selbst kaum noch bemerke. Die Gewöhnung hat dazu geführt, dass ich ihn als einen vertrauten Wohnraum empfinde. Einen Platz zu belegen, bedeutet dann: für drei oder vier Stunden wieder zu Hause einzuziehen und es sich möglichst bequem zu machen.

Das klappt natürlich am besten in einem sonst leeren Abteil, wie es fast jeder ICE vor allem spätabends und nachts anbietet. In einem sonst leeren Abteil unterwegs zu sein, erlebe ich jedes Mal als ein besonderes Vergnügen. Denn das leere Abteil ist letztlich nichts anderes als ein kleines Zimmer mit Tisch, Leselampen und Lesesesseln. Auf den Tisch gehören ein gutes Getränk und ein paar kleine Speisen, die Leselampen lassen meine Lektüren (möglichst alle in der 1. Klasse kostenlos angebotenen Zeitungen, daneben drei oder vier Bücher, in denen ich abwechselnd lese) erstrahlen, und die Lesesessel sorgen dafür, dass ich mich manchmal zurücklehnen und entspannt Musik hören kann. Manchmal habe ich sogar einen kleinen Lautsprecher der Firma Bose dabei. Ein solcher Lautsprecher bringt – in Verbindung mit einem Smartphone – eine Musik zustande, die das sonst leere Abteil in einen Konzertsaal verwandelt.

All diese Zutaten und Arrangements machen aus einer banalen Zugfahrt eine unterhaltsame Séance mit lauter fernen Gesprächspartnern (Schriftsteller, Musiker, Künstler), die einen mit der Zeit vergessen lässt, dass man außerdem noch ein Ziel hat. Und wirklich ist es schon mehrmals vorgekommen, dass ich über mein eigentliches Ziel »hinausgeschossen« bin und vergessen habe, rechtzeitig auszusteigen. Komme ich aber glücklich irgendwo an, könnte ich oft behaupten, nach einer solchen Fahrt nicht mehr dieselbe Person zu sein wie die, die vor Kurzem noch in einen ICE eingestiegen ist. Die Fahrt hat mich ein wenig verändert, sie hat mich (wie eine Abenteuerreise in alten Tagen) durch unbekannte Kontinente (des Lesens und Musikhörens etc.) geführt. Wenn ich den ICE endlich verlasse, bin ich in Gedanken nicht dort, wo ich gerade ankomme, sondern in einer durch die Reise geweiteten Kopflandschaft.

Tagsüber jedoch gelingt mir das weitaus schwerer. Zum einen sind zu viele Parallelreisende in einem ICE unterwegs. Meist telefonieren sie lange oder unterhalten sich übertrieben detailliert und laut mit einem Gesprächspartner. Andere suchen während einer Fahrt mindestens dreimal eine Toilette auf, während die Exhibitionisten jede Fahrt dazu nutzen, den ganzen Zug mehrmals ganz zu durchwandern, um sich allen Mitreisenden mindestens zweimal von allen Seiten zu zeigen. Dagegen hilft, die Fahrt im Speisewagen zu verbringen (jedoch nicht im Bistro!, das Bistro ist entschieden zu klein!). Selbst in sonst vollen Zügen ist der Speisewagen ein kleines Refugium der Ruhe und Konzentration, drei oder vier Bücher direkt vor einem auf dem Esstisch sorgen für eine gute Abschirmung, und wenn man nach etwas gefragt oder sonst gestört wird, antwortet man auf Italienisch oder erklärt in gebrochenem Deutsch, dass man des Deutschen leider »nicht mächtig« sei.

Manchmal gelingt in einem Speisewagen aber auch so etwas wie gute Konversation. Seltsam ist, dass ich oft schon in der ersten Minute bemerke, ob das gelingt oder nicht. Ich habe keine einleuchtende Erklärung für das, was in solchen Momenten geschieht, aber ich weiß, dass sie sich immer wieder von selbst ergeben und man sich oft über etwas unterhält, über das man bis zu diesem Zeitpunkt selten oder fast noch nie gesprochen hat. Durch einen Zufall nenne ich den Namen eines Musikers oder Künstlers – und als wäre mein Gegenüber eine Art magnetischer Pol, antwortet er sofort auf eine derart verblüffende Weise, dass uns beiden in den nächsten Minuten lauter Interessantes über den erwähnten Musiker oder Künstler einfällt.

Solche unerklärlichen Annäherungen erscheinen mir so, als »zelebrierten« wir gemeinsam das Fest eines Namens oder einer Sache. Während wir uns immer einfallsreicher über sie unterhalten, erscheinen wir wie kleine Affizierte, die einem Idol huldigen. Wir baggern in unserem Geheimwissen, das uns in all seinen Details zuvor kaum bekannt war, wir kramen darin und fördern Schätze an kleinen Einsichten zutage, die wir ohne unser Gegenüber nie in uns entdeckt hätten. Alles stimmt – die Nähe zu einem bestimmten Objekt, das Temperament des Gesprächs, die Lust, nicht aufhören zu wollen, sondern sich immer länger »gehen zu lassen«. Man könnte sagen: Zwei Gesprächspartner haben einen idealen Spiegel gefunden, um ihre eigenen Themen durch die Spiegelung erst so recht zu erkennen und zu begreifen.

Sitze ich dagegen in einem überfüllten Großraumwagen, schaue ich nicht selten lange Zeit zum Fenster hinaus. Kaum ein Reisender schaut noch aus einem Fenster hinaus auf die vorbeiziehende Landschaft. Alle sind meist auf erstaunlich kindische Art beschäftigt. Sie dösen intensiv, lösen Kreuzworträtsel, widmen sich auf dem Laptop albernen Spielen, blättern laut raschelnd die Zeitungen durch oder beißen krachend in den *einen* mitgebrachten Apfel (ich kenne kaum ein hässlicheres Geräusch – höre ich den ersten Biss, stehe ich sofort auf, trete die Flucht an und bleibe so lange fern, bis der Apfel bis auf den Kern abgeknabbert ist).

Aus dem Fenster zu schauen, demonstriert Hilflosigkeit. Es gelingt mir nicht, lange an etwas Anspruchsvollem zu arbeiten oder andere Genusskanäle zu aktivieren. Die vielen Störungen durch meine Umgebung lassen mir nur die Wahl des meditativen Schauens und Betrachtens: Wo bin ich? Richtig, kurz vor Mainz, in dieser sandsteinroten Rheinlandschaft mit den Pappelreihen am Horizont! Schaue ich lange und intensiv genug hin, nehme ich zu diesen Landschaften Kontakt auf. Ich gehe für ein paar Minuten durch sie hindurch, ich bin der ferne Fahrradfahrer, der sich auf dem schmalen Feldweg durch die Landschaft bewegt, oder ich bin der Spaziergänger mit Hund, der an einem Feld mit hohen Maisstauden entlangstreift.

Wird der Kontakt stärker, packt mich eine nur schwer zu bekämpfende Lust, sofort auszusteigen und mich in solche Figuren zu verwandeln. Wie schön könnte es sein, die Reise jetzt zu unterbrechen, das Ziel zu vergessen und sich in der nahen Landschaft für ein paar Stunden zu verlieren! Immer wieder (fast auf jeder Fahrt) regen sich in mir solche anarchischen Gedanken: Auszeit!, Unterbrechung!, rasch hinein in ein anderes, abenteuerlicheres Leben! Es meldet sich ein seltsames Abenteuergen, das mich anmacht, alles liegen zu lassen und nichts anderes zu tun als: »davonzugehen«.

Dieses Gen habe ich von meinem Vater geerbt. In meiner Kindheit bin ich oft mit ihm »davongegangen«, einfach so, von einem Moment auf den andern. Wir saßen zu Hause beim Frühstück, und mein Vater räusperte sich und sagte »wir gehen jetzt los«, und dann standen wir beide auf, verließen die Wohnung und gingen so lange, bis uns ein Ziel einfiel. Wird mir langweilig, gehe ich noch heute einfach davon, ja, es ist schon oft vorgekommen, dass ich irgendwelchen Verpflichtungen (Teilnahme an einem Literaturfestival, mehrstündigen Sitzungen in bestimmten Kommissionen) entkommen bin, indem ich »einfach davonging«. (Und das geht wirklich sehr »einfach«: Man steht auf und geht …, man geht, solange man will, man erklärt einen sich irgendwann auftuenden, einladend erscheinenden Raum schließlich zum Ziel und ruft beim Veranstaltungsort an, um sich krank zu melden).

Das meditative Aus-dem-Fenster-Schauen dagegen habe ich eindeutig von meiner Mutter geerbt. Ich kann mich nicht erinnern, dass sie während einer Zugfahrt je etwas anderes getan hätte. Sie las nicht, sie nahm nie etwas zu sich, sie unterhielt sich nur mit wenigen Worten, und wenn sie sprach, sprach sie von dem, was sie sah. Unzählige Male bin ich mit ihr die gewundene Bahnstrecke von Köln Richtung Siegen entlang der Sieg gefahren – und jedes Mal gerieten wir fast aus dem Häuschen, wenn wir den schmalen Fluss sahen: »Die Sieg! Da ist sie!« (Als hätte sie seit unserer letzten Fahrt auch davonfliegen können …) Hatten wir sie entdeckt und ausgemacht, folgten wir ihrem Lauf mit den Augen, indem wir lauter Beobachtungen über ihren Zustand austauschten. Im Winter waren die Ufer »struppig, von Geröll überschwemmt«, und im Sommer waren sie »eine Pracht: diese Schilfgehänge, die so tun, als wären sie Theatervorhänge für ein Puppentheater«.

Wenn ich heutzutage allein in einem ICE sitze und hinausschaue, beginnt meine Mutter in mir zu reden. Schon bald quillt das Geredete und Besprochene über, und ich muss es notieren. Ich sitze da, schaue hinaus und schreibe auf, was mir meine Mutter diktiert. Oft fragt mich dann jemand: »Was gibt es da draußen denn so Besonderes zu sehen?« Und ich antworte: »Ich liebe die schmalen, milchgrauen, geschotterten Wege, die sich in Serpentinen einen Hügel hinaufziehen.« Mein Gegenüber starrt hinaus, aber er findet nicht, wovon ich spreche. Und so lässt er mich allein mit meinen Beobachtungen und Fantasien und mit all den Geschichten, die ich der vorbeiziehenden Landschaft entnehme.

Könnte man dieses Sehen und Schauen nicht eine Lust nennen? Ja, es handelt sich wohl um eine Ausprägung der Schaulust. Die Schaulust geht der Fotografie voraus, die Fotografie hat versucht, sich ihrer zu bedienen und das ihr Eigentümliche zu bewahren. Während ich aus meinem Zug hinausschaue, fotografiere ich aber nie. Die Augen fotografieren und filmen, und das Gesehene zieht ein in den Körper, um ihn auf die Umgebung hin zu polen und auszurichten. Eine wirkliche Fotografie dagegen würde mich von dieser langsamen Osmose trennen und mich wieder auf Distanz zu den Dingen bringen. Reales Fotografieren funktioniert so nicht, sondern anders. Meine Mutter hat nie fotografiert, aber ich weiß: Sie hatte Millionen von entwickelten, fertigen Schwarz-Weiß-Fotografien im Kopf.

O-Ton

Liebe Reisende, in Kassel ist unser mobiler Erdnussverkäufer zugestiegen, der Sie an Ihrem Platz mit frisch gerösteten Erdnüssen gerne bedient.

Liebe Reisende, wir möchten Sie noch auf unseren gastronomischen Service in Wagen 8 aufmerksam machen. Wie wäre es mit Königsberger Klopsen auf Himalaya-Reis? Oder wie wäre es mit einem leckeren Stück Bananenkuchen mit einer Tasse Kaffee? Unser Serviceteam erwartet Sie gerne vor Ort. In der 1. Klasse werden Sie von unserem liebenswürdigen Herrn Stüber auch an Ihrem Platz bedient. Kosten Sie einfach einmal, Sie werden es nicht bereuen!

Zug fahren 2

Jede Zugfahrt ist gleichsam das Unikat einer Aufführung oder eines zeitlich begrenzten Schauspiels mit mehreren Akten. Da ich häufig fahre, kann ich schon zu Beginn relativ genau darüber spekulieren, wie diese Aufführung sich gestalten wird. Solche Spekulationen sind keineswegs vage Vermutungen, sondern beziehen sich auf die ersten Beobachtungen vor Ort. Sie gelten zunächst dem Zugpersonal, dann den wahrgenommenen Atmosphären im Zuginnern und schließlich auch den Fahrgästen und der Art und Weise, wie sie miteinander umgehen.

Der erste Eindruck beim Betreten des Zuges lässt erkennen, wie der Zug besetzt ist und wie die jeweils besondere Besetzung ihn prägt und bestimmt. Es gibt Züge, in denen sich die Reisenden nur in bestimmten Wagen drängen und zu geballten Unterhaltungszentren verklumpen, während in den Abteilen des Nachbarwagens jeweils ein Einzelgänger mit seinem Laptop spielt. Und es gibt Züge, in denen kleine, umherziehende Gruppen unaufhörlich unterwegs sind, das Bistro belegen, zwei Abteile bis auf den letzten Mann besetzen und alle halbe Stunde neue Formationen eingehen.

Im Normalfall sind aber sehr viele Alleinreisende unterwegs, die sich beim Betreten des Zuges in Kämpfer um Einzelplätze verwandeln. Bis etwa zehn Minuten nach Abfahrt herrscht diese kämpferische, aggressive Stimmung, die von jenen Reisenden beherrscht wird, die Plätze reserviert haben. »Das ist mein reservierter Platz!« ist ein Satz, der in Deutschland im Offiziers- und Befehlston ausgesprochen wird. Alle anderen Reisenden haben sich dem Befehl, den jeweiligen Platz sofort zu verlassen und freizugeben, zu beugen. Dagegen hilft nur, ein kleines Gebrechen vorzutäuschen und sich hinkend, einen Fuß langsam und schwer hinter sich herziehend, davonzuschleppen. Vor allem Menschen mit ausgeprägtem Mitleid geben die Reservierung eines Platzes in einem solchen Fall ohne Murren oder Kommentar auf.

Stark werden die Zugatmosphären durch den Zugführer und das Personal geprägt. Nichts ist schlimmer als redselige Zugführer, die an ihrem Mikrofon hängen und an jeder Station sämtliche erreichbaren Zugverbindungen von Kleindödel nach Kleinblödel durchgeben, und das jedes Mal vor einer Ankunft und nach einer Abfahrt – und vielleicht sogar noch auf Englisch. Die sehr weisen, äußerst raren und hochkarätigen Zugführer dagegen sagen fast nichts außer »Wir begrüßen die neu zugestiegenen Fahrgäste und wünschen Ihnen eine gute Fahrt!« Dieser geradlinige, schöne und einfache Satz wird samtweich und leise gesprochen, als wollte er gleich wieder verschwinden. Er weht wie ein Begrüßungshauch durch den Zug und löst sich in Luft auf, während die geballten fünf- bis zehnminütigen Durchsagen samt der Empfehlung von Königsberger Klopsen oder »einem Stückchen Schokoladenkuchen plus einer Tasse Kaffee«, die »unser Bordpersonal Ihnen gerne serviert«, zu den gröbsten Verstößen gegen die gebotene Zugruhe gehören.

Denn in den besten Momenten kann sich auch in einem voll besetzten ICE auf einer stark befahrenen Strecke das Wunder einer fast unglaublichen Stille ereignen. In den Großraumwagen arbeiten die Fahrgäste leise und konzentriert vor sich hin. Niemand unterhält sich oder plappert Zeittotschlagungsdeutsch, die Ruhe hat vielmehr etwas so Ansteckendes, dass auch die Neuankömmlinge sofort still auf ihre Plätze sinken und sich tiefsinnig stellen. Der Zugführer sitzt in seiner kleinen Kabine und kaut gedankenverloren sein Zugführerbrot, und das übrige Zugpersonal gönnt sich eine Ruhe- und Schlafpause in den leeren Abteilen. Keine einzige Schweinskopfsülze samt Weizenbier wird durch den halben Zug vom Speisewagen bis in die 1. Klasse getragen, und niemand zerreißt dort die Gratiszeitungen in kleine Streifen, von denen er die eine Hälfte unter seinem Sitz verteilt, während er die andere in Klarsichtfolien verstaut, um sie mit nach Hause zu nehmen.

Ich liebe diese Epiphanien der Stille in voll besetzten Zügen, sie haben etwas Sakrales, Frommes, als verstünden alle Reisenden plötzlich, wie das richtige Leben so geht. Und wirklich sitzen die meisten Reisenden da wie Bekehrte, die manchmal traumverloren an die Decke blicken oder den letzten tumben Tor, der noch einmal den Zug durchqueren möchte, lächelnd anschauen. »Es sei Dir vergeben!« bedeutet dieses Lächeln, »Du gehst noch und schleichst Deiner kleinen Unruhe nach, wir aber haben uns eingefunden im Reich des japanischen Haiku- und Zen-Meisters Bashô, der uns im siebzehnten Jahrhundert das dreizeilige Dichten lehrte.«

Mitten in diese gloriose Stille hinein können freilich manchmal drei hohe, beißende Töne fahren. Es handelt sich um ein Pfeifen oder Piepen von wenigen Sekunden (in Form einer Terz), aus dem nur einige sehr erfahrene Reisende richtige Schlüsse ziehen. Die beißend hohen Töne in Form einer Terz werden von der »Betriebsleitung in Karlsruhe« ausgesendet, um den bereits halb eingeschlafenen Zugführer zu wecken. »Wach auf!« schreien sie, »bereite Dich aufs Schlimmste vor, denn Deinem Zug droht Übles: Gleich wird er für eine Stunde stillstehen oder einen Umweg von drei Stunden fahren oder im nächsten Bahnhof für heute enden ...«

Erfahrene Reisende stellen sich, wenn sie diese Töne gehört haben, auf alles ein und ziehen sofort in Richtung Speisewagen, um sich mit allen noch vorhandenen Getränken zu versorgen. Zehn Minuten nach Erklingen der Katastrophensignale sind Bier und Wein ausverkauft, und es gibt nur noch Getränke für Kinder. Ich selbst öffne in solchen Fällen meinen Allerweltskoffer und hole meine Notversorgung für die nächsten Stunden heraus. Einen dicken Roman von nicht unter 800 Seiten, eine kleine Flasche Portwein aus dem Douro-Tal samt einem Portweinglas mit sehr schlankem Kelch und kandierten Ingwer in kleinen Stücken. Ich postiere alles auf meinem Klapptisch und gönne mir den ersten Schluck. Kaum jemand um mich herum versteht, was ich da treibe, aber ich weiß: Das Stellwerk kurz vor Gelnhausen hat wieder seinen Aussetzer, das kostet uns anderthalb Stunden, ich nenne sie die Gelnhausener Freizeit, und ich genieße sie, indem ich nach Portugal reise.

Ich bin gleich in Göttingen. Göt – tin – gen!! Ja, genau, Göttingen! Die Stadt, die Wissen schafft! (lautes, hämisches Lachen) Zum Schießen, was?! Die Stadt, die Wissen schafft! Göttingen! Ausgerechnet! Was machen die Kinder? Aber wieso denn? Wieso denn bitte schön? Verstehe ich nicht! Ich verstehe das einfach nicht. Und ich möchte mich jetzt auch nicht damit beschäftigen! Nein! Jetzt nicht! Absolut nicht! Ich werde jetzt in den Speisewagen gehen und mir einen reinziehen! Oder besser noch zwei! Gleich hinter Göttingen! Schluss. Aus. Ich schaffe jetzt Tatsachen. Ende.

Dann leiten Sie die Dateien Exfin mal bitte gleich an mich weiter, Frau Stabel! Die Regenrinnen sind noch nicht drauf auf der Rechnung, oder? Die übernehmen wir dann aus der Datei Dortmund, Sie wissen schon. Und die bleiverzinkten Rohre, 16 Millimeter, Flankenabtrennung, die bieten Sie mit an. Machen Sie einen Vermerk. Die sind nur noch bis Ostern zu haben. Und knallen Sie noch ein paar Transportprozente auf die Mülldestillerien! Zehn Prozent! Das müssen die schlucken! Müll ist das Teuerste überhaupt, das begreifen heutzutage selbst solche Dödel wie die von Simske & Co.

Fliegen

Erst im Alter von Mitte zwanzig bin ich das erste Mal mit einem Flugzeug geflogen. Und seit diesem ersten Mal mag ich fast nichts am Fliegen. Ich hasse die umständliche Anfahrt zu meist hässlichen Flughäfen und das lange Warten in der Schlange vor den Personenkontrollen, ich mag das langweilige Herumlungern inmitten einer apathischen Reiseschar eine Stunde vor Betreten des Flugzeugs nicht, und ich schwöre mir beim Platznehmen auf einem viel zu engen Sitz jedes Mal, nie mehr zu fliegen.

Dann sitze und warte ich, in Flugzeugen kann ich keine Bücher, sondern nur Zeitschriften oder irgendwelche Broschüren lesen, auch das ärgert mich. Kurz darauf jedoch kommt der seltsame Augenblick, um dessentwillen ich noch immer fliege. Es ist der Moment etwa vier oder fünf Minuten nach dem Abflug. Die grauen, braunen oder dunkelgrünen Streifen Landes werden langsam wie ein entschwebender Teppich unter einem weggezogen, und wie eine schwere Feder wird man emporgehoben in den Reigen der Wolken und – wenn es besonders schön wird – ins gleißende Sonnenlicht.

Es sind Minuten des Abschieds von aller Erdenschwere, die einem suggerieren, der Mensch sei zumindest partiell auch für das Fliegen gemacht. Sie gelingen aber nur, wenn das Flugzeug sich kaum zu bewegen, sondern wie erstarrt über den Wolken im Sonnengold zu verharren scheint. Die Zeit steht still, die Umgebung wächst zu einem Bild zusammen, alles hält den Atem an. Das genau ist der große, starke Moment des Fliegens: Die Reglosigkeit der künstlich erscheinenden Welten weit oberhalb der Erde, die Entgrenzung, das Gefühl, in andere Szenen jenseits des Irdischen hinaufkatapultiert worden zu sein.

Längst bewegt sich auch das Flugpersonal mit seinem schmalen Wägelchen durch die Reihen und bedient die Gäste. Ich habe nie begriffen, wie man angesichts des Sonnengolds und der watte- und bettähnlichen Wolkenversammlungen einen Kaffee oder gar einen Tee bestellen kann. Ich verstehe auch nicht, warum ich in Tausenden Meter Höhe ausgerechnet einen Tomatensaft trinken sollte. Ganz zu schweigen von jenen seltsamen Produkten, die einem zum Essen angeboten werden: verknautschte Brote mit herausquellendem Billigbelag, angetrocknete Toastbrotscheiben, von Weichtomaten durchtränkt, Roastbeefscheiben mit dunklen Altersrändern, auf denen sich einige Minigürkchen herumräkeln.

Nirgendwo erscheint mir Essen so überflüssig wie während eines Flugs, und nirgendwo verabscheue ich das (natürlich kostenlos) gereichte Mineralwasser mehr. Für mich gibt es nur sehr wenige Getränke, die zur Sonnengoldfeier hoch über den Wolken passen: Sekt, Prosecco oder Champagner, nichts sonst! Da aber genau diese absolut passenden Getränke etwas kosten, enthalten sich fast alle Fluggäste dieses Genusses und beharren in genau dem falschen Moment auf einem merkwürdigen Geiz. Und so sitze ich fast immer allein mit meinem Glas da und genieße das Beste, das leider verschmäht wird, in kurzen, winzigen Schlücken.

Stimmt es, dass Alkohol in Tausenden Meter Höhe eine stärkere Wirkung entfaltet als auf der Erde? Ich kann diese Frage bejahen. Schon nach wenigen Minuten durchrauscht mich eine intensive Belebungswelle, die sich mit der sowieso schon vorhandenen Himmelseuphorie auf ideale Weise verbindet. Wie schade, dass man in Flugzeugen nicht tanzen kann! Wie schade, dass jetzt niemand hoch, hell und leicht reißerisch singt – ein Sopran wie der von Cecilia Bartoli sollte die Mozart-Motette »Exsultate, jubilate« anstimmen, das wäre perfekt!

Enthoben- und Entrücktheit – das also macht die schönen Momente am Fliegen aus. Schon während der ersten Ansagen, die alle Fahrgäste auf die Landung vorbereiten, meldet sich jedoch wieder die leichte Depression, die sonst damit verbunden ist. Will ich wirklich in Berlin-Tegel landen und kurz nach meinen extremen Euphoriemomenten dort neben einem Laufband stehen, um Hunderte von muffigen Gepäckstücken kreisen und die ganze Vergeblichkeit des Daseins demonstrieren zu sehen?

Ich weiß, ich werde in einem irdischen Abseits weit von der nächsten Stadt landen, und es wird Stunden brauchen, bis ich mit Hilfe von Bus, Taxi oder Bahn im Zentrum ankommen werde. Abgeschnitten von allem gerade erlebten Schönen, werde ich langsam wieder auf irdische Verhältnisse umgepolt. Ich werde den Alltag einatmen, die Mühseligkeit aller Existenz, das Einerlei! Dagegen hilft nur, den Flug »ausklingen zu lassen«. Und wo geht so etwas? In einem Restaurant, das ich in der Stadt meiner Ankunft als Erstes aufsuchen werde, um dort meinen längst reservierten Platz einzunehmen.

»Sie sind zu zweit?« – »Ja, Frau Bartoli kommt etwas später.« – »Darf ich Ihnen schon etwas servieren?« – »Ja, servieren Sie zwei Glas Champagner und – wenn's denn sein muss – die obligatorische Flasche Wasser. Das Wasser werde ich zur Ablenkung trinken, bis Frau Bartoli erscheint. Dann widmen wir uns dem Champagner!«

Mit wem ich gern ein Glas oder auch zwei Gläser oder auch eine Flasche Champagner trinken würde

Cecilia Bartoli
Etta Scollo
Sina Mainitz
Mariel Hemingway
Juliette Binoche

Emmanuele Béart
Greta Gerwig
Hélène Grimaud
Katharina Wagner
Christiane Arp

Japan

Ich werde wohl nie nach Japan fliegen, dabei liebe ich Japan sehr. Wie aber kann ich es lieben, wenn ich es doch überhaupt nicht kenne und auch keine Bücher lese, um mich mit dem gegenwärtigen Japan vertraut zu machen?

Ich liebe das alte Japan der Ostasiatischen Museen, das Japan der Bildrollen, der Wanderpoeten und Haiku, das Japan der kleinen Teehäuser mit Strohmatten auf dem Boden, das alte Japan der (eingebildeten, bloß vorgestellten) Stille. Ich kann mir gut den Reiz vorstellen, der den Haiku-Dichter Matsuo Bashô im siebzehnten Jahrhundert dazu trieb, Tausende von Kilometern durch das gebirgige Japan zu wandern, jeden Tag an ausgewählten Naturorten einen Andachtsmoment zu inszenieren, jeweils ein Haiku zu dichten, sich vor einer Kiefer oder einem Berg zu verneigen und stumm weiterzuziehen.

Schaue ich mir die Zeichnungen alter Wandbilder an, sehe ich ruhige Seen, Boote anscheinend ohne Bewegung, Menschen in kleinen Holzhütten und ein unvergleichliches Schimmern der Atmosphären. Das Licht lauert hinter den Bergen, ein Wind verfängt sich in einer Baumgruppe, am Rand des Sees kräuselt sich das Wasser ganz leicht, als hätten dort einige wenige Fische ihre Spuren gezogen. Alles erscheint ungeheuer verlangsamt, die Natur hat sich in allen

Bezügen darauf eingestellt, mit hellwachem Blick durchdrungen zu werden.

Sich nicht regen, sondern schauen! – diese Aufforderung
geht von den Bildelementen aus. Anders als der europäische
erfasst der altjapanische Blick einen Bildraum nicht rasch,
ordnend und zusammenfassend. Er legt sich vielmehr auf
den Raum und wartet, bis der Raum sich im Betrachter
einprägt. Das aber kann minutenlang oder gar eine Stunde
dauern. Der Raum löst sich von seinem eigenen Dasein und
wandert allmählich, unendlich verzögert, hinüber in das
stillgelegte Nervensystem des Betrachters. Er durchströmt
dieses System und zieht in es ein. Gelingt das, erlebt der
Betrachter den Augenblick oder Moment einer »Ankunft«
des Gesehenen in seinem Körper. Kein Ruck, keine Wirkung
einer durchdringenden Kraft, sondern: ein »Anstoß«, eine
»Anregung«. Werden solche Momente versprachlicht, entsteht ein Haiku: Hier bin ich, das sehe ich, dieses da ist jetzt
ein Teil meines Lebens!

Ohne es zu ahnen, habe ich seit den Kindertagen »Gedichte« geschrieben, die immer von bestimmten »Augenblicken« ausgehen, sie festhalten und sich langsam wieder von
ihnen trennen. Dabei geht es nie um eine stärkere Emotion
oder die hymnische Entlastung eines inneren Überrascht-
werdens. Es geht (viel schlichter) »nur« um das Festhalten,
das »Stilllegen« eines Zeitmoments, ja, es geht um den bild-
lich-sprachlichen Abdruck.

Solche »Schlichtheit« erscheint im europäischen Sehen
(das etwas zum »Verstehen«, zum »Deuten« und zum »Interpretieren« braucht ..., etwas Geheimes, etwas Ange-
deutetes, vage Dunkelheit) verblüffend fremd. Wenn alles im Bau nur weniger Zeilen deutlich, klar und wie mit

der Tuschfeder umrissen ist, braucht es keine »Deutung« im herkömmlichen Sinn. Das Gedicht muss nicht »befragt«, sondern höchstens »erläutert« werden (woher kommt die altjapanische Sympathie für bestimmte Vögel oder Pflanzen? Auf welche kulturellen Zeremonien geht das zurück? Warum betonen Haiku Momente der Jahreszeiten, und was verbinden Japaner mit ihrem Verlauf? etc.)

Ich könnte mir vorstellen, ein ganzes Jahr nicht in Japan, wohl aber mit dem Blick auf altjapanische Traditionen des Schauens zu erleben. Dazu wünschte ich mir einen Kalender. Seltsamerweise hat eine erfahrene, anscheinend mit Bashô verwandte Geisha mir genau diesen Wunsch jetzt erfüllt (*Japanischer Taschenkalender auf das Jahr 2017*). Ab dem Januar 2017 werde ich diesen Kalender täglich mit mir herumführen. Ich brauche nicht eigens nach Japan zu fahren, sondern ich schaue während eines ganzen Jahres in meinen Kalender und warte darauf, dass mich »etwas (möglichst Jahreszeitliches) anstößt«. Dann werde ich ein »Gedicht« schreiben, mit schwarzer Tusche, auf Japanpapier.

Driften

Wenn ich nostalgisch werde, denke ich an die frühen Siebzigerjahre. Ich war nach meinem gescheiterten Klavierstudium aus Rom zurück und wusste nicht, wie es weitergehen sollte. Nach einigem Stillstand und Hin und Her zog ich einfach los. Mit sehr wenig Gepäck machte ich mich von Mainz aus auf den Weg. Ein Ziel hatte ich nicht, ich überquerte einfach den Rhein, nahm einen Bus, stieg auf dem Land aus, ging durch die Felder, kam in ein Dorf und setzte mich unter einen Baum in der Mitte des Dorfplatzes.

Wie hört sich das an? Richtig, als schriebe ich an einer modernen Version von Joseph von Eichendorffs Novelle *Aus dem Leben eines Taugenichts*. Dann ist die Geschichte vom Aufbruch in Mainz also frei erfunden? Nein, ist sie nicht, genauso hat sie sich zugetragen. Ich bin losgezogen und hatte kein Ziel, wohl aber Eichendorffs *Aus dem Leben eines Taugenichts* im Kopf.

Ich kenne einige Bücher (und dazu gehört unbedingt Ernest Hemingways *Paris – ein Fest fürs Leben*), die mich nicht nur wegen ihrer literarischen Qualität, sondern als Lebensbücher beeindruckt haben. Als seien darin Phasen eines Daseins vorgezeichnet, wie ich es mir gewünscht hätte.

Im Falle Eichendorffs war ich schon über den Anfang erstaunt. Es beginnt damit, dass sich der junge Taugenichts an einem Vorfrühlingsmorgen in die Sonne auf der Türschwelle seines Elternhauses setzt. Er reckt sich, es geht ihm gut. Seine demonstrative Faulheit reizt jedoch den Vater. Der Frühling bricht an, draußen gibt es zu tun, aber der Sohn liebt es, in der Sonne zu sitzen und manchmal die Geige zu spielen. Es reicht! Der Taugenichts bekommt zum Abschied einige Groschen und darf des Weges ziehen, um sich selbst seinen Unterhalt zu verdienen.

Eichendorff könnte das alles als eine finstere Sohnes-Vertreibung erzählen. Ein grober, verständnisloser Vater verstößt sein Kind und schickt es in eine gefährliche Fremde. So aber ist die Geschichte gerade nicht angelegt. Taugenichts steckt vielmehr Vaters Groschen begeistert ein, holt seine Geige und zieht los. All denen, die auf den Feldern arbeiten, winkt er zum Abschied gut gelaunt zu. Sollen sie ackern und schaffen, er hat es besser, denn er ist unterwegs. Der Sohn wird also nicht verstoßen, sondern geht liebend gern. Besten Dank für diese Anregung, guter Herr Vater!

Eine gefährliche Fremde tut sich erst recht nicht auf. Kaum hat er einige Schritte hinter sich, rollt nämlich schon ein Reisewagen mit zwei schönen Frauen daher. Kurz wechselt man ein paar Worte, und schon ist beschlossen: Die schönen Frauen nehmen den jungen Kerl mit, er springt auf, und die Kutsche rollt davon, eilig und schwungvoll, als hätten die schönen Frauen gerade auf den lustigen Kerl gewartet.

Das hat mich verblüfft: wie Eichendorff über jeden Realismus hinweg erzählt und, damit es nicht langweilig wird, von einer unglaubhaften Szene zur nächsten schaltet. Verfestigt sich die Geschichte, schüttelt er sie mit solchen Tricks rasch durch, und sämtliche Konstellationen verändern sich. Schlösser tauchen plötzlich aus den Wäldern auf, Posthörner unsichtbar bleibender Musikanten werden geschmettert – und alles nur, damit etwas los ist und die wunderbare Leichtigkeit des Seins erhalten bleibt.

In den frühen Siebzigerjahren habe ich zu einem Teil nach diesem Taugenichts-Projekt gelebt. Ich driftete durch Deutschland, begegnete hier und da einigen Menschen, verweilte ein bisschen und löste mich wieder vom jeweiligen Ort. Ohne Freunde oder sonstige Begleitung war ich zu Fuß unterwegs, fuhr sehr viel mit Überland- und Schienenbussen und hatte das Gefühl, endlos viel Zeit zu haben. Ich übernachtete häufig im Freien und mietete mich, wenn ich irgendwo länger bleiben wollte, bei Schrebergärtnern ein. Ich mochte keine Hotels oder Privatunterkünfte, und ich vertrug keine Unterhaltungen, die lange dauerten und in denen man viel von sich erzählen musste.

So zu driften (wie ich es heute nenne) ist ein stark pubertäres, aber auch zeitloses Projekt. Wenn ich heute im ICE reise und lange unterwegs bin, kommt manchmal der Moment, in dem ich mich nicht nur danach zurücksehne, sondern drauf und dran bin, den Zug zu verlassen. Warum nicht in Fulda, Kassel oder Göttingen aussteigen und den mobilen Erdnussverkäufer mitsamt seinen ICE-Welten zurücklassen? Warum nicht das schwere Gepäck in einem Schließfach verstauen und den nächsten Bus Richtung Burg Plesse und Bovenden nehmen?

Vielleicht gibt es auf Burg Plesse Posthornkurse und vielleicht wird auf dem letzten Stück Fußweg vor der Burg zumindest ein Citroën C 3 mit zwei schönen Mädels auf mich zukommen und anhalten. »Du schlenderst ja daher wie der junge Taugenichts in Joseph von Eichendorffs schöner Novelle«, würden sie mich ansprechen. Und ich würde erwidern: »Und ihr rollt daher wie die zwei schönen Damen, mit denen er nach W. verschwindet!« Sie würden gleichzeitig lachen und unseren Dialog glücklich beenden: »Komm, steig ein, wir fahren wahrhaftig nach Witzenhausen, dort wollen wir es uns in Schloss Berlepsch wohl sein lassen.«

Driften erscheint mir aber nicht nur als Sehnsucht nach einem jugendlichen Dasein ohne jede Verpflichtung. Es ist auch eine Ur-Sehnsucht, die viel tiefer sitzt. Im forteilenden Leben geht man von Jahr zu Jahr immer neue Bindungen ein. Man bindet sich an Menschen, Räume und Dinge, das Leben verfestigt sich und entwirft Stationen mit Bahnsteigen und Schienen. Dem gegenüber gibt es die große Verlockung, sich den Bindungen zu entziehen, selbst Bahnsteige und Schienen sind zuviel.

Man arbeitet dann nicht an dem, was Sigmund Freud »den

Lebensroman« (mit Absätzen, Kapiteln, Übergängen – auf ein Ende zu) genannt hat, sondern man erzählt wie Eichendorff eine locker geknüpfte Novelle, in der es sogar einige Lieder gibt. Das Novellendasein kreist im Gegensatz zum Romandasein nur um einen einzigen wunden Punkt: von etwas Abschied zu nehmen und abzulassen – und sich später nicht einzugestehen, dass man sich genau danach sehnt und es in der Fremde unaufhörlich sucht.

Die Fremde soll poetische Heimat werden, das ist das ganz und gar verrückte Taugenichts-Programm. Die Verrücktheit rührt daher, dass der scheinbar fröhliche und lockere Abschied vom Reich der Eltern während der langen Reise durch »die weite Welt« immer mehr erkennbar wird als das, was er eben doch eigentlich war: der Abschied von Kindheit und Jugend. Allmählich wird dieses Umschlagen des irritierend fröhlichen Aufbruchs in bitteren Rückblicken erkennbar, das führt zu Tränen und dann auch zu gelinder Verzweiflung.

Aber: Man ist ununterbrochen unterwegs, ahnt manchmal etwas (dann erklingen die Posthörner oder auch Glocken) und verläuft sich geradewegs weiter in einer unendlichen Sehnsucht nach dem Zuhause. Niemals, weiß man schließlich, wird man dorthin zurückfinden, die Eltern leben längst für sich allein und denken kaum noch an den Sohn, der mit schönen Frauen durch den Wald gerollt ist. Sie haben seine Geige vielleicht noch im Ohr, aber sie wissen, er wird nicht wiederauftauchen, so wie der Sohn weiß, dass er nicht der verlorene Sohn aus einem Gleichnis der Bibel ist.

Kein Vater wird ihn tröstend noch einmal in die Arme schließen, das erkennt er schließlich sehr deutlich. Aber er hört nicht auf, darauf zu hoffen, denn die mögliche Heimkehr ist seine lebenserhaltende Illusion. Am Ende aber hat er die Eltern verloren, er ist zum Waisen geworden. Und was kann ihm in diesem Zustand noch blühen? Joseph von Eichendorff hat es mit großer Barmherzigkeit (ich kann es nicht anders nennen) genau gefasst und gesehen: dass ihm eine schöne, weibliche Waise begegnet, die ihn lieben und heiraten wird. Und wohin werden sie daraufhin ziehen? Der Taugenichts verkündet es trunken vor Seligkeit: »und gleich nach der Trauung reisen wir fort nach Italien, nach Rom, da gehen die schönen Wasserkünste ...«

So ist das. Und, mein Gott, so ist es mir dann auch passiert. Als ich etwas Abstand zu all diesen Ereignissen hatte, habe ich leider nicht in einer Novelle, sondern in einem Roman (*Fermer*) davon erzählt. Dem Roman habe ich ein Motto vorangestellt, das von Joseph von Eichendorff stammt. Es handelt sich um einen Ausschnitt aus einem Brief Eichendorffs an einen Freund. Und es lautet: *Ob ich nun auf einem so verzweifelten Spaziergang den Weg ins Freie und in die alte poetische Heimat gefunden habe ..., überlasse ich ... Ihrem ... bewährten Urteil ...*

Mahlzeiten

Essen als Kind

Als Kind habe ich oft mit meiner Mutter zusammen ge-kocht. Nichts Aufwendiges, sondern kleine Mahlzeiten (Suppen, Vorspeisen, viele Desserts), die wir erst dann zu uns genommen haben, wenn wir wirklich Hunger hatten. So haben wir an jedem Tag zu einer anderen Uhrzeit geges-sen, mal früh, mal spät. In der Küche saßen wir an einem al-ten Tisch und schnippelten zusammen die Bestandteile des Essens: Möhren schälen und klein raspeln, Radieschen von ihren Strünken befreien, Sellerie in dünne Scheiben schnei-den. Meist haben wir Musik gehört und kaum ein Wort ge-wechselt, und auch während des Essens haben wir nicht viel miteinander geredet. Nach fast jeder dieser kleinen Mahl-zeiten aber haben wir uns angeschaut, und einer von uns hat den anderen gefragt: »Und?! Wie?!« Und dann hat der ande-re etwa so geantwortet: »Radieschen schmecken viel besser, als man denkt.« Oder: »Geraspelte Möhren sind zu wässrig.« Oder: »Gekochte Selleriescheiben mit etwas Öl und Walnüs-sen – gibt es etwas Besseres?«

Aus diesen Jahren ist mir eine starke Liebe zu Zwi-schenmahlzeiten erhalten geblieben. Das zweite Frühstück am Morgen (nach einem spartanischen ersten) oder das Vespern – ich liebe solche Mahlzeiten mehr als die typischen Hauptmahlzeiten, die den Tag so rigoros in drei Anläufen verplanen. Venedig ist die beste Stadt für Zwischenmahlzeiten. Den ganzen Tag kann man unterwegs sein, um in seinen kleinen Weinstuben ein Glas zu trinken und dazu eine Winzigkeit (die berühmten Cicchetti) zu essen. Hätte ich nichts anderes zu tun, würde ich in vielen deutschen Städten solche venezianischen Stuben eröffnen. Ich würde sie *Mezzanino* (also *Zwischengeschoss*) nennen.

Gedicht aus der Kindheit

1961, im Herbst
Schneidet man Möhren,
liegen sie da wie Taler.
Schneidet man Sellerie,
liegt er da wie verschimmeltes Wachs.
Schneidet man Lauch,
zerfällt er in tausend Ringe.

Essen in Restaurants 1

Ich esse nicht gerne in Restaurants, die etwas Hyperintimes oder Pseudoverträumtes haben. Wo man beim Betreten ganz still wird und weiß, gleich durchspült einen eine Hintergrundmusik, die man niemals während eines Essens hören möchte. In solchen Restaurants wartet man laufend auf den meist männlichen Besitzer, er ist die Hauptfigur.

»Einen Aperitif vorneweg? Schon mal eine große Flasche Mineralwasser?« Ich mag keine Aperitifs, und Wasser in Flaschen habe ich (in welcher Form auch immer) noch nie gemocht. Meist bestelle ich aber doch einen Aperitif und die große Flasche Wasser, einfach, weil die Kommunikation mit dem Maestro das Wichtigste ist und wie am Schnürchen laufen muss. Der Blick sollte nachdenklich und aufmerksam über die meist zu große Speisekarte gleiten und dann treffsicher jene Gerichte fixieren, die den Maestro zufriedenstellen.

Nach zwei Stunden in einem solchen Restaurant ist man völlig geschafft. Beim Abschied lächelt man leicht karamellisiert, der ganze Körper hat etwas zuckrig Verklebtes bekommen, und noch eine halbe Stunde später hat man Mozarts Hornkonzert KV 417 im Ohr und wird es den ganzen Tag nicht mehr los.

Die Hintergrundmusik

Ich: Könnten Sie eine andere Musik einspielen?

C: Der Mozart stört Sie?

Ich: Eigentlich nicht, aber gerade schon.

C: Fast alle unsere Gäste mögen Mozart.

Ich: Ich mag Mozart natürlich auch, das ist doch gar keine Frage.

C: Aber was stört Sie denn jetzt?

Ich: Ich muss dauernd hinhören, das lenkt vom Essen ab.

C: Können Sie nicht einfach weghören?

Ich: Leider nein. Die Aufführung ist zu schlecht.

C: Im Ernst?

Ich: Grottenschlecht.

C: Sie verstehen was davon?

Ich: Allerdings.

C: Dann spielen wir Beethoven ein.

Ich: Um Gottes willen ..., nein!

C: *Doch doch. Beethoven ist noch beliebter als Mozart.*
Vor allem dieses Konzert, na, der langsame Satz, diese Sache
mit der Violine.
Ich: *Bitte nicht.*
C: *Lassen Sie mich nur machen. Die Mousse wird Ihnen noch*
besser schmecken ...

Essen zu zweit

Wenn mein Freund Peter und ich uns einige Zeit nicht gesehen haben, möchte er mich zu einem gemeinsamen Essen treffen. Ich soll das passende Restaurant aussuchen, denn ich habe in solchen Dingen angeblich »mehr Ahnung« als er. Sitzen wir uns dann gegenüber, weiß ich von der ersten Minute an, dass wieder mal alles danebengeht. Die kommenden zwei Stunden wird er sich nicht um das Essen scheren, sondern von sich erzählen: was in der letzten Zeit schiefgelaufen ist, was er von den Kindern erwartet, warum seine Frau jetzt unbedingt ein Buch schreiben will, und wie er darauf reagiert. Wir essen nicht zusammen, sondern ziehen uns zu einer therapeutischen Session zurück, nach der er erleichtert, beflügelt und beinahe beglückt aufsteht und zum Abschied sagt: »Das hat heute aber mal wieder fantastisch geschmeckt. Dank Dir!«

Muttermilch trinken

Der schönste Raum in einem Kölner Brauhaus ist die Schwemme ganz vorne am Eingang. Die frische Luft von draußen durchströmt diesen Durchgangskanal zum eigentlichen Lokal, und nur wenige Meter, zum Greifen nahe, steht das schwere Fass, aus dem das frisch gezapfte Kölsch unablässig fließt. Hat man sein Glas geleert, fliegt ein gefülltes sofort heran, man wartet keine Sekunde, sondern wird von einer Mutterbrust unablässig versorgt. Man trinkt, saugt und bekommt den Blick nicht weg von dem sich immer schräger neigenden Fass, von seiner Rundheit und Massivität, aus dem der hellblonde Quell pausenlos in ein Glas nach dem andern schießt. In der Schwemme bin ich mit diesem Mutterstrom direkt verbunden, deshalb bin ich dort auch gerne allein. Begleitet mich ein guter Freund, verhalten wir uns nicht zufällig wie zwei flapsige Brüder. Begleitet mich eine Freundin, gibt es meist leichte Spannungen, weil Freundinnen mit nahen Müttern nicht gut auskommen. Am liebsten trinke ich hier also ganz ohne Begleitung, es gibt kaum einen Ort auf der Welt, an dem sich die Lebensverhältnisse wie von selbst, nur durch den regelmäßigen Zustrom der heimischen Muttermilch, wieder klären.

Essen mit einer Freundin

Mahlzeiten mit Freundinnen, die man noch nicht lange kennt, sind häufig sehr schwierig. Man kommt mit dem Essen nicht richtig voran, man tastet ab, vergleicht, untersucht das Gegenüber und verfehlt darüber das Essen. Eine feine Balance soll sich einstellen, tut das aber nur selten. Das Essen mit Freundinnen, die man lange kennt, ist dagegen meist ein großer Genuss. Es ist eine Liebesmahlzeit im besten Sinn. Jeder weiß fast alles vom andern, und dieses Wissen übersetzt sich bis hin zur Auswahl der Speisen und Getränke. So ergibt sich ein großer Zusammenklang der Atmosphären des Essens und Trinkens und der Atmosphären der gegenseitigen Achtung und der großen Vorlieben. Mit jedem Bissen und Schluck schließt sich die Welt, als wäre auch die Umgebung mit allem einverstanden. Vom Entrée über die Hauptmahlzeit bis zum Dessert baut sich eine immer stärker werdende Harmonie auf, und wenn man das Restaurant nach einer solchen Mahlzeit Arm in Arm verlässt, möchte man sofort heiraten oder miteinander verreisen.

Essen in der Pubertät

In den pubertären Jahren hatte ich einen Freund, dessen Vater in einem Mainzer Weinlokal kochte. Das Lokal befand sich nahe am Rhein, und so saßen wir oft auf den Stufen hinunter zum Ufer des Flusses und aßen und tranken, was wir aus der Küche des Lokals abgestaubt hatten. Es gab lauter Sachen, die von den Gästen nicht ganz verzehrt worden waren, und es gab Getränke, die wir sonst nie kennengelernt hätten. Ich erinnere mich genau an den Abend, als wir an den ersten Champagner gerieten. Es war eine halbvolle Flasche Veuve Clicquot, sie war noch sehr kalt, und wir tranken den kostbaren Champagner ohne Gläser direkt aus der Flasche. Mein Freund nahm den ersten Schluck und stand auf, und ich trank den zweiten und stand ebenfalls auf. Und dann tranken wir die Flasche leer und schworen uns, nie mehr etwas anderes zu trinken. Später tanzten wir am Ufer, vor lauter Glück, es war der Beginn eines Empfindens für dionysisches Dasein.

Filmschauspielerinnen, von denen mein Freund
und ich in der Pubertät schwärmten

Michèle Morgan
Jeanne Moreau
Jean Seberg
Grace Kelly
Simone Signoret
Ava Gardner

Essen in Restaurants 2

Ich mag das Essen und Trinken in großen Restaurants, in Sälen und hohen und weiten Stuben, in denen man sich verläuft und der einzelne Gast nicht weiter auffällt, sondern Teil einer einzigen essenden und trinkenden Menge von Gästen ist, die seit dem frühen Mittag verweilen und niemals gehen wollen. Das *Augustiner Bräustübl* in Salzburg ist ein solches Restaurant, und natürlich gibt es in München sehr viele dieser Lagerstätten, in denen man die Zeit vergisst und Stunden zubringt. Das Schöne ist das Hinüberwachsen in eine Atmosphäre stillstehender Zeit, die von vielen Menschen gleichzeitig geteilt wird. Stillstehende Zeit vertreibt alles Aktuelle, Wichtigtuerische, Drängende. Man reagiert nicht mehr auf Nachrichten, man ruft niemanden mehr an, man richtet sich auf einer Insel ein, mit zwei oder drei Freundinnen oder Freunden, die nach Stunden von einer barocken, brueghelschen Schläfrigkeit überfallen werden und am liebsten direkt vor Ort einschlafen würden. Zuletzt gibt es nur noch zwei kleine Fragen: Wer transportiert uns von hier weg? Oder – wohin wollen wir noch gebracht werden?

Gedicht aus der Kindheit

1963, im Sommer
Im Augustiner Bräustübl
isst man als Selbstabholer.
Es gibt
viele Salate und Würste.
Papa trinkt das wohlschmeckende Bier
aus großen Krügen.

Essen allein

Auf Lesereisen esse ich oft allein in einer Stadt, die ich nicht kenne. Ich sehe mich vorher nach einem passenden Restaurant um, nehme viele Zeitungen und zwei, drei Bücher mit und ziehe mich in eine Ecke zurück, in der man mich ganz in Ruhe lässt. Ich habe ein Faible für solche Mahlzeiten. Ich lese, esse und trinke, ich vergesse den Auftritt am Abend, ich ignoriere die lokalen Geschichten – und irgendwann beginnt unvermeidlich das Schreiben, weil mir nach all den Lektüren und den vielen Stimulantien durch das Essen und Trinken so vieles durch den Kopf geht. Solche Mahlzeiten können mehrere Stunden dauern, und am Ende habe ich sehr viel geschrieben und das gerade Gelesene mit Hilfe der ausgedehnten Mahlzeit zu etwas ganz Neuem verarbeitet, als hätte das alles – die fremden Atmosphären und die regional auftrumpfenden Speisen zusammen mit anregenden Lektüren – lauter geheimnisvolle Texte hervorgebracht, in denen Ort, Zeit und all seine Produkte seltsam entrückt zusammenklingen.

Gedicht aus der Spätzeit

2016, im Frühjahr
In Speyer
hätte ich gern zu Abend gegessen.
In den erleuchteten Gassen
roch es nach Frischfleisch.
Und das Sauerkraut
tropfte emsig und munter vom Dache.

Essen in Paris

Nirgends habe ich beim Essen und Trinken anregendere Gesprächspartner gefunden als im Paris der frühen Siebzigerjahre. Wir hatten nicht viel Geld, und so aßen wir nicht in den noblen Restaurants, sondern in einfachen Bistros oder in Bars gleich um die Ecke. Meist aber kauften wir uns Wein und zogen an die Seine und saßen in der Nähe des Reiterstandbilds von Henri IV am Ufer und redeten, als schriebe jeder von uns an seinem philosophischen Hauptwerk. Unsere monströsen Bücher waren kurz vor der Fertigstellung, ein jeder hatte von seinem Werk mindestens tausend Seiten im Kopf, aber noch keine einzige Seite geschrieben. Dafür aber waren wir uns sicher, welche Titel unsere Wälzer haben würden: »Schule der Bedürftigkeit«, »Theater der Genüsse«, »Memorandum der Intimität«.

Bücher in französischem Gusto,
die ich noch gerne schreiben würde

Allons ... Spaziergänge mit Sartre
Die Sprachen der Auster
Intime Fabriken
Satie und die Straße
Bündel und Mündel
Tage mit Claire Parnet

Essen als Drama

Hörten die Redaktionen der Fernsehsender auf mich, würden sie eine stundenlange Mahlzeit in einem Restaurant aufzeichnen, die ich mit einem von mir ausgewählten Ess- und Trinkpartner verbringen würde. Wir würden uns immer angeregter über Gott und die Welt (und natürlich das Essen) unterhalten. Später würde man diese Aufzeichnung schneiden und kürzen – und Millionen von Zuschauern würden sehen und erleben, wie zwei Menschen während einer Mahlzeit langsam abdriften und abheben und das Glück einer immer intensiver werdenden Gegenwart erleben, genießen und wortreich feiern.

Die hinausgeschobene Mahlzeit

Begegnungen mit alten Freunden verlaufen fast immer gleich. Wir treffen uns am späten Nachmittag oder frühen Abend in einem schummrigen Weinlokal. Anfangs kreist unsere Unterhaltung um ein paar Informationen, die wir noch dringend austauschen müssen. Wir bringen uns auf den neusten Stand unserer Freundschaft, reparieren einige Missverständnisse, sortieren unsere Gegner und Animositäten neu und gelangen so allmählich in Phase 2 unseres Treffens.

Sie gilt der Bestätigung der Freundschaft, ihrer Einzigartigkeit und ihrem ganz und gar Besonderen! Nur der Freund und ich haben in den vielen gemeinsamen Jahren ein derart vertrauliches, präzises und intimes Wissen von der Welt gesammelt! Keine andere Person hat an unserem Tisch etwas zu suchen (und erst recht nicht mitzureden).

In Phase 3 heben wir vollends ab und überfliegen die Erde. Was ist von ihr und den hilflos auf ihr handelnden Personen überhaupt noch zu erwarten? Nichts natürlich – außer, die Welt und ihr vergeblich Glänzen würden sich rasch besinnen und unseren Ratschlägen folgen. Wir (und nur wir beide) wissen nämlich Bescheid, absolut, in fast allen Dingen (außer den weiblichen).

Eigentlich waren wir zu einem Abendessen verabredet. Dazu aber kommt es nie. Unser Treffen dauert fünf bis sechs Stunden, der Wein fließt reichlich, und am Ende verabschieden wir uns, nachdem wir lediglich etwas Notnahrung (Salzstangen, Brezel) zu uns genommen haben. Das Essen hätte uns abgelenkt, es wäre unseren immer rasanter werdenden Dialogen in die Quere gekommen – und so haben wir lediglich aus Pflichtbewusstsein etwas gekaut, ohne es eigentlich so richtig zu bemerken.

Essen bei Freunden

Ich esse nicht gern in fremden Häusern oder Wohnungen, selbst wenn es die guter Bekannter oder Freunde sind. Die Probleme beginnen schon beim Betreten der Fremde und dem erwünschten Eintauchen in das kuschelige Heim. Ich sollte mich ein wenig zurücknehmen und betont freundlich und locker sein. Offen und entspannt sollte ich den Prozess der langsamen Annäherung an mir nicht vertraute Wohnformen einleiten (mitsamt den Gerüchen und Atmosphären, die ihnen leider hartnäckig anhaften). Aufmerksam sollte ich auf einen neuen Garderobenständer, einen neuen Spiegel, ein neues Bild reagieren und ein paar knappe Kommentare beisteuern, wie ich überhaupt beweisen sollte, dass es mir auf diesem anderen Kontinent gefällt und er nichts als gute Laune auslöst.

Sitzen wir später alle beisammen im Wohn- oder Esszimmer, habe ich jedoch nicht den geringsten Appetit und erst recht keinerlei Esslust. Alles um mich herum schaut mich an, mustert mich und will ebenfalls angeschaut und gemustert werden. Starke Aromen ziehen aus der Küche durch die ganze Wohnung und lassen erahnen, womit sich die Kochenden seit Stunden beschäftigt haben. Es gibt ein Schlückchen dies und das, meist hat sich aber niemand Gedanken über das, was da gerade angeboten wird, gemacht. Nach Herzenslust genau das trinken, was ich gern trinken würde, werde ich in den nächsten Stunden sowieso nicht dürfen und können. Stattdessen werde ich jede Einzelheit des sorgfältig präparierten Menüs unter die Lupe nehmen und auf der Zunge zergehen lassen müssen! Wie gut es doch die mittelalterlichen Esser hatten, die sich das Notwendige mit den Händen aus einer Schüssel nahmen und es umstands- und kommentarlos in den Mund steckten!

In fremden Häusern und Wohnungen möchte ich oft aus reinem Widerstands- und Unwohlfühlgeist wieder zum kannibalischen Esser werden. Ich habe noch nie etwas von Gastrosophie gehört! Das kulinarische Vokabular halte ich für eine exotische Fremdsprache, die kein Mensch braucht! Die lächerlich harmlosen Getränke schlotze ich weg, um mit ihnen das Zahnfleisch zu spülen! Im Grunde will ich »außer mir sein«, außerhalb des trainierten feinen Umgangs, ein Waldmensch, der sich sonst von Beeren und anderen Früchten ernährt und sich an den Tischen der feinen Leute nicht zu benehmen weiß.

Ich hätte nichts dagegen, wäre ich zu einer Unterhaltung eingeladen worden, um mich bei einigen Gläsern Sekt oder Wein über die Welt auszutauschen. Anders aber ist es mit Mahlzeiten bestellt, denn ich kann sie in einer Fremde, die so penetrant auf sich aufmerksam macht, einfach nicht genießen. Essen und Trinken unter Beobachtung hat eine gewisse Nähe zu Gefängnisritualen. Man kaut auf den Speisen herum, man erbricht die Getränke nach innen, man spürt nichts als Abwehr und einen starken Drang, möglichst bald nach draußen, in die Freiheit, zu entkommen. Am liebsten würde ich dort ein einfaches Wirtshaus aufsuchen, mich auf den nächsten freien Platz setzen, kräftig durchatmen und eine puristische Bestellung aufgeben: »Ein großes Helles, bitte!«

Essen beim Italiener

Ich kenne fünf bis acht italienische Restaurants in Deutschland, in denen ich auf ganz und gar befriedigende Weise (und wie in keinem anderen noch so guten Lokal) bedient werde. Das gelingt, weil wir (die Ober, Kellner, die übrige Mannschaft und ich) uns seit vielen Jahren kennen. Wir begrüßen uns leise, dezent, aber voller Wiedersehensfreude, das alles ähnelt einer klassischen Begrüßung von Freunden, die endlich wieder zusammen sind.

Danach wird die Lautstärke noch etwas heruntergefahren. Die ersten Getränke, ein Körbchen Brot und ein paar Appetitmacher gelangen kommentarlos auf meinen Tisch, und ich erhalte ausreichend Zeit, diesen Tisch in Besitz zu nehmen (Zeitung, Buch und andere Mitbringsel abzulegen, am ersten Getränk zu nippen, den Raum um mich herum zu inhalieren). Niemand stört mich jetzt, es sind Momente einer ruhigen Versenkung ins Ambiente.

Richte ich mich etwas auf und spähe ein wenig herum, kommt der Besitzer an meinen Tisch, um die Bestellung aufzunehmen. Vor sich hin murmelnd und weiter höchst diskret empfiehlt er einige Spezialitäten des Tages, den Kopf leicht schräg geneigt und mit einer Miene, die andeutet, dass all diese leckeren Dinge zum Kostbarsten und Ausgesuchtesten gehören, was man sich zu der jeweiligen Jahreszeit wünschen kann.

Ich bestelle rasch, wie ein Jäger, der ohne lange nachzudenken, ins Schwarze trifft. Ein anerkennendes, bestätigendes Lächeln ist die Antwort. Liege ich aber einmal falsch, werde ich gleich korrigiert: »Ich würde den Kabeljau nehmen, nicht die Ente.« Auf einen solchen Satz folgt keine ausführliche Begründung, diese besteht vielmehr in einem Hochziehen der Augenbrauen, als sollte ich vor einer Gefahr gewarnt werden.

In Ordnung! Ich nehme, was der Besitzer empfiehlt, er hat sich noch nie in mir geirrt. Weitere Getränke wandern nun auf den Tisch, darunter auch rein Dekoratives (Wasser mit und ohne Kohlensäure). Bis zum Dessert wird es den Tisch bevölkern, um dann wieder abgeräumt zu werden.

Während es mich Stück für Stück umgibt, darf ich lesen, mir Gedanken machen und ein paar kurze Unterhaltungen mit dem Besitzer führen.

Dann beginnt das Menu und dauert mit den Antipasti, dem *secondo piatto* (niemals Pasta bestellen, niemals!) und einem Dessert etwas über zwei Stunden. Der Erfolg der Mahlzeit ist daran zu bemessen, ob man mir am Ende, kurz vor dem endgültigen Abschluss, noch etwas serviert, das ich gar nicht bestellt habe. Ein winziges Stück Ossobuco! Ein paar Kalbsnieren, gerade aus der Pfanne gezogen. Solche Spätlinge symbolisieren, dass mein Menu bald fortgesetzt werden will. Nichts anderes als eine Andeutung, dass es noch ein Leben nach diesem Menu gibt, will so etwas sein!

Und als hätte ich mir nun die höchsten Würden ergessen, wird ganz zum Schluss nur noch Italienisch gesprochen. Ein Flüstern, ein Rascheln mit einigen Redensarten und Floskeln, ein Kehraus der schönsten Art! Beim Abschied steht der Besitzer an der Tür und öffnet sie einen Spalt. Nein, wir umarmen uns nicht, aber wir schauen uns für einen Moment in die Augen. In ihrer Tiefe leuchtet es auf, das ferne, schöne Land, mit seinem hellblauen Meer, seinen tiefgrünen Zypressen und der ganzen Feinheit seiner Tischsitten, an die sich die Germanen auch in Jahrtausenden nicht gewöhnt haben.

Die grausamste Mahlzeit

Die grausamste Mahlzeit, der ich, wann immer es möglich ist, aus dem Weg gehe, ist ein Frühstücksbüffet im beengten Frühstücksraum eines Hotels. Ich mag keine Frühstücksbüffets, ich mag sie ganz und gar nicht, eigentlich hasse ich sie.

Unmöglich ist daran bereits, dass man sich jede Speise und jedes Getränk an den Tisch holen muss. Das führt dazu, dass sich im Verlauf einer solchen Mahlzeit in der näheren, frühmorgendlichen Umgebung ununterbrochen Hotelgäste hin zum Büffet und weg vom Tisch, hin zu ihrem Tisch, weg vom Büffet, bewegen. Das Ganze ist der reine Wandermorgen, inklusive der mit Wandern, Gehen und Lasten-Tragen verbundenen, penetranten Gerüche.

Die meisten Hotelgäste gehen während einer solchen Mahlzeit sogar fünf-, sieben- oder zehnmal hin und her. Viele ältere haben schon während ihrer Geher- oder Lauferei vergessen, was sie eigentlich vom Büffet holen wollten. Wenn sie an ihrem Tisch sind, fällt es ihnen dann wieder ein: Sie wollten ein Frühstücksei! Richtig, wie unabdingbar ist es doch, in der morgendlichen Frühe unbedingt ein solches Ei zu verzehren (vor allem dann, wenn man das zu Hause niemals oder nur selten tut). Also zurück! Das kleine Ei geholt und feierlich an den Tisch getragen! Schade aber, man hat den Eierlöffel vergessen! Also noch einmal zurück! Und was ist mit dem Orangensaft und dem Mineralwasser und den dicken Lachsscheiben und der Frühstücksmayonnaise?

Es gibt Hotelgäste, die das gesamte Büffet abgrasen und eifersüchtig darüber wachen, dass sie von jedem Angebot etwas mitbekommen. Heringe, Rollmöpse, Forellenfilets, Rührei mit Speck – und natürlich Brote und Brötchen in jeder Façon! Als wäre Marco Ferreris alter Klassiker *Das große Fressen* am Abend zuvor im Hotelkino gelaufen! Und als wäre es nicht abgrundtief peinlich, sich so gehen zu lassen, als wäre man ausgehungert oder dem Geiz ausgeliefert. Es wird so viel gegessen, bis es nicht mehr geht, man schlägt und hämmert sich alles nur Erdenkliche rein – und das alles nur, damit man sich die Mittagsmahlzeit sparen kann. Die gerechte Strafe besteht darin, dass man nach dieser Völlerei den gesamten Vormittag wie ein Prellball mit Überdruck durch die Welt läuft. Der Körper wirkt schwer und übersäuert, das Herz kommt nicht mehr hinterher, der Atem pfeift, und in Magen und Darm wälzen sich die Ströme des Gegessenen wie in einer großen Betonmischmaschine.

Ein Frühstücksbüffet könnte man vielleicht noch mit halb geschlossenen Augen (in einem einsamen Winkel im Abseits) ertragen und hinnehmen, wenn diese Art des Essens nicht zu einer erheblichen Lautstärke führen würde. Die Ansprachen, Ausrufe und Dialoge werden nämlich nicht von Person zu Person, sondern über alle Tische hinweg, im ganzen Raum geführt! Kleine Gruppen finden sich laut redend und gestikulierend ein und beginnen die Mahlzeit oft mit einem Glas Sekt. Danach sind sie für den weiteren Morgen verloren. Irgendwann ist das zweite Glas dran, und dann werden die Obst-, Joghurt- und die vollends lächerlich überfüllten Müslischalen so laut leer gekratzt, als sei der Joghurt ein fest sitzender Zement, den man aus gemauerten Fugen herausspachteln müsste.

Die Minuten um 8.30 Uhr sind der gefährlichste Zeitraum. (Als Frühaufsteher hat man vielleicht gegen 7 Uhr noch etwas Glück, obwohl gerade dann garantiert all die herumsitzen, die alles unbedingt »als Erste« genießen wollen.) Nach 8.30 Uhr beginnen jedoch die Phasen der absoluten Enthemmung. Manche Gruppen bleiben einfach sitzen und vergessen vollkommen, warum sie überhaupt in XY zu Besuch sind. Wahrscheinlich vergessen sie auch, *wo* sie überhaupt sind – Hauptsache, sie haben noch ein Glas Sekt (oder besonders ekelhaft: ein Glas Bier!) vor sich stehen, während sie nach dem dritten Spiegelei und einem zusätzlichen Kännchen Kaffee rufen. Das Frühstück scheint die wichtigste Mahlzeit des Tages zu sein. Danach stirbt der Körper langsam dahin, indem er sie verarbeitet, um sie am frühen Abend unter reichlich Getöse wieder auszuscheiden.

Was dagegen tun? In manchen Hotels kann man sich das Frühstück aufs Zimmer bringen lassen. Das ist in Ordnung, wenn das Zimmer groß genug ist. Es ist aber keineswegs gut, wenn man zwischen muffigen Bettlaken und dumm herumlungernden Stehlampen auf einem Stühlchen (oder in einem viel zu tiefen Sessel) sitzt, und der Frühstückstisch so dasteht, als wäre er nur im Wege und wollte gleich wieder fort.

Was aber dann? Ich mache es so, dass ich das Hotelfrühstück auslasse und das auch gleich bei der Ankunft in meinem Hotel erkläre. Ich erhalte einen geringeren Preis für mein Zimmer und verlasse das Hotel am frühen Morgen zu einem Morgenspaziergang. Irgendwo in der Stadt werde ich ein gutes Café finden, in dem ich frühstücke. Entspannt, ohne Lauferei – und nur genau das, was ich auch wirklich frühstücken möchte.

Was ich höchstens frühstücken möchte

Einen Cappuccino (mit einer doppelten Portion Caffè)
Eine Brioche
Orangenmarmelade
Ein Glas Tafelwasser
Über Nacht in Wasser eingeweichte iranische Feigen
(mit dem dazu gehörenden Saft, als Dessert)

Ich kann nicht kochen. Ich sitze aber gern in einer Küche und helfe beim Kochen. Ich biete an, Gemüse klein zu schneiden, ein Huhn zu zerlegen, Fische von ihren Häuten oder Innereien zu befreien, ich bin der ideale Zuarbeiter. Ist das Zuarbeiten vorbei und beginnt die entscheidende Kochphase, lasse ich aber andere machen. Ich lege Musik auf, die zum jeweiligen Gericht passt, ich lese Texte aus Zeitschriften oder Büchern vor, die etwas Helles, Munteres haben, ich sorge die ganze Zeit für gute Unterhaltung und serviere ein Glas Sekt oder auch Wein, das die Stimmung hebt und Vorfreude aufs Essen aufkommen lässt.

Bis zum Schluss der Kochzeremonie bin ich als alter Zeremonienmeister dabei, dann setze ich mich mit an den Tisch und habe meistens sehr wenig Appetit. Das eigentliche Verspeisen der wunderbaren Gerichte hat während des Kochens bereits stattgefunden. Ich habe es am und im eigenen Leib erlebt, ich habe immer wieder kosten dürfen und weiß längst, wie alles schmeckt. Ich habe die Gerichte sogar in ihren verschiedenen Vorstufen kennengelernt, vom Kindeszustand bis zum Erwachsenenalter habe ich sie abgeschmeckt, bis hin zu den Gewürzen. Ich weiß genau, wie sie am Ende schmecken. (Und so schmecken sie dann eben auch.) Ich muss mich also nicht mehr sättigen, bin andererseits aber auch noch nicht satt. Ich trinke lieber ein weiteres gutes Glas Wein und warte auf das Dessert. Schließlich ist die Mahlzeit noch längst nicht zu Ende.

Anders verläuft das Kochen in meinem Fall nur in sehr wenigen Fällen. Es handelt sich dann um Gerichte, die ich für mein Leben gern esse. An das Kochen solcher Gerichte lasse ich niemand anderen heran. Alles mache ich selbst, auch das Kleinschneiden sowie andere Vorarbeiten. Wie ein ängstlicher Autist wache ich darüber, dass in der Welt eines Lieblingsgerichts nur ich selbst und kein anderer vorkommt. Die anderen dürfen sich nicht einmal in der Küche aufhalten. Sie sollen nicht mitbekommen, wie ich mein wunderbares Gericht plane, gestalte und zur Reife bringe. Denn das Rezept jedes Lieblingsgerichts ist ein einziges, großes Geheimnis. Seit vielen Jahren koche ich es, es hat mich durch mein Leben begleitet, und immer wieder habe ich es leicht, um eine Nuance, verändert und meinem fortgeschrittenen Lebensalter angepasst.

So gesehen, ist ein Lieblingsgericht ein Ausdruck meines Selbst. Niemand sollte deshalb in die Töpfe schauen, in denen es entsteht. Sie verraten viel über mich, jedem Analytiker gäben sie lange zu denken.

Lieblingsgerichte

Fischsuppe
Kutteln in Weißwein (mit grünen Oliven)
Kalbsnieren mit Pfifferlingen
Kalbsbries mit Champignons
Fisch-Lasagne
Silvesterburger

Obst

Äpfel sind prachtvoll, vor allem, wenn sie in vielerlei Sorten auftreten. Äpfel ergeben ein gutes Bild, vor allem auf Märkten. Ausgebreitet, auf Marktständen liegend, sind

Äpfel sehr schön anzuschauen. Man möchte sofort in sie hineinbeißen, sie bieten sich an, sie winden sich geradezu vor lauter Farbigkeit, damit man in sie kräftig hineinbeißt.

Nichts aber ist fürchterlicher als der krachende Biss eines Menschen, der in einen Apfel beißt. Er ist so etwas wie die Rache am Apfel, der einem nicht schmeckt. Beißt man mehr oder minder krachend in Äpfel, will man bestätigen: Hey Du, Du schmeckst nicht und deshalb bist Du jetzt dran!

Äpfel sind etwas typisch Gesundes, farbig aufgepeppt, aber ohne Aromen, faserig, geschmacklos, eine üble Täuschung. Brät oder präpariert man sie durch Einkochen, Backen oder sonstige Prozeduren, können sie durchaus gewinnen. Es gibt aber auch Obst, das solche Arbeitsprozesse nicht nötig hat.

Birnen zum Beispiel haben so etwas nicht nötig. Nicht zu feste und nicht zu weiche, mit anderen Worten: Birnen auf der Grenze zwischen Festigkeit und Nachgiebigkeit schmecken sehr gut und rufen noch während des Verzehrs nach dazu passendem Wild (Reh, Hirsch). Birnen sind gut erkennbar, formschön, uneitel und doch elegant. Sie lehnen ihren Kopf gelassen an die Erde, schließen die Augen und bieten der oberen Welt einen sakralen Stiel, an dem man sie feierlich durchs Land tragen kann. Auch sind sie nicht zu süß und niemals sauer, sondern, genau abgeschmeckt, süßherbe Naturen, aus der Gemeinde der herbstlichen Rauchzartgewächse.

Himbeeren sind das Größte und von unbegreiflicher Intensität. Werden sie reif, geben sie sich fülliger und konzentrierter hin als jedes andere Obst. Schon im Mund werden sie zu Himbeerbrand und damit zu einer Essenz zwischen Getränk und Speise. Essen kann man sie nicht, man lagert sie vielmehr auf der Zunge, lässt sie aufgehen wie eine Blüte und wartet dann ab, bis sie sich durch den Schlund davonmachen. An Obst gibt es nichts Schöneres, Geheimnisvolleres. Himbeeren sind das Obst der Maler und Dichter.

Kirschen dagegen sind das Obst der Komponisten und Filmemacher. In französischen Filmen hängen meist ein paar dekorative Kirschen in diversen Bäumen herum. Und in den Stücken der Impressionisten haben Kirschen kleine Auftritte in D-Dur.

Obst ist überhaupt eine Speise der Künste, außer Äpfeln, die sind etwas für lange Abende im Advent.

Gemüse

Obstsorten haben schöne und seltene Sprachen, Gemüse-sorten aber haben Texturen. Texturen müssen gesäubert, abgekratzt, abgeschält oder ganz entfernt werden, bis auf den Kern. Der Kern ist die Kompression des Gemüses, das Zentrum, sein Speiseangebot. Es gibt winzige, runde, in sich kauernde Kerne (Sellerie), es gibt aber auch längliche, gespreizte, gezierte (Spargel).

Da das Gemüse langer und sorgfältiger Behandlung bedarf, kommt es meist schlecht präpariert auf den Tisch. Man hat die Möhren flüchtig geputzt und hatte keine Idee, wie man weiter mit ihnen verfährt. Man hat den Knollen Sellerie in zwanzig Stücke geschnitten und lässt sie in heißem Wasser herumtreiben. Auf diese Weise wird nichts aus dem Gemüse, denn – anders als Obst, das im Grunde nur gesäubert und gewaschen werden muss – bedarf die

Zubereitung des Gemüses eines langen Nachsinnens. Wie schmeckt Spargel am besten? Dramatisch geschält? Mit feinem Messer poliert? Eingelegt in Zitronenweißweinsauce? Totgeschäumt mit heißer Butter?

An der passenden, das Gemüse zur Hochform bringenden Zubereitung erkennt man den wirklich guten Koch – und nicht daran, dass er fähig ist, Maultaschen auf asiatische Art zu flambieren und mit Seetangfantasien zu füllen. Wer Gemüse kochend bearbeiten will, sollte es zunächst auf einem Tisch/Brett großzügig auslegen. Gemüse will betrachtet und studiert sein, wie ein Körper, der sich in zu viele Gewandungen versteckt hat. Welche entfernt man? Welche verwendet man nach erstem Entfernen weiter?

Gemüse ist also eine Skulptur. Erfahrene Köche haben darüber nachgedacht, wo und wie oft sie das Messer oder den Feinbohrer ansetzen. Sie halten das Gemüse zunächst in der Hand, drehen es um die eigene Achse, schauen nach Unebenheiten und Verzweigungen – und legen es wieder auf den Tisch, auf das Brett. Bevor es bearbeitet wird, gönnen sie ihm lange Momente des Rückzugs und der Verwandlung.

Gutes Gemüse antwortet darauf ausgesprochen sensibel. Es zeigt hier und da eine vorsichtige Häutung, es lässt eine Wurzel oder einen Austrieb plötzlich verhungern, oder es verändert ein wenig die Farbe. Auf solche geheimen Zeichen geht ein guter Koch ein. Er kommt zurück an den Tisch, an das Brett, er beginnt mit der Bearbeitung der Textur, er legt sie beiseite (auf einen kleinen Haufen) und überlegt, wie er sie dem Kern später erneut zuführen kann.

Das ist die Kunst: Aus den Texturen Beigaben oder Akzente des Kerns zu entwickeln, den Kern jedoch so einfach wie irgend nur möglich (verbunden mit nur zwei

Gewürzen und höchstens einer Sorte Kräuter) explodieren zu lassen.

Ich sollte *doch* kochen. Im Kopf kann ich es, im Kopf habe ich den Meisterkurs hinter mir und stehe kurz vor dem Examen bei Vincent Klink. Vincent weiß alles über Obst und Gemüse, sogar auf Französisch. Im Augenblick jedoch bläst er das Horn oder die Trompete oder die Posaune, genau weiß ich es nicht. Mitten während des Kochakts verschwindet er und bläst, was das Zeug hält. Wenn er zurück in die Küche kommt, ist alles fertig und perfekt präpariert. Jungköche lernen heutzutage sehr schnell.

Träume und Wünsche

Ich träume davon, schon bald eine Gartenwirtschaft zu eröffnen, auf den Höhen über Stuttgart, in einem alten Obst- und Weinbaugelände, mit Blick auf die Stadt. Meine Gartenwirtschaft bestünde aus vielleicht zwanzig Gartentischen mit schönen, einfachen Gartenstühlen. Jede Gruppierung (Zweier-, Dreier- und Vierertische, keine Gruppen) hätte genügend Platz für sich und wäre in der Nähe von alten Bäumen (Birnen, Äpfel, Kirschen) postiert. Abends gegen 17 Uhr würde meine Gartenwirtschaft öffnen. Es gäbe ausschließlich Wein aus den deutschen Anbaugebieten (Rheingau, Ahr, Mosel, Nahe, Rheinhessen, Pfalz und Württemberg), und von jedem Anbaugebiet für die Dauer einer Woche nur jeweils eine Marke im Ausschank. Dazu gäbe es *Cicchetti*, also: Kleine, geröstete Weiß- und Schwarzbrotscheiben mit Käse, Wurst, Fisch und/oder Gemüse (wie man sie in Venedig isst). Wasser gäbe es dazu umsonst – wobei sowohl der Wein als auch das Wasser in großen Steinkrügen serviert würden. Kleine Gläser gäbe es nicht, nur Mengen von 0,25 Litern oder mehr würden ausgeschenkt. Bis 22 Uhr würde ich meine Gäste begrüßen, mit ihnen anstoßen, sie bewirten, ihnen kurze Passagen aus guten Texten vorlesen und zuletzt, kurz vor der Abendschließung, ein einziges Stück Musik hören, gemeinsam.

Ich schwöre: Es wäre die schönste Gartenwirtschaft in deutschen Landen, geöffnet vom 1. Mai bis zum 30. September. Der Herrgott (und ein Mäzen) helfe mir, dass sie zustande kommt.

Kleine Fluchten

Blumen pflücken

In der Kindheit begannen meine ersten kleinen Fluchten weg von zu Hause damit, dass ich zu den blumengeschmückten Wiesen weit unterhalb des Hauses aufbrach. Ich musste eine schmale Straße überqueren, über ein rostiges Geländer steigen und befand mich dann auf einer stark abfallenden Wiese, die schon bald in ein dunkles Waldgelände überging. Auf der Wiese war ich vom Haus noch einigermaßen gut zu erkennen, ich lief umher und pflückte Blumen. Es gab unendlich viele Margeriten in jeder Größe, und es gab Klee und gelben Ginster. Eine Zeitlang pflückte ich alles, was mir in die Hände geriet, und legte den Strauß dann vorläufig an eine schattige Stelle.

Jetzt kam es darauf an. Ich konnte mich einfach auf den Rücken ins Gras legen, oder ich konnte noch weitergehen, um mich in den Wald zu verlieren. Um das zu tun, musste ich einen schmalen Bach überspringen. Der kurze Sprung war das Zeichen: Nun war ich im »anderen Land«, nicht mehr zu beobachten, in der »Wildnis« verloren. Ich ging ein paar Schritte und spürte, dass mich fröstelte. Es war, als hätte ich einen anderen Kontinent betreten, ein Land, in dem andere Gesetze galten und wild herumziehende Gesellen einen jederzeit stellen und einem Böses antun konnten.

Mit einem solchen Empfinden schlich ich umher. Ich ging nicht gebückt, aber ich hatte das deutliche Empfinden, gebückt zu gehen. Ich musste mich klein machen, »in Deckung« gehen, ich durfte mich nicht offen auf den Wegen zeigen, sondern musste die Bäume und Sträucher zu meinem Schutz nutzen. Im Kopf hatte ich viele Geschichten, die ich gelesen hatte. In ihnen gingen Kinder im Wald verloren, verletzten sich, wurden nicht mehr gefunden, litten Hunger und Durst.

So war das ferne Land, das ich im Wald betrat, im Grund das Land der Fantasie und des literarisch geformten Schreckens. Eigentlich war alles ganz harmlos: ein Stück Wald mit breiten, sonnigen Waldwegen, eine Lichtung, ein Hochsitz, nichts Besonderes. Ich aber sah in all das die großen Gefahren hinein, die ich aus Märchen und Geschichten kannte. Auf der Lichtung konnten sich fremde, gefährliche Tiere bewegen, und auf dem Hochsitz lauerten Schützen und Jäger in ihren Verstecken.

Ich hielt es nie sehr lange im Wald aus, und ich wäre nie auf den Gedanken gekommen, mich dort auf den Rücken zu legen. Wie ein vorsichtiges, schutzbedürftiges Tier schlich ich herum und machte mich schon bald auf den Rückweg. Wie schön war der Moment, als ich den Bach erneut übersprungen und auf der Wiese den dort abgelegten Blumenstrauß wiedergefunden hatte! Als ich ihn in die Hand nahm, war ich angekommen in vertrautem Gelände.

Ich stieg die Wiese hinauf und eilte in unser Wohnhaus zurück. Dort brachte ich den Strauß in die Küche, sorgte dafür, dass er in eine schöne Vase kam, und blickte kurz durch das große Wohnzimmerfenster auf das ferne Gelände, dessen Gefahren ich gerade überstanden hatte. Für einen

kurzen Moment glaubte ich, das Frösteln erneut zu spüren. Dann aber beruhigte ich mich. Die Feinde hatten mich
nicht entdeckt, ich war aufmerksam und schlau gewesen,
beim nächsten Mal würde ich noch tiefer in das gefährliche
Land eindringen, und irgendwann bekam ich die wilden Gesellen auch zu Gesicht, ohne dass sie es merkten.

Ich würde das ferne Land ganz alleine befreien, nicht mit
Gewalt, sondern mit Hilfe besonderer Tricks. Irgendetwas
Großartiges würde mir einfallen, etwas, an das niemand
sonst denken würde. Und schon war sie da, die kleine Geschichte einer Befreiung, die ich nur noch aufzuschreiben
brauchte, um mir die Illusion zu verschaffen, längst gesiegt
zu haben und gar nicht mehr aufbrechen zu müssen in die
gefährlichen Zonen. So schlug die kleine Flucht um in eine
starke Geschichte. Sie hob die Schrecken der Flucht auf und
führte auf dem Papier zurück in lauter vom dunklen Bösen
befreite Länder.

Blumen pflücke ich heute noch immer sehr gern, am liebsten Löwenmäulchen oder Lupinen. Und Wälder in der Nähe
des alten Zuhauses durchstreife ich weiter. Jetzt aber komme ich mir vor, als wäre ich ein Wildhüter oder Förster, der
jeden Winkel kennt und in jeder Jahreszeit nach dem Rechten sieht. Ich bin ein alter Bewohner dieser Wälder und
kein Fremder mehr, ich weiß, wo sich zu welcher Zeit welche Tiere aufhalten. In den Wäldern verändert sich in Jahrzehnten kaum etwas, das ist das Schöne, Beruhigende. So
erscheinen sie mir wie halbwegs stabile Zonen, in denen
die Menschen nur zum Teil zugelassen sind. Eigentlich werden sie von den Tieren und ihren Aktionen beherrscht, und
eigentlich sind diese Aktionen kaum sichtbar. Man spürt
ihnen hinterher, man wittert Geschichten und Auseinan-

dersetzungen. Letztlich aber bleibt der Wald das verborgene Reich, das sich den Menschen entzieht und eben nicht »zu ihm spricht«.

Gedichte aus der Kindheit

1960, im Sommer

Margeriten sehen aus
wie weiß-gelbe Knöpfe auf grünem Wiesengewand.
Der Klee hat einen kräftigen Schopf
aus violetten Beethovenhaaren.
Leider lässt sich der gelbe Ginster
Nicht pflücken.

1961, im Herbst

Die Rehe tun so,
als sähen sie mich nicht.
Sie trudeln
am Waldrand entlang.
Dann trennen sie sich von mir,
ohne einen einzigen Gruß.

Fahrrad fahren

Als ich etwas älter war, bestanden die kleinen Fluchten aus Fahrten mit dem Fahrrad. Auf dem Land fuhr kaum ein Mensch damit, es war zu unbequem, laufend steile Höhen nehmen und nach kurzen Abfahrten gleich wieder aus dem Sattel steigen zu müssen. Ich hätte mir solche Anstrengungen wohl auch erspart, hätte ich nicht die Bilder der *Tour de France* im Kopf gehabt. Die guten Fahrer lösten sich aus dem Pulk der mittelmäßigen und flogen einfach davon, einen Berg hinauf und mit einer Leichtigkeit, als machten die Höhenunterschiede ihnen nichts aus.

In den Fernsehübertragungen rollten sie durch ein wie gemalt erscheinendes und nur für die Tour geschaffenes Land. Kleine Dörfer auf den Höhen, Seen, Wälder, Hügel und kahle, dramatische Berge – ab und zu sprachen und erzählten die Reporter von diesen aus der Höhe betrachteten und von Hubschraubern überflogenen Ländereien, die lauter klangvolle französische Namen hatten.

In Frankreich schien es nichts Banales zu geben, noch jedes kleine und nur scheinbar im Abseits gelegene Dorf hatte irgendeine Geschichte zu bieten und sich damit eingeschrieben in den großen französischen Kanon, den jeder französische Schüler kannte. In *Mon-amour-de-Bretagne* hatte Charlemagne einmal einen Rausch ausgeschlafen und die Tochter des Bürgermeisters verführt, und in *Aix-de-Cocteau* hatte Heinrich IV. ein Gericht aus Pilzen, Igelnasen und Maikäferzangen erfunden, das noch heute von allen drei Sterne-Restaurants der Umgebung nachgekocht wurde.

Mit dem Fahrrad durch ein solches Land zu fahren, bedeutete: dieses Land abzuweiden und abzugrasen. Die Anstrengung der Anstiege und rasanten Abfahrten wurde dadurch belohnt, dass man sich in das Land eingrub. Jeden Zentimeter nahm man am eigenen Leib wahr, man spürte das Land und übertrug seine Schründe und Unebenheiten in den schwitzenden, sich abmühenden Körper. Hinterher war man von der Gegend, die man durchfahren hatte, gezeichnet. Wie ein liebender Ekstatiker, der sich dem fremden Körper ganz hingegeben hatte und nun alles spürte, was eine solche Liebe zur Konsequenz hatte: Erschöpfung und

Qualen, aber auch den Triumph der Überwindung von allem, was sich einem entgegengestemmt hatte.

Ich aber fuhr nicht durch Frankreich, sondern durch die hügeligen Zonen des Westerwaldes. Kein Schüler hätte hier sagen können, was in diesen Landstrichen einmal Großes geschehen war. Kein Name, kein Datum hatte sich eingeprägt, geschweige denn gute Geschichten, die vom Westerwald als einem Gelände bedeutender Ahnen erzählt hätten. Um dieses Manko auszugleichen, tat ich einfach so, als führe ich durch Frankreich. *Altenkirchen* hieß also während meiner Fahrradfahrten *Vieux de l'eglise* und aus *Schönstein* wurde *La belle des pierres*.

Während ich schnaufend den kleinen, geschlängelten Wegen folgte und kurze Anstiege nahm, kommentierte ich meine eigene Fahrt in der Art der Reporter, die im Fernsehen die *Tour de France* kommentierten. Ich griff an, hatte zwei Minuten Vorsprung auf das Hauptfeld und würde am Abend das gelbe Trikot des Spitzenreiters überstreifen. So war diese Flucht ein ganz konkretes Verschwinden in einem anderen Land. Es war das Land, aus dem die Ahnen meiner Familie abstammten. Irgendwo zwischen Reims, Rennes oder Bordeaux hatten sie *Pierre le bon* auf seinen Streifzügen begleitet, und von ihnen hatte ich all die Kraft und Stärke, die ich brauchte, um die Höhenzüge des Westerwaldes zu bezwingen.

Seltsam aber ist, dass ich noch heute Übertragungen der *Tour de France* im Fernsehen mit einem ganz ähnlichen Blick sehe. Meist passiert gar nicht viel, und man muss eine unendliche Geduld haben, um die entscheidenden Momente einer Etappe mitzubekommen. In meinen Augen besteht die Tour aber nicht aus diesen großen Augenblicken, in denen ein Fahrer abhebt und allen anderen davoneilt. Sie ist etwas ganz anderes: die gleitende Durchfahrung eines schönen Landes, das sich zu beiden Seiten mit seinen Schätzen, Besonderheiten und Geschichten auftut. Laufend verwandelt sich die scheinbare Fremde in »Geschichte«: Hier war König Artus zu Gast, hier kniete Raymon le beau vor der schönen Anna von Burgund. *Tour de France* zu sehen, bedeutet für mich also noch immer, in ein Märchen- und Legendenland aufzubrechen, in dem ein paar mutige und ungemein kraftvolle Gestalten den Bergen und Höhen Tribut zollen und deren Gewalten dann in letzter Minute besiegen …

Tour de France

A: Wie lange dauert die Übertragung noch?
Ich: Keine Ahnung.
A: Was bedeuten die vielen Zahlen oben am Bildrand?
Ich: Wie viele Kilometer noch zu fahren sind.
A: Und die anderen?
Ich: Wie viel Vorsprung die Ausreißer haben.
A: Wer sind denn die Ausreißer?
Ich: Genau weiß ich das nicht.
A: Und wer trägt das Gelbe Trikot?
Ich: Ich kann mir den Namen nicht merken.
A: Schaust Du überhaupt zu?
Ich: Nur am Rand, nur nebenbei.
A: Warum schaust Du dann so lange?
Ich: Es ist Meditation, sonst nichts.
A: Meditation worüber?
Ich: Meditation über Frankreich: was mich mit diesem Land verbindet, warum es mich nicht loslässt, dass ich bald wieder

hinfahren sollte, dass ich mich danach sehne, jemand auf schöne
Weise Französisch sprechen zu hören.

A: Was soll das heißen: auf schöne Weise?

Ich: Sehr langsam. Nachdenklich. Aber ohne längere Pausen. Gut
gestimmt wie ein Cello. Roland Barthes im Collège de France.

Berliner Fluchten

In keiner anderen Stadt habe ich so häufig die Flucht ange-
treten wie in Berlin. Ich stieg irgendwo in die S-Bahn und
fuhr weit hinaus, bis Grunewald oder Schlachtensee, bis
Waldmannslust oder Alt-Tegel. Dort draußen war alles wieder »normal«: Wasser, Wald, der Anschein von Landschaft.
Drinnen, in den städtischen Zonen, aber machte vieles auf
mich den Eindruck, als wäre ich nicht ein willkommener
Gast, sondern ein Besucher, den man auflaufen lässt. Was
hat er schon in Berlin zu suchen? Warum lässt er die Berliner nicht allein mit ihrer Stadt?!

Nur sie wissen über Berlin gründlich Bescheid, und sie
haben nicht die geringste Lust, ihr tiefes Wissen mit den
Besuchern zu teilen. Sollen sie doch schauen, wie sie klar-
kommen! Man fährt sie in Doppeldeckerbussen umher und
erklärt ihnen, was sie nie verstehen werden. Man speist sie
mit ein paar stumpfen Oberflächen, einigen abgestande-
nen Anekdoten und etwas Berliner Humor ab. Dann setzt
man sie in ein Flugzeug und ist froh, wenn sie sich wieder
in ihre banalen Herkunftsstädte zurückziehen. Von Berlin
träumen? Das ist unmöglich. Sehnsucht nach Berlin? Keine
Minute lang.

In den S-Bahnen weit nach draußen aber habe ich mich
immer recht wohlgefühlt. Besonders schön waren die Mo-

mente, in denen die Stadt sich in der hereinbrechenden Natur aufzulösen begann. Sie verschwand einfach, und Wiesen, Äcker und Wälder verdrängten sie mit jeder Minute mehr. Wenn ich an der Endstation ausstieg, war die kleine Flucht bereits gelungen. Ich atmete ruhiger, und ich ließ mir danach stundenlang Zeit. Eigentlich wollte ich nicht zurück, deshalb schob ich die Rückfahrt so lange auf, wie es nur irgend ging.

Dann aber entdeckte ich das Berliner Taxi. Eine Bekannte hatte mit dem Taxifahren begonnen und verdiente sich damit neben ihrem Studium etwas Geld. Und so saß ich eines frühen Abends hinter ihr und ließ mich eine Zeitlang ziellos durch die Stadt fahren. Mein Gott! Wie schön konnte Berlin am frühen Abend sein! Wie ein unaufwendiger, lässiger, lakonischer Film! Niemand spielte sich auf, die Häuser wirkten ehrlich und angenehm in sich versunken, die Menschen eilten nicht umher, sondern ließen sich von der Stadt durch ihre Straßen filtern, bis sie für kurze Zeit endlich irgendwo ankamen und sich erschöpft niederließen.

Der besondere Clou bestand darin, hinten zu sitzen. Man war kein »Beisitzer«, sondern eine Art Ehrengast, der in einer Art Gondel durch die Stadt befördert wurde. Dazu gehörte unbedingt ein Gespräch, das jedoch ganz anders verlief als in anderen Städten. In München, Düsseldorf oder Hamburg erklärten einem die Taxifahrer die Stadt. Man saß vorne, neben ihnen, und der Fahrer zeigte mit einer Hand auf die vorüberfliegenden Gebäude oder sonstige Schönheiten.

In Berlin aber saß man eben hinten, und niemand zeigte oder deutete auf irgendetwas weit draußen. In der langsam dahinschwebenden Gondel ging es vielmehr um Intimes. Woher kam ich? Was hatte ich gerade erlebt? Wie alt war ich? Was hatte ich als Nächstes vor? Gute Geschichten wurden von mir verlangt, und ich versuchte, solche Geschichten zu präsentieren. Ich war Architekt und leitete die Renovierungsarbeiten am Bundesministerium des Innern. Ich war Dirigent und begann mit Proben in der Komischen Oper. Ich war Professor für spätantike Nautik und hatte ein Gutachten über ein Objekt zu schreiben, das die Stadt eventuell ersteigern würde.

Wie aufmerksam hörte man mir zu! Wie präzise wurde nachgefragt! Wie wurde ich gefordert – bis hin zu der Frage, ob ich den Abend allein verbringen oder mich mit Freunden oder Bekannten »amüsieren« wolle. Antwortete ich, ich wolle mich »allein amüsieren«, gab es gute Ratschläge in allen Facetten, die meist auserzählt und verlockend gestaltet wurden. So war Berlin zu ertragen: in der Nähe und in Gesellschaft von kurzfristigen Bekannten, die einem das Empfinden verliehen, angekommen zu sein und freundlich beachtet zu werden.

Irgendwann kam dann aber der Moment, in dem ich meine Geschichten vorläufig auserzählt hatte. Nun war mein Gegenüber dran, seine eigene Sicht der Welt und die seines Lebens zu präsentieren. Wir fuhren immer langsamer durch Berlin, und ich erfuhr, aus wie vielen Krisen, Umbrüchen und manchmal auch Katastrophen ein einziges Leben bestehen konnte. Anfänglich machte ich den Fehler, geduldig nachzufragen und mich in bestimmte Details zu vertiefen. Bis es dazu kam, dass ich irgendwo aussteigen und einen Kaffee oder ein Glas Wein trinken musste, um die Unterhaltung außerhalb des Taxis fortzusetzen.

Dramatisch wurde das Ganze, als mir eine Fahrerin sogar vorschlug, mich am Abend wiederzusehen. Sie habe sehr viel zu erzählen, und sie habe noch selten einen Fahrgast gehabt, der so teilnahmsvoll und ansprechend reagiere. Ob ich nicht doch Psychoanalytiker und kein Verkehrsexperte für innerstädtische Problemzonen sei? Leider nahm ich an einer Konferenz teil und musste den Abend, um nicht unhöflich zu erscheinen, mit anderen Konferenzteilnehmern verbringen. »Scheißkonferenz!« bekam ich zu hören, die Stimmung kippte, und am Ende gingen wir keineswegs so freundschaftlich auseinander, wie wir uns vorher verständigt hatten.

Danach wurde ich, was das Taxifahren betraf, wieder vorsichtiger. Dennoch blieben diese Fahrten, hinten sitzend, sich entspannt zurücklehnend, eine gute Methode, sich mitten in Berlin vor Berlin zu verstecken. Für eine halbe Stunde oder mehr hielt ich mich in einem kleinen Zuhause auf, die Fahrerin wurde zu einer guten Freundin, wir tauschten lauter Erfahrungen aus, und ein möglicher Höhepunkt dieses Wärmegefühls bestand darin, dass ich am Ende ein »Wir verstehen uns anscheinend blind!« zu hören bekam.

Sehr viel später entdeckte ich dann aber noch eine Steigerung dieser unerwarteten Glücksgefühle. Sie bestand darin, mit jemand anderem hinten im Taxi zu sitzen und sich zu zweit durch das frühabendliche Berlin fahren zu lassen. Diesen anderen (oder diese andere) musste man schon etwas kennen und wenigstens schwach mit ihm (oder ihr) vertraut sein. Das gemeinsame Fahren machte aus dieser schwachen Vertrautheit eine tiefere, intime. Es war, als wüchse man zusammen und würde langsam ein Paar. Einige Andeutungen und kurze Erzählungen, hin und her – man durchfuhr eine fremde, nicht weiter interessierende Welt und lebte im Kosmos einer Zweierbeziehung.

Berlin spielte keine große, dafür aber eine kleine, wichtige Rolle: Die Stadt war eine ideale Kulisse. Sie machte nicht auf sich aufmerksam, sondern war einfach nützlich und cool zur Stelle. Sie umgab einen wie ein beständiger Alltag, ohne Allüren, aber auch nicht devot oder gar kleinlich. Die Stadt erschien vielmehr überall gleich: zurückhaltend, leicht melancholisch, aber ohne Spuren von Trauer oder anderen heftigen Gefühlen. Sie existierte in einer Art entspanntem Witwenzustand: als wäre das große Leben vorbei und als hätte sie sich eingerichtet in einem relativ sorgenlosen, aber auch nicht besonders attraktiven Alter.

Zu zweit hinten in einem Taxi zu sitzen und zu spüren, wie Berlin immer leiser wurde – das war die nobelste Art, sich dieser Stadt zu stellen und ein Auskommen mit ihr zu finden. Verließ man den Wagen nach einer solchen Fahrt, lebte man in einer Zweiergeschichte, die man nur noch an einem geeigneten Ort fortsetzen musste. In Berlin sind fast alle Zonen für so etwas geeignet, vielleicht besteht die Stadt in meinen Augen sogar daraus, immerzu und überall dafür geeignet zu sein, sie auf durchaus blendende Weise ganz zu vergessen.

Berufe, die ich gern eine Zeitlang ausgeübt hätte

Dirigent des WDR-Symphonieorchesters (mit dreißig Konzerten pro Jahr in der Kölner Philharmonie)
Leiter des Feuilletons einer großen Tageszeitung (mit einem Stab ausschließlich selbst ausgewählter, durch ein Studium in Hildesheim geschulter Mitarbeiter)
Verleger eines mittelgroßen (und nicht zu sehr von relativ berühmten Autoren und ihren Ruhmansprüchen drangsalierten) Verlages (wie Dumont oder Luchterhand)

Domprediger im Mainzer Dom

Trainer der Bundesligamannschaft des 1. FC Köln (Assistenz:
Mein Freund und Experte Heinz-Jürgen Dambmann)

Köbes im Kölner Brauhaus Päffgen

TV-Kommentator eines EM-Spiels der deutschen Fußball-
nationalmannschaft

Radio-Kommentator eines WM-Endspiels, an der die deutsche
Fußballnationalmannschaft nicht beteiligt wäre

Moderator, Regisseur und Gastgeber eines Literaturmagazins im
Fernsehen, das sich mit Büchern auf ganz andere als die üblichen
Weisen beschäftigen würde (ohne Interviews mit Autoren, ohne
Talkrunden mit Kritikern, ohne Kurzfilme mit Autoren, die auf
langen Dämmen unterwegs sind und manchmal stehen bleiben, um
Schwänen dabei zuzusehen, wie sie ihre Köpfe ins heilignüchterne
Wasser tauchen)

Professor für Katholische Theologie (Dogmatik und Pastoral-
theologie) an der Universität Regensburg

Psychoanalytiker von Angela Merkel

Leben im Hotel

Einmal kam ich in ein Hotel, in dessen unmittelbarer Nähe
ein bedeutender Staatsgast für eine Nacht abstieg. Mir wurde erklärt, dass ich mich entweder den ganzen Tag im Hotel oder außerhalb aufhalten könnte. Keineswegs könne ich
aber mehrmals raus und wieder rein, die Sicherheitskräfte
würden den Zugang absperren und seien angewiesen, Gäste
sehr aufwendig und zeitraubend zu kontrollieren. Das aber
solle ich mir nur einmal antun. Also: Entweder drinnen bleiben oder den Tag lang im Freien flanieren.

   Da ich noch ein wenig arbeiten wollte, entschloss ich

mich schließlich, im Hotel zu bleiben. Und machte dadurch eine wunderbare Erfahrung zum ersten Mal: Wie schön, bequem und interessant es sein kann, den Tag in einem guten Hotel zu verbringen!

Kaum hatte ich mich dazu entschlossen, war nämlich bereits der *Room Service* da, um meine Wünsche entgegenzunehmen. In meinem bisherigen Leben hatte ich auf den *Room Service* einfach verzichtet, nicht aus Argwohn oder gar Misstrauen, sondern einfach nur, weil es mir gar nicht in den Sinn gekommen war, besondere Wünsche zu äußern. Was hätte ich mir wünschen sollen?!

»Ja, was wünscht man sich denn so?« fragte ich den freundlichen Typ in der Tür meines Zimmers. Ich bekam zu hören, dass ich mir im Grunde alles wünschen könne, von der sorgfältigen Reinigung bestimmter Kleidungsstücke über Zeitungen und Zeitschriften bis hin zu einigen kleineren Snacks, Getränken oder auch einem festlichen Essen. Ich dachte kurz nach, dann kramte ich einige Hemden aus dem Schrank und fragte nach, ob man sie waschen und bügeln könne. Aber ja, selbstverständlich.

Als Zweites fielen mir einige Journale ein, die ich gern durchblättert hätte. Wie wäre es mit *Edit*, *Lettre International*, *Spex*, *Titanic* und dem *Vatican Magazin*? Mein Gesprächspartner kannte keine dieser berühmten Zeitschriften, notierte sich ihre Namen aber genau. Und als Drittes bat ich um eine kleine Flasche Champagner, am liebsten einen *Ruinart Rosé*. Das, erfuhr ich, sei am einfachsten und schnellsten herbeizuschaffen, *Ruinart Rosé* müsse nämlich nicht eigens besorgt werden, sondern sei immer vorrätig.

Wenig später stand die kleine Flasche *Ruinart* vor mir in einem eigens dazu gelieferten Kühler mit Eis, während meine Hemden sich in der Reinigung befanden und ein junger Boy ausgeschickt worden war, die gewünschten Zeitschriften in der nahen Bahnhofsbuchhandlung zu beschaffen. Das Tempo und die Eleganz dieser Wunscherfüllungen gab mir zu denken und wirkte beflügelnd. Anscheinend hatte ich noch nicht begriffen, dass ein gutes Hotel nicht nur eine spröde Stätte der Übernachtung, sondern vor allem ein fast paradiesischer Lebensraum war, in dem man laufend Wünsche erfüllte und einen den ganzen Tag über zuvorkommend bediente.

Als ich den *Ruinart* getrunken hatte, ging ich zur Rezeption und ließ mir einen Hotelplan geben. Was gab es denn alles noch Schönes? In den Tiefen warteten mehrere Saunen und zwei Bäder auf mich. Es gab Fitness- und Wellness-Räume, und im Salon mit dem Blick auf den Domplatz wurde am Nachmittag Tee ausgeschenkt. Die Bar hatte ab 14 Uhr geöffnet und bot besten Jazz, und wenn ich lesen wollte, so wartete eine Bibliothek auf mich. Das war vorerst nicht schlecht, ich beschloss, in der Tiefe ein Bad zu nehmen und eventuell eine Sauna aufzusuchen. (Vielleicht gab es ja eine leere, gästefreie, mit seltenen Finnlandaromen …)

Als ich genau das getan (und wahrhaftig eine leere Sauna gefunden) hatte, ging ich zurück in mein Zimmer, um kaum noch erstaunt wahrzunehmen, dass dort alle von mir bestellten Zeitschriften lagen, im Fächermodus aufeinandergelegt. Meine Hemden waren bereits gesäubert und auch gebügelt, sie lagen nebeneinander auf meinem Bett, als forderten sie mich auf, von nun an täglich mindestens drei von ihnen in kurzen Abständen zu tragen. Ich trank etwas Mineralwasser und telefonierte mit dem *Room Service*. Wie wäre es mit einer Kleinigkeit Essbarem, wie zum Beispiel geräuchertem Saibling und dazu ein Gurkensorbet? Ich hätte wetten können, dass so etwas nicht zu beschaffen war, aber die Antwort meines Telefonpartners war eindeutig: »Ich bringe es in spätestens einer halben Stunde vorbei.«

»Halt!« rief ich noch, um meine Wünsche nun geradezu extrem werden zu lassen. »Können Sie mir eine DVD mit der Aufzeichnung eines Cecilia Bartoli-Konzerts beschaffen? Und wenn das gelingt – vielleicht dazu eine winzige Portion Pasta mit geriebenen Trüffeln?« – »Ist schon notiert«, war die Antwort, und kurze Zeit später öffnete ich die Balkontür meines Zimmers, ließ den Wind hineinwehen und hörte Cecilia Bartoli singen, während ich einige dunkelgelbe Pappardelle um die Gabel drehte und mit geriebenen Trüffeln krönte.

Seit diesen Tagen verschwinde in manchmal für einige Zeit in guten Hotels. Ich verlasse sie keine Minute, ich verbringe die ganze Zeit in ihren Salons, Bädern und Bars. Am besten ist es, wenn solche Hotels in großer Einsamkeit liegen und die Versuchung, rasch doch noch zu einem Spaziergang aufzubrechen, gar nicht erst aufkommt.

Manchmal übertreibe ich es mit meiner Palette der Wünsche und bestelle die *Göttinger Miszellen* oder *intensiv*, eine Zeitschrift für *Intensiv- oder Anästhesiepflege*. Oder ich schlage vor, die Knöpfe meines hellblauen Mantels auszutauschen und modischer zu gestalten. Ganz zu schweigen von der wahrhaftig schwierigen Herausforderung, mir zum Abendessen beste französische Blutwurst (*Boudin noir*) zuzubereiten und sie mit etwas lauwarmem Apfelmus (keineswegs aber auch noch mit Kartoffelpüree) zu servieren.

Das Leben in solchen Hotels ist eine der schönsten kleinen Fluchten, die ich kenne. Ich spreche nicht viel mit anderen Gästen, ich plaudere höchstens mit dem Personal. Ich lese den halben Tag, höre Musik und komme fast immer auf sehr gute Gedanken. Und wenn ich abreise, hinterlasse ich einen kleinen Zettel mit Sonderwünschen für den nächsten Aufenthalt.

Sonderwünsche in guten Hotels

Das schlecht sitzende Jackett umnähen lassen
Manna Seife
Ein Mandel-Duschgel plus Körperbalsam
Einen Kimono Morgenmantel aus Seide
Japanpapier, Pinsel und Tusche
Die DVD eines Konzertes mit dem Pianisten Daniil Trifonow
Belgische Pralinen
Ad lib.

Allein sein

Mitten im tiefsten Westerwald gibt es eine alte Jagdhütte, die ich vor einiger Zeit gepachtet habe. Sie liegt in dichten Laubwäldern, in der Nähe gibt es einen Waldsee, an dem ich noch nie einem fremden Menschen begegnet bin. Im schönsten Sommer, wenn alle Freunde irgendwo in der Ferne und die Städte ruhiger sind, lebe ich dort zwei Wochen allein. Es gibt keinen Strom, und es gibt auch kein Wasser. Der Proviant, den ich dorthin mitbringe, besteht nur aus Obst und Gemüse, und im einzigen Raum gibt es nur eine einfache Liege, einen Schreibtisch mit Stuhl und einen alten, bequemen Sessel.

Bücher auf einem schmalen, langen Regal. Kerzen für den Abend, die Nacht.

Jeden frühen Morgen gehe ich im Waldsee schwimmen – und am späten Nachmittag noch einmal. Ich lese viel, ich gehe in der Umgebung der einsam gelegenen Hütte spazieren, ich schreibe, und alles Schreiben ist *Nature Writing*. Ich habe kein Telefon, ich höre keine Musik, ich erhalte keinerlei Nachrichten, ich lebe wie Henry Thoreau in seinem Buch *Walden* in einer Hütte nahe am See.

Von Tag zu Tag werde ich ruhiger, leichter, unbekümmerter. Bald spielt die große *Zeit* keine Rolle mehr, sondern nur noch die kleine, die Zeit vor Augen, die Tageszeit, die Zeit der nahen Dinge.

Manchmal durchfährt mich am frühsten Morgen, beim Aufstehen, ein Schock. Das ist das Glück, plötzlich und heftig. Dann atme ich einen Moment durch und gehe mit der Hoffnung ins Freie, es könnte mir wahrhaftig gelingen, irgendwann *ganz* zu verschwinden.

Liebesromane

Liebesromane, die ich nicht mag 1

Ich mag keine Liebesromane, in denen die Liebenden sich kurz kennenlernen, dann aber rasch aus den Augen verlieren und jahrelang getrennt durch die Welt reisen, um auf den letzten Seiten doch noch zusammenzufinden. Solche angeblichen Liebesromane sind eigentlich Abenteuerromane.

Ich mag keine Liebesromane, in denen die Liebenden bloß der Vorwand sind, um die Sitten Frankreichs in der zweiten Hälfte des neunzehnten Jahrhunderts bis in die letzte soziale Regung zu illustrieren. Solche angeblichen Liebesromane sind eigentlich Gesellschaftsromane.

Ich mag keine Liebesromane, in denen die Liebenden aus verfeindeten Familien stammen und die ganze Geschichte sich um die Feindschaft dieser Familien dreht. Solche angeblichen Liebesromane sind eigentlich Familienromane.

Ich mag keine Liebesromane, in denen sich die Liebenden nach kurzer Inbrunst bis aufs Messer bekämpfen und keine Scheußlichkeit auslassen, um sich unter dem Vorwand einer besonders ekstatischen Liebe zu demütigen. Solche angeblichen Liebesromane sind eigentlich Sado-Maso-Romane.

Eine Frau Mitte dreißig (von Beruf Übersetzerin) lernt vor dem Wuppertaler Hauptbahnhof einen etwa zwanzig Jahre älteren Philosophen kennen. Sie fahren jahrelang täglich mehrere Stunden mit der Wuppertaler Schwebebahn und heiraten schließlich in Wuppertal-Barmen. Danach übersetzt sie zwei Jahrzehnte lang die Bücher von Friedrich Engels ins Serbokroatische, während er die Kommentare zu Engels' Texten schreibt, die sie gleich mit übersetzt. (Ein Stoff für Wolfdietrich Schnurre)

Eine Lehrerin aus dem Hildesheimer Stadtteil Himmelsthür befreundet sich mit einem Handballtrainer aus dem Hildesheimer Stadtteil Ochtersum. Sie beginnen, alte Hildesheim-Postkarten zu sammeln und besteigen, um sich ihre gegenseitige Liebe zu beweisen, lange Zeit dreimal wöchentlich den Turm der Hildesheimer Kirche Sankt Andreas (von dem aus man den besten Blick auf Hildesheim hat). (Ein Stoff für den Hildesheimer Hobbyliteraten Mögli Mumme)

Eine junge Seelöwin aus dem Kölner Zoo beginnt, täglich Hunderte von Pirouetten zu drehen, um dem neben ihrer Anlage aufwachsenden jungen Koala-Bären zu gefallen. Da er sie ignoriert, verzichtet sie auf die Heringe, die ihr ein tumber Tierpfleger täglich aufdrängen will. Erst spät erkennt ein älterer, erfahrener Tierpfleger, dass die junge Seelöwin sich ausschließlich von Eukalyptus-Blättern ernähren möchte. Als das Fernsehen vorbeikommt, um diese ungewöhnliche Liebe zu dokumentieren, verweigert sie auch die Eukalyptus-Blätter und zieht sich in ein Seelöwinnen-Kloster zurück. (Ein Stoff für John Irving)

Ich mag keine Liebesromane, in denen einer der beiden Liebenden erkrankt, gepflegt werden muss und nicht mehr viel Zeit hat, sich als Liebender zu bewähren. Solche angeblichen Liebesromane sind eigentlich Arztromane.

Ich mag keine Liebesromane, in denen die beiden Liebenden sich in der Türkei (Slowenien, der Mongolei, dem Kongo) treffen und die halbe Geschichte dieser Länder erzählt wird, ohne dass eine richtige Liebesgeschichte beginnen würde. Solche angeblichen Liebesromane sind eigentlich Länderromane.

Ich mag keine Liebesromane, in denen einer der beiden Liebenden noch jemand anderen liebt und sich über Hunderte von Seiten nicht entscheiden kann, wen er nun mehr liebt. Solche angeblichen Liebesromane sind eigentlich Coming-of-Age-Romane.

Ich mag keine Liebesromane, in denen die Liebenden sich vor allem um ihren Sex kümmern. Solche angeblichen Liebesromane sind eigentlich Sexromane.

Ein paar weitere Vorschläge für gute Liebesromane 2

Ein etwas verdatterter Pilzsammler verirrt sich in den Pilzländereien rund um Paris und wird von einer jungen Pilzsammlerin aus Slowenien gefunden, die ihm das Pilzesammeln erst richtig beibringt. Nach drei Jahren gemeinsamen Sammelns werden sie von Peter Handke zum Pilzessen eingeladen und verwandeln sich danach selbst zu kleinen, unauffindbaren Pilzen. (Ein Stoff für Helmut Moysich)

Ein noch sehr junger Graphiker aus Osnabrück begeistert sich für Karl Lagerfeld, wird von ihm aber mehrmals abgewiesen. Schließlich kampiert er vor seinem Pariser Palais und wird als Maître de Plaisir von Lagerfelds Hauskatze aufgenommen. Nach wenigen Monaten spricht er die Katzensprache, entwirft hochgradig dekorative Katzenkalender und ist glücklicher denn je. (Ein Stoff für Jean Cocteau)

Eine Ortheil-Leserin reist dem Schriftsteller hinterher und kauft für eine erwartete, gemeinsame Bleibe einen Palazzo in Venedig. Als Ortheil dort eintrifft, ist er in Begleitung weiterer Venedig-Liebhaberinnen, die ebenfalls jeweils einen Palazzo erworben haben, um dort mit ihm ihr Lebensende zu verbringen. Es kommt zu einem Palazzo-Wettbewerb, aus dem eine Urenkelin von Ernest Hemingway als Siegerin hervorgeht. (Ein Stoff für Elke Heidenreich)

Liebesromane, die ich nicht mag 3

Ich mag keine Liebesromane, in denen sich die Liebenden Code-Wörter (wie etwa »Klopstock«) zuflüstern, diesen Code dann aber aus lauter Nachlässigkeit nicht weiterentwickeln und ausbauen. Solche angeblichen Liebesromane sind eigentlich keine Liebesromane, sondern Romane der Unbeholfenheit.

Ich mag keine Liebesromane, in denen einer der Liebenden oder beide Liebende fortwährend an irgendetwas scheitern, das leicht zu meistern oder zu beseitigen gewesen wäre. Solche angeblichen Liebesromane sind eigentlich keine Liebesromane, sondern einfach nur dämlich.

Ich mag keine Liebesromane, in denen die Liebenden laufend von etwas anderem reden und etwas anderes praktizieren als ihre Liebe. Solche angeblichen Liebesromane sind eigentlich verschwatzte Romane.

Ich mag keine Liebesromane, in denen die Liebenden in irgendeinem aufwendigen Ambiente (Schloss, Rittergut, Golfplatz etc.) zu ihrer Liebe finden. Solche angeblichen Liebesromane sind eigentlich Schlösser-und-Burgen-Romane.

Ein paar letzte Vorschläge für gute Liebesromane 3

Eine kaum zwanzigjährige Malerin aus Münster lernt einen fast zwanzig Jahre älteren Maurer aus Dortmund kennen. Sie beschäftigen sich beide jahrelang mit dem Werk von Joseph Beuys und bilden dessen Haus in der Düsseldorfer Drakestraße 4 auf der Biennale in Venedig im Deutschland-Pavillon nach. Als die Biennale zu Ende ist, lernen sie zaubern, kaufen sich ein Haus in Düsseldorf-Meerbusch und beherbergen die Principessa Casamassima als ihre lebenslange Alleinunterhalterin. (Ein Stoff für Wigald Boning)

Eine dreiundzwanzigjährige Bostoner Erbin des unglaublich vermögenden Handelshauses Boston & Co. lernt gegen den Willen ihres Vaters Deutsch und studiert in Freiburg bei einem Heidegger-Schüler Theologie und Philosophie. Sie verwandelt sich in Hannah Arendt und spricht Eichmann von aller Schuld frei. Der Heidegger-Schüler widmet ihr sein Hauptwerk »Spinnen und Sinnen« und entjungfert sie in der alten Heidegger-Hütte von Todtnauberg. Sie bleiben siebenundsechzig Jahre ein kinderloses Paar und schreiben in dieser Zeit über vierzig Bände »Fragmente für Alterslose«, die dann im Klostermann Verlag Jahr für Jahr erscheinen. Jeder Band wird zu einer Sensation, aber von fast niemandem gelesen. (Ein Stoff für Sibylle Lewitscharoff)

Ein dreiundneunzig Jahre alter Schwimmtrainer von Hellas Über-
lingen liest zusammen mit seiner siebzehnjährigen Schülerin (Ju-
gendmeisterin über 800 Meter Kraul) die Offenbarung des heiligen
Johannes. Gemeinsam fliegen sie nach Patmos und gründen dort ein
Zentrum für Bibel-Versteher. Während eines gemeinsamen Bads in
der Ägäis haben sie eine Erleuchtung und erfahren, wie man als
liebendes Paar guten Apfelkuchen backt. (Ein Stoff für Martin
Walser)

Wie Liebesromane sein sollten

Ich liebe Liebesromane, in denen es einzig und nur um die
Liebe geht, ohne Ambiente, Sozialkitsch, beherrschenden
Sex, zweite oder dritte Partner, Gebrechen, Geschwafel
oder gesellschaftliche Konflikte. Solche Liebesromane erzählen von der langsamen Annäherung eines Paares mit unendlicher Geduld, Proustscher Feinheit und dem Blick auf
die unendliche Freude, die zwei Liebende während einer
solchen Annäherung erleben. Am Ende sollte dem Leser wie
von selbst klar sein, dass diese Liebenden sich in der Zukunft weder trennen noch sonstige Manöver der Separation
vollziehen werden. Sie werden vielmehr ein Leben lang zu-
sammenbleiben, ohne Wenn und Aber, rein aus der Kraft
der anhaltenden und sich niemals verlierenden Freude.

Ein schöner Liebesroman 4

Ein schöner venezianischer Maler des späten achtzehnten Jahrhun-
derts zeichnet immer wieder eine schöne venezianische Adlige des
neunzehnten Jahrhunderts. Da sie sich nicht auf das Jahrhundert
einigen können, entführt das zwanzigste Jahrhundert die Lieben-

*den und widmet ihnen einen hyperschönen Roman. (Ein Stoff nur
für mich)*

Gelebte Liebesromane

Seit vielen Jahrzehnten bin ich mit ein und derselben Frau
liiert. Wir waren noch sehr jung, als wir uns kennenlernten. Zwei Wochen nach unserer ersten Begegnung fragte
ich sie, ob sie mich heiraten wolle, und als sie sich eine kurze Bedenkzeit erbat, war ich erheblich besorgt, sie könne
Nein sagen. Sie hat aber nicht Nein gesagt, sondern war
einverstanden. Das Heiraten selbst haben wir dann hinaus-
geschoben, denn der Akt selbst war nicht mehr so wichtig.
Im Geiste waren wir ja längst verheiratet.

Was aber wäre passiert, wenn meine spätere, damals noch
so junge Frau Nein gesagt hätte? Vielleicht wären wir eine
Zeitlang in guter Freundschaft zusammengeblieben, bevor
sie sich in einen Mathematiker verliebt, Physik studiert
und mit dem Mathematiker in die USA gezogen wäre. Und
ich?! Ich hätte dumm dagesessen, gelitten und mich mit der
Zeit an den Gedanken gewöhnen müssen, fürs Erste gescheitert zu sein.

Wäre es möglich gewesen, dass ich mein ganzes weiteres
Leben in Trauer versunken und allein geblieben wäre? Oder
wäre ich vielleicht in ein Kloster gegangen, um ein frommes
Leben als Mönch bis an mein Lebensende zu führen? Möglich. Ich will darüber nicht länger nachdenken, denn ein solches Nachdenken ist mir nicht konkret genug.

Lieber will ich überlegen, um welche Frauen ich gewor-
ben hätte, wenn es mir wirklich gelungen wäre, die Erinnerung an meine erste große Liebe (die, als ich sie kennen-

lernte, exakt so aussah wie Mariel Hemingway in Woody Allens *Manhattan* ... – kein Witz, wirklich exakt so ...) zu verdrängen.

Ich denke dabei jetzt nicht an bestimmte Frauen wie etwa an Filmschauspielerinnen (Isabelle Huppert?), Sängerinnen (Cecilia Bartoli?) oder Pianistinnen (Martha Argerich?), sondern an anonyme Frauen oder auch Typen, wie ich sie in meinem Leben in glücklichen, libidinösen Momenten beobachtet oder kennengelernt habe. Also los!

Es wäre (vielleicht) möglich gewesen, dass ich mich in eine Kuratorin verliebt hätte. Wieso das? Seltsamerweise bin ich einige Male Kuratorinnen begegnet, die mit mir durch eine Ausstellung gegangen sind, die sie selbst kuratiert hatten. Ich erfuhr eine Sonderbehandlung, denn die Kuratorin und ich waren ohne weitere Begleitung unterwegs. Was passierte genau? Etwa eine Stunde oder auch länger hörte ich der Kuratorin zu, die über die Bilder sprach, die sie für eine Ausstellung zusammengeführt hatte. Ich selbst sagte wenig oder auch nichts, ich ging neben ihr (an ihrer Seite), und wir schauten uns konzentriert Bilder an.

Meist waren es gute, klug konzipierte Ausstellungen, die ich vor ihrer eigentlichen Eröffnung (ich schrieb später oft einen Artikel darüber) zu sehen bekam. Und ich bekam sie nicht nur zu sehen, sondern erlebte sie mit den Augen der Kuratorin, die ihre großartige Arbeit erst gerade beendet hatte und daher noch aufs Engste mit jedem einzelnen Bild verbunden war. Ich bekam also nicht den Text einer gewöhnlichen Führung zu hören, sondern Texte eines noch frischen Enthusiasmus: Wo hingen die Bilder gewöhnlich? Welche hatten private Besitzer? Wie waren die Gespräche mit diesen Menschen verlaufen? Welche Geschichte verbarg sich hinter jedem einzelnen Bild, das auf glückliche Weise in diese einzigartige Ausstellung gefunden hatte?

Die herrlichen Bilder und ein noch von Erregung durchtränkter, heftig wirkender Text ... – das waren die ersten Impulsgeber des magischen Zirkels, der während unseres Gangs durch die Ausstellung zu glühen begann. Daneben spielte mit Sicherheit eine Rolle, dass wir in dem Ausstellungsgelände allein waren. Kein sonstiges Publikum störte uns, es war »mucksmäuschenstill«, wie in einer Kirche.

Die letzte Komponente des magischen Zirkels bestand darin, dass die Kuratorin genau passend gekleidet war. Sie war sichtbar modisch und elegant gekleidet, aber so, dass diese Kleidung nicht nur zu ihr, sondern auf dunkle (und noch zu erforschende) Weise auch zu den Bildern der Ausstellung passte. Natürlich nicht so, dass die Kleidung Motive oder Farben der Bilder kopiert oder variiert hätte, nein, eher so, dass die Kleidung wie ein lustvoller, selbstständig künstlerischer Kommentar zu den Bildern wirkte.

Die Bilder, der Text, die Kleidung der Kuratorin, die Stille – das waren die Komponenten einer geradezu idealen Verführung (die von der Kuratorin selbst wahrscheinlich überhaupt nicht bemerkt wurde). Nach einer Weile hörte ich nicht mehr genau hin, sondern hatte nur noch das leise, anzüglich wirkende Rauschen ihrer weichen Stimme im Ohr. Zweifellos handelte es sich um einen betörenden Liebesgesang, etwas Lyrisches, Hymnisches, das genau auf mich zielte und mich auch wirklich traf.

Was macht man nach so einem Rundgang? Man verabschiedet sich (oh, mein Gott!). Oder man trinkt noch ein Glas im Café des Museums zusammen (auch kein guter Gedanke). Ich selbst war immer versucht, den Gang durch die

Ausstellung draußen fortzuführen. Ich wäre mit der Kuratorin durch die Stadt gegangen, und ich hätte langsam auch selbst in einen Text gefunden. Wir hätten uns zwei-, dreimal getroffen, und dann hätte ich sie gefragt, ob sie mich heiraten wolle. Es wäre möglich gewesen, dass sie Nein gesagt hätte, dann wäre die ganze Sache von vorn losgegangen.

Museumsdirektorinnen wären in einem solchen Fall bedroht gewesen, von mir als Ersatz-Kuratorinnen behandelt und aufgesucht zu werden. Ich hätte sie um eine Führung durch ihr Museum gebeten und geschaut, welche Energien freigesetzt worden wären. Museumsdirektorinnen sind allerdings nicht so ideal wie Kuratorinnen, denn Kuratorinnen sind mit der Sache (der Ausstellung, bestimmten Bildern, dem Gesamtwerk eines Malers etc.) verbunden. Museumsdirektorinnen dagegen haben zu viele Nebengedanken (die Finanzen, das Management etc.), sodass sie einem schon kurz nach der Heirat untreu werden und die ganzen Tage und halbe Nächte in ihrem Museum verbringen.

Ich hätte nicht gern eine Frau geheiratet, die einen solchen Beruf ausübt, ich übe schließlich auch nicht einen Beruf aus, der mir keine Zeit lässt, mit einer Frau viel Zeit zu verbringen. Das muss sein, es ist eine wirklich wichtige Bedingung. Deshalb sind Pianistinnen auch keineswegs ideal (sie haben oft nur noch ihre Konzerte im Kopf), und deshalb halte ich die Idee, um zum Beispiel Anne-Sophie Mutter zu werben, auch für keinen guten Gedanken.

Filmschauspielerinnen kommen aus denselben Gründen ebenfalls nicht in Frage, und Juristinnen, Ärztinnen und Informatik-Fachfrauen würde ich von vornherein in Ruhe lassen und niemals mit meinen absurden Absichten belästigen.

Welche Berufe kämen aber außer dem Idealberuf einer Kuratorin höchstens in Frage? Professorinnen extremer Fachgebiete? Eher nicht, sie wären zu ehrgeizig und ein Leben lang mit den Details ihrer trockenen (und letztlich doch überflüssigen) Wissenschaftstexte beschäftigt.

Sportlerinnen? Vielleicht, denn irgendwann wäre es ja aus mit dem Sport, und dann hätte eine meisterliche Hochspringerin viel Zeit für ein ereignisreiches (und vom Sport geprägtes und damit gesundes) Zusammenleben (Bastian Schweinsteiger hat es genau richtig gemacht ...). Verlegerinnen? Auf keinen Fall, solche Frauen sitzen nicht nur ganze Tage und halbe Nächte, sondern eigentlich die ganze Woche (einschließlich des Wochenendes) in ihrem Verlag und lektorieren und moderieren Texte, die eine so intensive Arbeit eigentlich gar nicht verdienen.

Ich weiß aber sehr wohl einen dritten Beruf außer dem der Kuratorin und dem der Sportlerin, den ich mir als geeignet vorstellen könnte: Försterin! Eine Försterin würde ich auf ihren Wegen durch ihren Wald begleiten. Wir würden täglich zusammen unterwegs sein, hätten einen Hund, würden im Wald manchmal frohe Lieder anstimmen und bei Regen in Schutzhütten kleine Brote essen, die wir zu Hause geschmiert hätten. Ich würde Bücher über das Waldleben schreiben (solche Themen sind gerade auf dem Markt sehr erfolgreich), und ich würde die lediglich theoretischen Waldbücher der Konkurrenz durch (mit kühnen Erotismen gewürzte) Erzählungen aus dem Forsthaus an Eindringlichkeit überbieten.

Kuratorin, Sportlerin, Försterin, sicher würde mir bei längerem Nachdenken noch dieser oder jener andere Beruf einfallen. Meine Frau ist übrigens von Beruf Verlegerin.

Mich interessiert das Thema »Liebe« in der schon gekenn-
zeichneten Weise seit Langem, und ich habe mich oft gefragt, was genau mich daran interessiert und welchen Komponenten des Themas mein besonderes Interesse gilt.

An erster Stelle würde ich die Momente nennen, die ich
als »Liebesszene« bezeichne. Die Liebesszene ist die Szene-
rie der ersten Begegnung (oder im Plural: der ersten Begegnungen). In ihr formieren sich die entscheidenden Momente
der Annäherung. Zwei Menschen machen sich gegenseitig
»miteinander bekannt«, und ganz allmählich entwickelt sich
eine immer stärker werdende Magie der Anziehung.

Es mag sein, dass diese Magie zunächst nur bei einem
der beiden wirkt. Innerlich (insgeheim) und keineswegs
offensichtlich ist er erstaunt, überrascht und unerwartet
berührt: Was passiert denn gerade mit mir? Er kann und
will es sich nicht erklären, er ist viel zu sehr in die Magie
der Annäherung verstrickt. Aber er spürt sehr genau und
stark, dass ihn in diesen Momenten nur noch die Person interessiert, mit der er gerade unterwegs ist oder spricht. Die
Welt ringsum ist für ihn zunächst nicht von Bedeutung, obwohl diese Welt keineswegs etwas Beliebiges hat, sondern
die Annäherung versteckt (aber von ihm nicht beachtet)
mit betreibt.

Das aber spielt anfänglich, wie gesagt, keine Rolle. Die
Liebesszene entwickelt sich, der Infizierte erlebt das Signal eines Beginns und möchte dieses Signal annehmen, auf-
greifen und umsetzen (er weiß nur noch nicht, wie). Sollte
er genauer sagen, was er erlebt, so würde er (später) vielleicht sagen, dass sich etwas in ihm festgehakt habe. Fest-

gehakt, ja genau. Als hätte er den Haken gespürt, der in sein Fleisch, seine Emotionen und Stimmungen eindrang. Es war wie ein Stich, es durchfuhr ihn, der Mund wurde trocken, es fiel ihm schwer, weiter normal zu sprechen.

Der plötzliche Stich ist der Einbruch einer unerwarteten Fremde, die damit beginnt, ihn mit ihren chemischen und psychischen Stoffen zu durchdringen. Schon zielen die fremden Chemien darauf, sich mit den eigenen zusammenzutun, sie bewegen sich unglaublich rasch, zirkulieren durch den ganzen Körper, sorgen für eine leichte Euphorie und entwickeln Traumkonstellationen, die sich rasend schnell vermehren (wo werden wir zusammen leben? wohin werden wir zusammen verreisen? wie wird unser Zusammenleben aussehen?)

Ist dieser Prozess der Infektion nicht einseitig, sondern befällt er beide Partner (was gar nicht so häufig geschieht, denn meist entzündet sich einer der Partner verspätet und vielleicht auch nur, weil sein Gegenüber mit seiner Allein- und Hochinfektion einen derart starken Eindruck auf ihn macht, dass er nicht zurückstehen möchte), entsteht die klassische Tristan-und-Isolde-Konstellation: Beide Liebende haben aus ein und demselben Becher mit dem magischen Liebestrank getrunken und vergessen von diesem Moment an die übrige Welt.

Danach bleibt ihnen nichts anderes, als die Liebe unendlich oft zu beteuern. Tristan! – Isolde! – Ich liebe! – Auch ich liebe! – Wir lieben! – Nichts so wie unsere Liebe! – Tristan! – Isolde! – ad infinitum oder (realistischer) jahrelang, bis die Liebesemphase (meist nach zwei Jahren) nachlässt und dann langsam zerbröckelt. (Das Problem besteht in der Überleitung von »Liebe« in »Ehe« – dabei handelt es sich um einen hochkomplexen, noch längst nicht gut genug verstandenen und erstaunlich selten beschriebenen Prozess.)

Die Tristan-und-Isolde-Konstellation führt im normalen Leben zu einer Bindung von solcher Intensität, dass sie von der Umwelt nicht mehr erreicht wird. Die Liebenden sehen sich ununterbrochen oder sooft es irgend geht. Andere Menschen interessieren sie kaum noch. Es kommt ihnen darauf an, alles, was sie erleben, von nun an »zusammen« zu erleben. Vor ihrer ersten Begegnung war jeder von ihnen bereits häufig im Theater oder in der Oper oder in diesem berühmten Musical, das seit sechzehn Jahren im Boodyboody-Centre for Musical Arts läuft. Egal, man sieht sich alles »zusammen« noch einmal an: Theater, Oper und Musical erscheinen anders, neu und viel interessanter (weil mit Liebeschemie aufgeladen) als vor dem gemeinsamen Kennenlernen.

Diese Zeit der ersten Liebesemphase darzustellen und zu ergründen, hat mich immer sehr fasziniert (ich habe es in den Romanen *Die große Liebe* und *Liebesnähe* versucht). Nach außen hin erscheint diese Zeit beinahe monoton, weil nichts Großes geschieht. Alles Große ist vielmehr in den Innenwelten der beiden Liebenden versteckt, die vom frühen Morgen bis in die Nacht damit beschäftigt sind, ihre Innenwelten minutiös aufeinander abzustimmen: Was will ich? Was will er (oder sie)?

Anders als den Außenstehenden erscheint den Liebenden dieser Zeitraum unendlich lebendig, reich und geradezu »atemberaubend«. Nie zuvor hat es eine solche Freude gemacht zu leben. (Und endlich ahnt man, wofür.) Die Außenstehenden aber beobachten zwei Menschen, die für sie verloren sind. Sie driften, nur noch aufeinander bezogen, durch die Welt, und in ihrer unbedingten Euphorie (und mit dem Vokabular, das sie bald gegenseitig für ihre Liebe entwickeln) wirken sie kindisch, ja, albern. Eigentlich verhalten sie sich nicht mehr wie Erwachsene, sondern wie Pubertäre, die manchmal eine ähnliche Weltvergessenheit ausstrahlen und nur noch an sich denken.

Die Ausschließlichkeit, mit der Liebende füreinander da sind, kann die Außenstehenden irgendwann erheblich reizen, sie kann Eifersucht auslösen oder auch einfach nur verstimmen. In solchen Fällen zieht einer der Außenstehenden einen Dolch oder ein Schwert und erklärt der Ausschließlichkeit seinen Krieg. Damit die Oper *Tristan und Isolde* nach vier Stunden Liebesemphase endet, schickt zum Beispiel Richard Wagner den Liebenden König Marke und sein Gefolge auf den Hals. Dolche und Schwerter werden gezogen, um das sich unerträglich lang hinziehende Liebesstöhnen ein für allemal zu beenden.

Es ist aber auch möglich, dass einem der Liebenden (oder beiden) plötzlich alles zuviel wird. Zuviel an Energie und Libido wird verbraucht und einem einzigen Menschen gewidmet. Zuviele Liebesbeteuerungen sind geäußert worden und verklumpen zu einem Text, der aus lauter sentimentalen Wiederholungen besteht. Emphasen können etwas Überanstrengtes und Erschöpfendes haben – wenn einer der Liebenden das an sich bemerkt, kann er (zunächst für Momente) ausrasten und aggressiv werden.

Aggressiv wird er nur scheinbar gegenüber dem einzig Geliebten, in Wahrheit entwickelt er diese Aggression gegen sich selbst. Kleine Spuren seiner früheren Existenz will er sich bewahren und nicht untergehen in (wie es so treffend heißt) *des Meeres und der Liebe Wellen*. Er reckt sich aus den Strudeln empor und greift nach einem Halt. Und er bemerkt a) dass der andere ihm diesen Griff nicht verzeiht (sondern ihn für abtrünnig hält) oder b) selbst nach einem eigenen Halt sucht. Dann beginnt folgerichtig: entweder a) der Konflikt (bis hin zum Kampf), oder es entwickelt sich b) die Einsicht, dass man sich für einige Zeit trennt und voneinander ablässt.

Konflikt und Kampf oder Trennung für einige Zeit – hier deuten sich die zweiten Phasen der Liebesszenen an. Sie können a) zu einer sich jahrelang hinziehenden Psycho-Schlacht führen (solche Schlachten interessieren mich nicht, weil ihre Stadien und ihr Verlauf sehr bekannt und ausreichend studiert sind) oder b) zu einem Wiedersehen und einer Wiederaufnahme der großen Liebe gleichsam auf höherem und dann schon virtuosen, weil auf mehreren Zeitebenen spielenden Niveau (von dieser Konstellation habe ich in meinem Roman *Das Verlangen nach Liebe* erzählt).

Solche Liebesromane zu schreiben, interessiert mich also, weil ich in ihnen die genannten Liebeskonstellationen bis ins kleinste Detail erforschen kann. Romane sind in diesem Sinn exakte Forschungsarbeiten mit experimentellen Konstellationen. In jedem ihrer Erzählmomente verschiebt sich die Liebesanbahnung um eine winzige Nuance, die unbewusst weiterwirkt und starke Folgen hinterlassen kann.

Wie begrüßen wir Liebenden den gemeinsamen alten Freund Fritz, den jeder von uns vorher nur allein zum Freund hatte? Was machen wir mit Günar, der nur mit dem männlichen Liebenden befreundet war und nicht versteht, wie er sich dazu hergeben konnte, die weibliche Liebende zu lieben? Und was geschieht in den Zeiten (und das sind die eigentlichen, hochdramatischen Phasen), in denen die Liebenden nicht abgelenkt sind, sondern ganz allein, zu zweit aufeinander fixiert? Wie gehen sie dann miteinander um, wie beziehen sie die Umgebung mit ein? Was tut der eine, wenn der andere von Ereignissen, Menschen oder Dingen spricht, von denen der andere ganz und gar nichts hören, sondern »verschont« bleiben möchte?

Die Liebesszenerie

Hier kommen die Umgebungen der Liebesszenarien ins Spiel, die vom ersten Moment an eine große Bedeutung haben. Sind die Liebespartner längere Zeit zusammen, werden sie sich später davon erzählen: wie sie sich kennenlernten und wie die Räume, in denen das stattfand, zu diesem Kennenlernen beitrugen.

Es kann sein, dass solche Räume bereits selbst eine gewisse Aura haben, die für die Liebesanbahnung förderlich ist. In meinem privaten Fall wäre das der stille Ausstellungsraum, in dem ich mit der Kuratorin der Ausstellung unterwegs sein würde. (Und – sehr merkwürdig – im Fall der männlichen Hauptfigur meines Romans *Die große Liebe* ist es ebenfalls ein Ausstellungs- bzw. Museumsraum, in dem er mit einer Museumsdirektorin unterwegs ist: Sie führt ihn durch die Ausstellung, sie bringt einen Präsentationstext zum Glühen …)

Der stille Ausstellungsraum ist ideal für die Liebesanbahnung, weil er eine besonders starke Konzentration der späteren Partner aufeinander ermöglicht. Sie gehen nebeneinander her, sie berühren sich vielleicht sogar, während die Konzentration noch dadurch verstärkt wird, dass einer der beiden das gemeinsame Gehen mit einem Text begleitet. Der Text fokussiert die beiden zusätzlich aufeinander: Sie spricht, er hört zu und fragt vielleicht nach, sie antwortet, nimmt den Faden auf und spricht wieder – ein gemeinsames, nicht zerstreutes, sondern sich mit einem Thema verbindendes Reden kommt in Gang.

Das gemeinsame Gehen, das gemeinsame Reden, keine Störungen und Ablenkungen von außen – die Annäherung geschieht beinahe zwangsläufig und wird im Verlauf des Rundgangs durch die Ausstellung so stark, dass beide später, bei einem eventuellen Auseinandergehen nach der Führung, das Gefühl haben, sich »voneinander losreißen« zu müssen. Für eine Stunde oder auch länger haben sie so etwas wie das Ideal einer Umgebung und einer Konstellation genossen, die es so schnell nicht wieder geben wird. Kennen sie sich einige Zeit, werden sie anfangen, sich danach zu sehnen. Gemeinsam werden sie durch Ausstellungen und Museen gehen, aber die alte Magie wird so schnell nicht wieder entstehen.

Es gab mehrere Folgen einer TV-Sendung, die mit der Wiederholung dieses Rundgangs auf wunderbare Weise gespielt hat. Sie hieß *Mit Milbergs im Museum* und bestand darin, die Kunsthistorikerin Judith Milberg und ihren Mann, den Schauspieler Axel Milberg, durch ein Museum gehen zu lassen. Sie erklärte ihm (sehr animierend, lässig und klug) einige Bilder, und er schüttelte dazu den Kopf, raunzte vor sich hin und kickte ihr einige noch lässigere Bemerkungen zurück.

Es ist klar, dass ich von diesen Sendungen gar nicht genug bekommen konnte (und letztlich froh war, der klugen

Kunsthistorikerin Judith Milberg im Leben nie begegnet zu sein – ihr Mann ist immerhin *Tatort*-Kommissar). Was ich an ihnen beobachten konnte, war die emotionale Aufladung der beiden Partner durch die Umgebung der Bilder und ihre gleichzeitige Verstrickung in einen gemeinsamen Dialog oder Text. Die Räume übertrugen ihre Aura auf die beiden Sprecher, die sich selbst wieder auratisch aufeinander bezogen. Prompt sprachen sie von ihren Vorlieben, ihren Eigenheiten, dem, »was sie lieben und was nicht«. Wie in einer Glocke gefangen durchwanderten sie Säle und Räume und entwickelten ihren Liebesdiskurs, indem sie sich einem Bilddiskurs hingaben.

Räume können also auf ideale Weise stimulieren. Es kann aber auch so sein, dass zwei spätere Partner mitten in einem großen Getümmel (einem Fest oder einer anderen überdimensionalen Veranstaltung) beinahe blind aufeinander zugehen und sich unter Tausenden plötzlich »erkennen«. Zufällig blicken sie sich an und bewegen sich durch die Menge und an allen anderen vorbei in der Schusslinie der Blicke.

Eine extrem laute, bunte und chaotische Umgebung wirkt noch auf die Liebenden ein, aber sie empfinden diesen Lärm anders als die sonstigen Festteilnehmer. Das Chaos wirkt nämlich hypnotisch und versetzt sie in eine leichte Trance. In diesem Zustand suchen sie nach einer Entsprechung, die ihnen zum einen erlaubt, das schöne Gefühl der Trance zu erhalten und andererseits doch aus ihm zu fliehen.

Was geschieht? Das Fest wird leiser und leiser und verliert bald jede Bedeutung. Sie tanzen stumm miteinander, sie brauchen nicht viel miteinander zu reden. Ihre körperliche Annäherung geschieht von allein. Sie entwickeln eine

wortlose Aura, die Impulse der lauten, hypnotischen Umgebung aufnimmt und gegen ihre Dominanz wendet: Mitten
unter Tausenden von Fremden sind sie plötzlich allein.

Medien

Zeitungen, Zeitschriften

Seit den frühsten Kinderjahren (als ich vier, fünf Jahre alt war) interessierten mich Zeitungen und Zeitschriften. Obwohl ich noch kein Wort lesen konnte, schnitt ich Fotos, Bilder oder Graphiken aus, sammelte sie oder klebte sie irgendwo ein. Ich war regelrecht besessen davon, und überall, wo mir eine Zeitung oder Zeitschrift in die Hände geriet, blätterte ich sie durch, riss etwas heraus, zerlegte sie in viele Teile und brachte es als Beute mit nach Hause.

Später, als mein Vater mir das Schreiben beibrachte, klebte ich jeden Tag Ausschnitte aus Zeitungen und Zeitschriften auf eine Seite, die Vater und ich als »Chronikseite« bezeichneten. (Genaueres darüber habe ich in meinem Buch *Der Stift und das Papier* erzählt.) Ich wollte etwas Frisches, Aktuelles, Neues festhalten, etwas, das an diesem einen, bestimmten Tag passiert war und nicht mehr wiederkommen würde.

Indem ich Nachrichten und Fotos einklebte, schrieb ich an meiner eigenen Geschichte der Zeit. Aus dem täglichen riesigen Angebot von Informationen nahm ich genau das heraus, was mich selbst interessierte. Ich dokumentierte nicht, was die Gegenwart an wichtigen Meldungen verlautbart hatte, sondern suchte nach jenen Spuren, in denen sich etwas Gegenwärtiges mit meinen eigenen Interessen berührte.

Sehr selten waren das die Hauptnachrichten und damit politische oder ökonomische Details. Die waren Teil der großen Geschichte und jener Veränderungen, die irgendein Historiker einmal aufschreiben und deuten würde. Ich aber suchte nach Meldungen oder Bildern, die etwas Skurriles hatten, eine seltsame Geschichte erzählten oder meine Fantasie anregten.

Kleine Impulse, Blitze oder eigenartige Raritäten – das suchte ich. Ein Kriterium für solches Material war, dass ich mit ihm weiterarbeiten konnte. Es handelte sich um Rohstoff, der knapp oder lakonisch verbreitet wurde. Ich aber widmete mich seinen Details, dachte über sie weiter nach oder fantasierte sie aus. Am liebsten hätte ich meine eigene Zeitung geschrieben, allein, ohne Mitarbeiter, und am liebsten hätte ich sie ausschließlich mit vorliegendem Material bestritten, aus dem ich etwas ganz anderes gemacht hätte.

Eine Zeitlang habe ich so etwas in den Jugendjahren getan. In den großen Schulferien schrieb ich eine kleine Zeitung für meine Freunde und die Familie, und später rief ich eine Schülerzeitung ins Leben, in der ich immer aufs Neue das viele Material verarbeitete und umgestaltete, das ich in Zeitungen und Zeitschriften gefunden hatte.

An meiner Liebe zu diesen Medien hat sich bis heute nicht das Geringste verändert. Fahre ich Zug, laufe ich durch alle Wagen, um nach Zeitungen und Zeitschriften zu fahnden, die von den Fahrgästen liegen gelassen wurden. Der *Fränkische Tag*! Die *Deutsche Jägerzeitung*! Oder, noch besser: *Klettern*! Niemals würde ich eines dieser Blätter übersehen, weil mich seine Themen im Normalfall nicht interessieren. Zeitungen und Zeitschriften behandeln in meinen Augen keine Themen, sondern sind ein buntes Schaufenster. Irgendeine Notiz oder eine andere Kleinigkeit finde ich immer und integriere sie in den großen Kosmos meiner Sammlung.

Und so ist es dabei geblieben, dass ich mich bei Betreten eines fremden Raums oft nach Zeitungen oder Zeitschriften umschaue. So auch beim Friseur, wo ich als Erstes auf die Ablage zugehe. *Vogue*, *Gala*, *Cosmopolitain*, *Instyle* – ich lege sie sofort aufeinander und nehme sie mit zu dem Platz, an dem mir später die Haare geschnitten werden. Bis es losgeht, habe ich schon mindestens zwei Zeitschriften von vorne nach hinten durchblättert. »Wir haben leider nur Frauenzeitschriften«, hat mein Friseur anfangs einmal gesagt. »Es gibt gar keine Frauenzeitschriften«, habe ich geantwortet, »das ist ein leider weitverbreiteter Irrtum.«

Manchmal frage ich mich, ob ich all diese Medien wirklich auch lese. Ich lese sie jedenfalls nicht so, wie ich längere Texte oder gar Bücher lese. Ich schaue sie eher an, überfliege sie, picke mir etwas heraus und lasse es für Sekunden in meinem Hirn kreisen. Dadurch fühle ich mich belebt, hellwach, auf Spurensuche, passioniert wie ein Jäger oder ein rasanter Driver, der sein Gefährt durch den Dschungel steuert. Es ist wunderbar, ziellos und doch animalisch unterwegs zu sein, um der Welt etwas zu entlocken. Und es ist die ideale Ergänzung zum anderen Leben, dem Leben als Leser, der stundenlang auf seinem Sessel sitzt und Wort für Wort, Satz für Satz, Kapitel für Kapitel aufliest und langsam durch sein Hirn wandern lässt.

Während meiner Kindheit in den Fünfzigerjahren war das Radio ein wichtiges, täglich gehörtes Medium. Es gab Sendungen für Kinder, die ich nicht verpassen wollte, und es gab Sportübertragungen, die einem durch die Knappheit ihrer Schilderungen (»Juskowiak von rechts, passt in die Mitte, da ist aber keiner ...«) viel Fantasie abverlangten.

Ich habe sehr gern Radio gehört, denn das Radiohören hatte etwas von einem Gespräch. Man saß still, horchte, überlegte, was das Gegenüber wohl gemeint oder gesagt hatte, schwieg – und unterhielt sich nach einer Sendung (wenn das Radio längst abgeschaltet war) mit sich selbst darüber, was man wohl geantwortet hätte, wenn man direkt gefragt worden wäre.

Am schönsten war es, Erzählungen oder Geschichten zu hören, in denen Dialoge vorkamen. Die Stimmen der älteren Sprecher mischten sich mit denen von Kindern, und alles wirkte so, als hätte man mühelos mit dazustoßen und in die Runden hineinspringen können, um ebenfalls mitzumachen. Radiosendungen solcher Art wirkten unkompliziert, uneitel und angenehm munter – und damit ganz anders als spätere Fernsehsendungen für Kinder, die oft etwas Gemachtes, Eitles und künstlich Munteres hatten. (Kinder exzessiv lachen und in Garderobe »toben« zu sehen ist etwas anderes als Kinder exzessiv lachen und ohne Garderobe toben zu hören.)

Im Fernsehen verführte allein der Umstand, dass alle Teilnehmer einer Sendung sich darstellen, etwas Besonderes anziehen und in Aktion treten mussten, zu aufdringlichen Inszenierungen. Das verlieh den Sendungen etwas von einem Treibhaus, wo überseeische Tropenpflanzen mittleren Sprengtemperaturen ausgesetzt wurden, um zur Blüte zu gelangen. Im Radio gab es so etwas nicht. Fast jeder Stimme konnte es hier gelingen, völlig »normal« zu wirken, lebendig wie von der Straße, gut gelaunt wie während einer Begegnung mit einem anderen, animierenden, ebenfalls gut gelaunten Menschen.

Die gute Laune habe ich dem Radio fast immer abgenommen. Sie gehörte zu diesem Medium, weil es ein dialogisches und kein vor allem visuelles Medium ist. (Menschen, die sich nicht nur unterhalten, sondern auch länger anschauen müssen, gehen die gute Laune und das Lachen, wenn sie nicht auf Kegelurlaub sind, bald verloren.) Den Höhepunkt des Dialogischen erreichte das Radio im Hörspiel. Hörspiel war besser und intensiver als jedes Theater. Keine Posen, keine Verkleidungen, sondern nur gutes, klares, melodisches Sprechen! Dialoge ohne jede Ablenkung – und gerade dadurch oft so spannend, dass man als junger Zuhörer zwar nicht »den Atem anhielt«, wohl aber stocksteif dasaß.

Manchmal wurde es im Radio auch feierlich. Samstagabends, kurz vor zwanzig Uhr, bewegte sich das Radio in eine Kirche und sendete eine halbe Stunde Ausschnitte aus einer Vesper. Ohne Kommentar, nur die Musik, meist auch ohne Orgel oder Orchester. *A Capella* – damals lernte ich diesen Begriff kennen und nahm ihn unter meine Lieblingswörter und -wendungen auf. *A Capella* – das hörte sich an, als würde damit eine Musik der Engel bezeichnet, die samstags unterwegs waren, um die Welt auf den Sonntag vorzubereiten. Die Gesänge und Lieder leiteten auf diesen Folgetag über, etwas Sonntag steckte bereits in ihnen, aber man sprach darüber nicht, weil man schließlich noch am Samstag festhalten und sich von den Engeln nicht treiben lassen wollte.

Sonntagmorgens aber hörte niemand von uns Radio, wie es überhaupt Zeiten gab, in denen auf keinen Fall Radio gehört wurde. Wer das Radio einfach laufen ließ, als interessierte nicht, was da gerade gesendet wurde, tat ihm unrecht. Er kümmerte sich nicht um das Programm, er tat so, als wäre ihm das Programm gleichgültig. Um gut Radio zu hören, brauchte man den Blick in die Zeitung oder Programmzeitschriften. Letztere liebte ich besonders. Ich schnitt das Tagesprogramm der verschiedenen Sender aus und unterstrich, was ich würde hören können. Natürlich hörte ich nicht all diese Sendungen, aber ich hatte sie doch im Blick: für die freien Minuten, für die Animation, deren ich vielleicht unbedingt bedurfte, wenn wieder mal »gerade nichts los war«.

O-Ton, Radiosendung am Nachmittag (2015)

Sprecher: Hallo, mit wem spreche ich?
Hörer: Hier ist Rudi aus Bielefeld.
Sprecher: Hallo Rudi, schön, dass Du Dich meldest.
Hörer: Ja, hallo.
Sprecher: Wie alt bist Du, Rudi?
Hörer: Ich bin neunzehn.
Sprecher: Dann gehst Du vielleicht noch zur Schule?
Hörer: Nein, tue ich nicht.
Sprecher: Ah, verstehe, Du bist bereits in der Ausbildung.
Hörer: In welcher Ausbildung?
Sprecher: Na, vielleicht in einer Lehre?
Hörer: Nee, falsch geraten.

Sprecher: Ah, verstehe, Du bist anders auf Achse.

Hörer: Ich bin nicht auf Achse.

Sprecher: Du lebst noch zu Hause, bei Deinen Eltern?

Hörer: Nein, ich lebe allein.

Sprecher: Ganz allein? Ohne Freundin oder Freund? Oder vielleicht in einer WG?

Hörer: Ist allein leben eine Schande?

Sprecher: Aber nein, Rudi, so habe ich das nicht gemeint.

Hörer: Passen Sie bloß auf, dass Sie nichts Falsches sagen.

Sprecher: Okay, Rudi, es war ganz anders gemeint.

Hörer: Was wollen Sie eigentlich wissen?

Sprecher: Wir wollen uns ein Bild von Dir machen, Rudi.

Hörer: Ich möchte kein Bild von mir. Ich will die »Eagles« hören, »Duff in the matter«, und zwar sofort!

Sprecher: Sofort geht leider nicht, Rudi. Wir finden das Stück garantiert, und wir spielen es dann, aber es dauert noch ein paar Minuten.

Hörer: Ist ja verkalkt, dass es so lange dauert. Ich hab's in zwei Sekunden auf meinem Smartphone.

Sprecher: Ja, Rudi, danke, das war's. Wir geben uns Mühe.

Hörer: Das will ich hoffen, Frageonkel!

Sprecher: Tschüs Rudi!

Hörer: Tschüs, Du Armleuchter!

Kleine Liste von Wörtern und Wendungen, die ich nicht mag

Herangehensweise (scheußlich, d i e Vokabel des pädagogischen Mittelbaus)

Zeitnah (idiotisch, ein Nullwort, mit dem Sekretariate Druck machen wollen)

Etwas ist im grünen Bereich

Etwas ist in trockenen Tüchern

Die Kuh ist vom Eis

Schön, dass Sie da sind

Ich freu mich auf Sie

Preis-Leistungs-Verhältnis (schau-der-haft)

Ich gehe davon aus (zum Schütteln)

Fernsehen

Fernsehen ist ein Gemischtwarenladen. Was alles so über den Bildschirm läuft, speist sich aus vielerlei fremden Quellen. Fernsehen kann Kino sein oder Reportage, Fernsehen kann Show oder Magazin sein. Am stärksten aber ist Fernsehen da, wo es sich von diesen geerbten und übernommenen Formen unterscheidet: Live, vor Ort, in der Präsentation des Aktuellen, das gerade, in diesem Moment, auch wirklich geschieht.

Live-Übertragungen aber dauern. Und sie haben die Tendenz, gewaltig Speck anzusetzen. Dann werden solche Sendungen mit Moderatoren und Experten garniert, die sich schlimm wiederholen. Sie schaffen es, stundenlang dieselben Fragen zu stellen und die Antworten so lange um winzige Nuancen zu variieren, bis man es einfach nicht mehr sehen und hören kann. Die Zeit vergeht, und der Zuschauer soll es nicht spüren. »Bleiben Sie dran, wir sind gleich wieder da«, ist kein Slogan, sondern das geheime Prinzip solcher Sendungen. Letztlich zielen sie darauf, den Zuschauer von morgens bis abends vor dem Bildschirm festzuhalten.

Ein solches Fernsehen ist überhaupt nichts für mich. Live-Übertragungen, die schlimme Bluttaten, Exzesse oder Anschläge dokumentieren, ertrage ich nicht. Ich kann nur drei, vier Minuten hinschauen, dann muss ich passen. Live-Übertragungen mit schonenderen Themen (der Kölner oder Mainzer Rosenmontagszug, die Kölner Lichter etc.) kann ich nicht einmal drei oder vier Minuten folgen, es geht einfach nicht. (Während ich durchaus nichts dagegen hätte, sie real, vor Ort, zu erleben.)

Längere Sportübertragungen schaue ich mir nur an, wenn es sich um Skilanglauf (fünfzig Kilometer!) oder Tennis handelt, Fußballspiele in voller Länge zu sehen, fällt mir dagegen immer schwerer. Im Grunde liebe ich das meditative Fernsehen (und damit ein Fernsehen, das kein Fernsehmacher eigentlich will): ruhige, konzentrierte Kommentare und Erläuterungen, wenig Aktion, die Fokussierung auf Details. Eine Zeitlang habe ich tief in der Nacht (in abgelegenen Hotels, in verzweifelter Einsamkeit – natürlich auf Lesereise) Billard gesehen. Ich habe es genossen, die bunten Kugeln über den grünen Filz zirkulieren zu sehen, obwohl ich nie verstand, welche Kugel nun gerade dran war und warum eine butlerähnliche Erscheinung manchmal eine Kugel mit weißen Handschuhen herausfischte und auf einem speziellen Punkt deponierte.

Ich habe mich der Meditation des Billardspiels also nicht weiter gewidmet, vielleicht auch deshalb, weil ich nie werde Billard spielen können. (Ich ahnte, dass ich dafür nicht die richtige Schmissigkeit oder Al Capone-Haftigkeit besaß.) Wohl aber habe ich in den längst vergangenen Jahren, als man Schachspiele in voller Länge Zug für Zug übertrug, begeistert vor dem Fernseher gesessen. Den eigentlichen Kommentar in solchen Extremstunden der Meditation lieferten meine Freunde und ich, indem wir über jeden vollzogenen Zug stritten, Varianten diskutierten und auf den nächsten

Gegenzug wetteten. Für unser pubertäres, klugscheißerisches Alter war Extremschach über mehrere Stunden genau das Richtige: Es ermöglichte uns das (damals) lebensnotwendige endlose Debattieren über ein einziges Thema, und es beschenkte uns mit kleinen intellektuellen Erfolgen, wenn wir mit unseren Vorhersagen richtiggelegen hatten.

Insgesamt bin ich also ein sehr spröder Fernsehzuschauer. Ich schaue auch nicht viel, keineswegs täglich, manchmal sogar wochenlang nicht. Und so war es schon immer, und das vielleicht deshalb, weil Fernsehen in meiner Familie tatsächlich niemanden interessierte. Mein Vater schaute nicht einmal Nachrichtensendungen (sondern höchstens Naturfilme, dem Biber auf der Spur). Und meine Mutter schaute nicht einmal Naturfilme, sondern was? Den Kölner und den Mainzer Rosenmontagszug, in voller Länge (aus einer immensen Anhänglichkeit an beide Städte).

Bin ich jedoch auf Lesereise, schaue ich morgens, nach dem Aufstehen in einem sehr fremden Hotel, manchmal fern. Längst habe ich begriffen, dass es ein großer Fehler wäre, das ARD- oder ZDF-Morgenmagazin zu sehen. Begehe ich diesen Fehler, so vergeht die Zeit rasend schnell. Die Minuten rattern nur so herunter, und eine halbe Stunde Magazinsalat nach dem andern kippt wie Zeitmüll in den Fernsehkompost. Gezeigt, gesendet, abgehandelt, bitte die nächste Katastrophe, unser Reporter steht selbstverständlich vor Ort, genau da, wo die große, dreihundertjährige Eiche von Niederbüllen gerade zusammengekracht ist.

Erfreulicherweise aber gibt es frühmorgens, von 7.30 Uhr bis 9.00 Uhr, eine Alternative: Das *Alpenpanorama* in 3sat. Vollkommen ruhige Bilder von Berggipfeln, Bergstationen und Almwiesen, live und direkt. Dazu eine alpenländische

Musik, ohne Gesang. Keine menschliche Stimme, kein Kommentar! Und, das Beste: Auch auf den Webcam-Bildern kein Mensch, nirgends. Stattdessen langsam vor sich hin rotierende Lifte, Bergseen mit bunten Spiegelungen der sie umgebenden Landschaft, Schneefelder mit verzogen zerkurvten Spuren der Skiläufer vom letzten Tag!

Dreißig Sekunden lang befinde ich mich auf dem Bergkofelgebirge, 2300 m Höhe, minus 13 Grad, Sonne, zwei Almhütten und eine Steilwand! Und danach in Rauris (ich kenne es, ja, wirklich, ich war einmal dort ...), 1720 Meter Höhe, minus 5 Grad, dunkler Schatten. Jeweils eine halbe Minute habe ich Zeit, solche kaum bewegten Standbilder auszukosten und mir vorzustellen, ich wäre (als Kind) vor Ort. Ich säße genau auf diesem breiten Mäuerchen vor der Bergstation, wo ich bereits eine frische Brezel gekauft und etwas schwarzen Tee mit Zitrone getrunken hätte. Es wäre ein frischer Morgen, die Sonne wäre gerade hinter dem großen Oberkofel aufgegangen. Ich säße da und würde begeistert schauen. So, genauso, könnte der Tag in reinster Naturfreude beginnen, als hätte der Herrgott ihn gerade zusammen mit all diesen Wiesen und Bergen aus dem Nichts (und ausgesprochen heiter) geschaffen.

Performance

Ich bin Gast im ZDF-Morgenmagazin, als Experte
für den Mainzer Rosenmontagszug.
Dunja Hayali: Da ist Herr Ortheil! Herr Ortheil, schön,
   dass Sie da sind!
O: Ebenso! Sehr schön!
Dunya Hayali: Ich mache Ihnen gleich ein Geständnis.

O: *Nur zu.*

Dunya Hayali: *Ich habe keine Ahnung von Rosenmontagszügen, sie sind mir fremd.*

O: *Na sowas.*

Dunya Hayali: *Ja, leider. Aber egal. Fragen stellen kann ich natürlich.*

O: *Na denn.*

Dunya Hayali: *Aber ja, haben Sie Zweifel?*

O: *Zweifel nicht, aber Vermutungen.*

Dunya Hayali: *Na, ich lege mal los. Was würden Sie sagen: was sollte ich mir unter einem Rosenmontagszug vorstellen?*

O: *Eine bunte, kilometerlange Wanze, die sich durch eine überfüllte Stadt schlängelt.*

Dunya Hayali: *Schlängeln sich Wanzen?*

O: *An Rosenmontag schon.*

Dunya Hayali: *Ah ja, ich verstehe. Und wo sollte ich stehen, um die Wanze perfekt zu erleben?*

O: *Sie sollten auf der Wanze sitzen und auf einem der vielen Wagen stehen, hoch oben, das ist der eigentliche Spaß.*

Dunya Hayali: *Was ist daran so reizvoll?*

O: *Die Freude, einer sehr lauten Feier entrückt zu sein und doch an ihr teilzunehmen.*

Dunya Hayali: *Stimmt, das hat was! Das stelle ich mir auch reizvoll vor.*

O: *Es ist unbeschreiblich, man träumt nächtelang davon. Man ist Teil einer Himmelfahrt und hält doch den Kontakt zur Erde.*

Dunya Hayali: *Wie denn das?*

O: *Indem man Kamellen schmeißt oder Blumensträuße oder kleine Flaschen Mainzer Probstwein oder Mainzer Domschinken oder …*

Dunya Hayali: *Herr Ortheil?*

O: ... Oder Mainzer Handkäse. Oder Mombacher Drops.

Dunya Hayali: Herr Ortheil!

O: Es ist herrlich, es herrscht ein Schlaraffenlandmodus.

Die Köstlichkeiten fliegen vom Himmel direkt unters Volk.

Es braucht bloß das Maul aufzusperren.

Dunya Hayali: Das ist in der Tat ...

O: Gonsenheimer Schoppebeutel. Finthener Kräuterschnaps ...

Dunya Hayali: Herr Ortheil!! Schön, dass Sie da waren!!!

Mitri macht weiter ..., ich glaube, ja, mit der Börse!

Ein Liebesbrief an Sina Mainitz

Liebe Sina Mainitz,

es ist früher Morgen, und in einer dieser ewig laufenden Magazin-Sendungen mit lauter unausgeschlafenen Moderatoren wird »zu den Börsennachrichten nach Frankfurt« geschaltet. Normalerweise würde ich jetzt wegsehen und weghören, da die Börsennachrichten aus Frankfurt mir am frühen Morgen rein gar nichts bedeuten. Dann aber sehe ich Sie: Sina Mainitz.

Sie lächeln und halten Ihr Mikrofon so leicht und nebenbei, als hätten Sie es gerade an loser Leine und extrem munter durch die ganze Börse geführt. Hinter Ihnen lauter Börsenbildschirme, börsengerechte Apparaturen und herumeilende Börsianer, die den neusten Kursen nachjagen. Sie aber stehen locker und herbeigeweht mit langen, schwarzen Haaren da, als kämen Sie gerade von einem Jogginglauf direkt am Main entlang, durch Frankfurter Buchen- und Eichenwälder. Man stellt Ihnen irgendeine belanglose Frage, die nicken Sie kurz weg – und dann legen Sie los.

Gibt es im deutschen Fernsehen eine Moderatorin, die so spricht und deutet wie Sie?! Nein, es gibt sie nicht. Schon bei Ihren ersten

Worten erkenne ich, dass Sie von keinem Teleprompter ablesen, keine Stichwortliste im Kopf haben und erst recht kein Memotraining benötigen. Druckreif perlen die Sätze aus Ihrem Mund, und sonst schwer durchschaubare Sachverhalte werden zu kleinen Blasen, die durch den Raum steigen und an den DAX-Tafeln zerplatzen. Mühelosigkeit, Leichtigkeit – und gute Laune, das vermitteln Ihre Sätze, die aus Wirtschaftsmeldungen kurze, interessante Erzählungen machen. Durch kleine Zugaben geben Sie zu erkennen, dass Sie mehr wissen, als Sie verraten wollen – und dann steigt eine nur sekundenlange Kamerafahrt die Towerhöhen der Deutschen Bank entlang, und Sie sekundieren aus dem Off, dass sich hinter diesen glitzernden Fassaden gerade so einiges tut.

Natürlich, Sie wissen Bescheid, über alles, auch über das Unangenehmste. Aber Sie stellen das Unangenehme nicht aus und hüten sich, im Dreck der Börsenabstürze zu waten. Ärztin oder Apothekerin haben Sie eigentlich werden wollen, und ein wenig merkt man Ihnen diesen frühen Berufswunsch noch an. In einem weißen Kittel würde Ihre bestimmte, ruhige, positive Art fantastisch zur Geltung kommen, im Fernsehen aber sind Sie in Garderoben, von denen ich nicht zu schreiben wage, unschlagbar. Dass Sie eigentlich aus dem schönen Marburg kommen, Marburg noch immer lieben, mit Frankfurt aber ebenfalls sehr gut können, ahnte ich beinahe. In ihrem tiefsten Innern steckt etwas freundlich Hessisches, eine nicht zu übersehende Goethe-Essenz: die einer lebenszugewandten Frauen-Gestalt aus dem Lebensumkreis des Frankfurter Altmeisters.

Was würde ich lieber tun, als in Frankfurt am Main mit Ihnen einmal ein Glas Goethe-Sekt zu trinken? Wir könnten am Mainufer entlangschlendern und Sie würden mir erklären, was mir an der Börse gefallen sollte. Von dieser Stunde an würde ich es sogar über mich bringen, den Wirtschaftsteil der FAZ mit Sina-Mainitz-Augen zu lesen.

Eine letzte Frage: Was bedeutet der schöne Goldring an dem Mit-

telfinger Ihrer rechten Hand, den ich oft anstarre? Ich hoffe, nichts
Ernstes.

Fotografieren

Ich besitze eine große Sammlung von alten Fotoapparaten, mit denen ich seit der Kindheit fotografiert habe. Das Fotografieren begann, weil ich nicht zeichnen konnte. Wenn ich zeichnete, brach ich das Vorhaben schon nach wenigen Minuten ab. Es war einfach nur abstoßend und sensationell schräg, was ich zeichnend zu Wege brachte. Nicht einmal ein Haus konnte ich zeichnen, ohne dass es wie eine Hundehütte ausgesehen hätte.

Das Fotografieren war also zunächst nur ein Ersatz. Und weil es ein Ersatz war, fotografierte ich eben nur, was ich vielleicht auch gezeichnet hätte. Ich war mit meinem Apparat nicht unterwegs, um »Schnappschüsse« zu machen oder Ereignisse zu dokumentieren, nein, ich wollte das Stillleben, den Raumausschnitt, die geschlossene Szene »ins Bild setzen«.

Meist begann es damit (und ich kann es nicht treffender sagen), dass mir »etwas ins Auge stach«. Der Blick heftete sich an ein Ensemble von Gegenständen oder Menschen und empfand einen gewissen Reiz. Irgendetwas an diesem Ensemble wirkte stark, wie eine Verdichtung oder wie etwas Intensives, dem man in dieser Form sonst nicht begegnete. Also versuchte ich, diese Intensität festzuhalten, um später, wenn das Foto endlich vor mir lag, hinter das Geheimnis zu kommen.

Als Kind, aber auch als junger Mann habe ich dieses Geheimnis nicht herausbekommen. Später habe ich vermutet, es habe mit einem bestimmten Ausdruck von Zeit zu tun. Was ich fotografiert hatte, war eine komprimierte Erstarrung der Welt, die den Betrachter aufforderte, sowohl ihre Vorgeschichte wie ihre Nachgeschichte hinzuzuerfinden. Vergangenheit und Zukunft trafen sich in einer Gegenwart, die von beiden Zeitmomenten etwas aufbewahrte: den Ursprung aus der Vergangenheit, die Entwicklung in die Zukunft.

Die sogenannte Gegenwart erschien dabei wie ein Stillstand, obwohl es einen solchen Stillstand in der Realität niemals gab. Es gab ihn aber auf der Fotografie, die dadurch etwas Zeitfreies oder Zeitloses dokumentierte. Einen Augenblick inmitten der zeitlichen Abläufe und doch außerhalb jeder Zeit, eine Signatur, etwas künstlich Versiegeltes! Versiegelte Zeiten und Räume waren das Element der Fotografie, man musste sie nur spüren und auf sie aufmerksam werden.

Malle Brachwitz mit seinem alten Fahrrad vor dem Nachbarhaus Nummer 11 war auf einer Fotografie nichts Versiegeltes, sondern nur Malle Brachwitz mit einem alten Fahrrad. In dem Moment aber, indem er es in Bewegung setzte und einen letzten Blick zurückwarf, bevor er sich auf den Sattel schwang, bekam Malle Brachwitz etwas Versiegeltes. Er tat, was er jeden Tag tat, bevor er die Brötchen ausfuhr, und er tat es ganz selbstverständlich, ohne nachzudenken und aus langer Erfahrung. In seinem Blick zurück steckten all die tausend anderen Tage, an denen er zurückgeblickt hatte, und in seiner Bewegung aufs Fahrrad steckte die ganze Zukunft, in der er sich genauso aufs Fahrrad befördern würde. Die Fotografie bekam diesen Moment zu fassen, in denen die Geschichten von gestern und die von morgen sich berührten. In diesem Moment ließ sie die Zeit hinter sich. Sie warf sie ab, sie wurde »Bild«, man konnte sie nun rahmen und an die Wand hängen, wie man es mit guten Bildern nun einmal so tat.

Das alles hatte ich irgendwann so begriffen. Und es stimmt bis heute: Ich fotografiere, weil ich nach dem seltenen zeitlosen Moment suche, den die Zeiten von Vergangenheit und Zukunft in einer künstlichen Gegenwart arrangieren. Ein solches Foto gibt es nur selten, und man muss sehr viel fotografieren, um zu einem solchen Ergebnis zu gelangen. Meist weiß man vor einem gelungenen Foto nicht im Geringsten, dass es ein solches Foto werden wird. Man betrachtet dann eine Fotografie nach der anderen und bleibt plötzlich an einer einzigen hängen. Das ist sie, das ist das Foto, auf dessen Spur man die ganze Zeit war!

Seltsamerweise kann ich aber nicht immerzu, Tag für Tag, fotografieren. Es gibt Wochen, an denen ich kein einziges Foto mache. Aber es gibt auch Tage, an denen ich Hunderte von Fotografien mache. Was ist da los? Warum bin ich so unbeständig? Heute habe ich dafür eine seltsame, vielleicht abwegige Erklärung. Ich glaube nämlich, dass Fotografieren ein libidinöser Akt ist. Wenn ich fotografiere, will ich jemanden oder etwas berühren oder sogar umarmen. Ich will es an mich heranholen und mit ihm leben, ich will eine bestimmte Atmosphäre mit ihm teilen. Ja, das ist es, genau das. Fotografieren entsteht aus einer Liebesbereitschaft. Es i s t keine Liebe und erst recht hat es mit Verliebtsein nicht das Geringste zu tun. Stattdessen ist es ein Ansatz, ein Vorsatz, eine Art Wille. Ein Sich-Einlassen auf die große Fremdheit der Welt. Ein Versuch, diese große Fremdheit zu überwinden und sich anzuverwandeln.

Stimmt das? Es stimmt jedenfalls, dass ich an den Tagen, an denen ich nicht fotografiere, »nicht gut drauf bin«. Ich habe keine Lust auf die Welt, ich bin beschränkt, ich bin winzig, eine müde oder auch traurige Nummer, jemand, den man nicht ansprechen sollte. So einer fotografiert nicht, so einer ist libidinös unterversorgt. Und so einem kann niemand helfen außer vielleicht ein stundenlanger Spaziergang, sagen wir: am Rhein entlang, gedankenlos, südlich von Rodenkirchen, immer weiter hinein in die Wildnis.

Performance

K. (hält meinen Fotoapparat in der Hand, sie soll ein Foto von mir machen, mitten in Venedig)

O: Ganz ruhig, es ist ganz einfach.

K: Ich bin ja ganz ruhig.

O: Ein wenig mehr nach rechts.

K: I c h mache hier das Foto.

O: So wird das nichts, etwas mehr nach rechts – und etwas höher.

K: Du kannst das Bild doch gar nicht sehen.

O: Ich spüre es aber.

K: So ein Unsinn.

O: Ich spüre es ganz genau. Ich sehe aus wie ein Regenschirm mit Knauf, auf der Spitze stehend.

K: Haha.

O: Wie eine Tonne mit Sonnendeckel.

K: Dann iss endlich weniger.

O: Ich esse nicht viel, das weißt Du genau.

K: Wenn Du laufend redest, kann ich mich nicht konzentrieren.

O: Komm mal etwas näher, noch näher, das Foto sollte meinen Kopf rahmen.

K: *Bei Deiner Kopfgröße ist das gar nicht so einfach.*

O: *Demütigen kann ich mich auch jederzeit selbst.*

K: *Du bist völlig humorlos, wenn man Dich fotografiert.*
   Du nimmst es zu ernst, es ist furchtbar.

O: *Fotografieren ist eine Sache auf Leben und Tod. Entweder*
   entsteht etwas wunderbar Lebendiges oder eine Totenmaske.

K: *Natürlich, eine Totenmaske, ein Dokument der Verwesung.*

O: *Ich habe keine Lust mehr, ich möchte mich jetzt bewegen.*

K: *Ich habe drei Fotos gemacht, ein gutes ist bestimmt darunter.*

O: *Eben nicht. E i n gutes gibt es nicht, wenn Du drei Fotos*
   machst.

K: *Soll ich vielleicht hundert machen?*

O: *Zweihundert, dreihundert, in einer Minute.*

K: *Weißt Du was? Da drüben steht ein großer Spiegel. Direkt*
   neben dem Antiquitätengeschäft. Hier ist Dein Apparat!
   Und nun fotografier Dich gefälligst selbst!

Filmen

Mit dem Camcorder gefilmt habe ich erst, als ich schon vierzig Jahre alt war. Plötzlich begann meine Filmperiode, und ich filmte unendlich viel und am meisten natürlich den Alltag: Das Aufstehen, einen Gang durch den Garten, das Einkaufen, eine Fahrt auf dem Fahrrad – ich fand es fantastisch, nicht mehr nach Bildern (und damit nach versiegelten Abdrücken der Zeit) Ausschau halten zu müssen, sondern eine Kamera einfach nur in der Hand halten und auf die Welt richten zu dürfen. Die Welt nämlich spielte von selbst, sie stellte sich dar, wandte sich ab, sie war immer und jederzeit zu etwas bereit.

Solche Videofilme hatten mit dem Geheimnis der Zeit

kaum etwas zu tun. Sie verdichteten nichts, und man beugte sich nicht mit großen Augen über sie, um sie zu erforschen. Stattdessen brachten sie vergangene Zeiten in wunderbarer Unverstelltheit und Unarrangiertheit zurück: Wie ich damals nach elf Stunden Fahrt mit dem Wagen auf den kleinen Badeort an der Adria zufuhr und vor Glück und Erschöpfung zu schreien begann! Wie ich auf einem Glockenturm in der venezianischen Lagune stand und plötzlich ein Glockenläuten hörte, von weither! Wie ich in meiner westerwäldischen Heimatgegend durch den Kindheitswald stolperte und die Bäume mit Namen anredete!

Solche Videos übertreffen in ihrer starken, berührenden Wirkung fast jeden Kunstfilm. Und gerade deshalb kann ich sie leider nicht sehen. Ich warte, bis das erste Bild auf dem Monitor erscheint. Das bin ich, aber wo ist das? Richtig, das ist der Weg von Hausen nach Ende, Westerwald, Frühjahr 1995. Und da spreche ich, eindeutig, ich spreche über den Weg, ich kommentiere ihn, und ich erzähle von einem Erlebnis am Abend zuvor.

Es dauert zwei, drei Minuten, dann muss ich aufhören. Die Tränen laufen mir sturzweise über die Backen. Wie peinlich, wie kindisch! Ich vertrage den starken Ansturm des Vergangenen nicht. Ich möchte zurück, zu jenen Momenten, in denen ich von Hausen nach Ende unterwegs war. Ich bin einer, der sich aus der Gegenwart zurückflüchtet in eine Vergangenheit, die ihm so schön und lebenswert vorkommt, wie sie niemals war.

Ich mache mir etwas vor. Ich belüge mich selbst. Ich hänge an Fantasien, die das Gesehene überhöhen. Ja. Ja. Ja. Das stimmt alles, aber es hilft nichts, dass ich so etwas weiß. Ich greife mit der ausgestreckten Hand zurück in die Vergangenheit und will zumindest einen Staubfetzen retten. Doch die Vergangenheit öffnet sich nicht und bietet mir nicht einmal einen Brosamen an. Ich gehe im Sonnenlicht von Hausen nach Ende, im Frühjahr 1995. Ich wirke wie ein intelligenter, ruhiger Mann, der Freude an seinem Weg hat. Dieser Mann aber ist für immer für mich verloren, es gibt ihn nicht mehr. So wie es den Menschen bald nicht mehr geben wird, der ihn gerade noch einmal gesehen hat.

Fotografieren ist eine libidinöse Eroberung der Zeit. Filmen und alte Filme anschauen ist eine Begegnung mit dem eigenen, bald für möglich gehaltenen Sterben.

Performance

Ich nehme mit dem Camcorder eine Szene am Meer auf. Ich bin allein. Ich filme und spreche dazu, gleichsam aus dem Off.
O: (leise murmelnd, damit die anderen Meeresliebhaber um mich
herum mich nicht deutlich verstehen)

Montag, 12. September 1994. Zweiunddreißig Grad. Fünfzehn Uhr siebzehn. Strandabschnitt 45. Sie beginnen jetzt, die Sonnenschirme und Liegen abzubauen, sie leiten den Herbst ein. Die Strandheiligen haben das Kommando, Enrico und Matteo. Sie (ein Räuspern) sind undurchsichtige Gestalten, die so tun, als (noch leiser) wären sie hier die Größten. Dabei sind es (noch leiser) Befehlsempfänger, die sich aus dunklen Quellen etwas dazuverdienen. Sie merken genau, dass ich (ganz leise) sie gerade filme, sie mögen das nicht, Matteo schaut laufend zu mir rüber. Ich gehe weiter zu Strandabschnitt 46, ich schaue mit der Kamera nicht mehr nach hinten, sondern richte sie auf Nummer 46. Ich selbst aber schaue zurück (leicht erschrocken): Ich sehe, dass Enrico und Matteo über mich sprechen, ich sehe es ganz genau. Ich kann das aber nicht filmen, natürlich nicht, ich halte die Kamera geradeaus, auf den nächsten Strandabschnitt gerichtet. (Unsicher, mit einem leichten Krächzen) Ich sehe, wie gesagt, jedoch, dass die beiden über mich reden. Sie brüten etwas aus, sie werden sich an mir rächen. Ich mache jetzt Schluss. Ich beende diese Aufnahme. Montag, 12. September 1994. Fünfzehn Uhr ... (das Gerät wird abgeschaltet).

Briefe schreiben

Jahrtausendelang waren Briefe eines Schreibers an einen einzigen Empfänger die schönste Form eines intensiven Kontakts über die Ferne hinweg. Dabei wurden Briefe keineswegs nur geschrieben, um »etwas mitzuteilen«, sondern viel häufiger, um sich über sich selbst (vor dem Spiegel eines angeredeten Anderen) klarzuwerden. Solche Briefe waren Bekenntnisse oder autobiografische Geschichten, jedoch freier, beweglicher und von der Last großer Formen (der Lyrik, der Erzählung, dem Roman) befreit. Statt sich an ein anonymes Publikum zu wenden, schrieb der Briefverfasser mit dem Blick auf ein meist bekanntes und dadurch ins Auge gefasstes Gegenüber.

»Bester Freund, was ist das Herz des Menschen! Dich zu verlassen, den ich so liebe, von dem ich unzertrennlich war, und froh zu sein!« so beginnt der berühmteste deutsche Briefroman, Goethes *Werther*. Und wie in einem Fokus sind in diesen ersten Ausrufen viele Elemente der großen Briefkultur angesprochen: Mein Lieber! (Zuwendung) Hier bin ich! (Aufbau der Gestalt, Gegenwärtigkeit, Leben, Frische). Lass uns von Herz zu Herz reden! (Ausschluss des spröden, nichtemotionalen Alltags). Ich habe Dich verlassen (Einholung der Entfernung durch den Brief). Wir sind eigentlich unzertrennlich (Beweismittel: Der Brief!). Ich liebe Dich! (Der Brief stellt den scheinbar abgerissenen Liebeskontakt wieder her.)

Gute Briefe sind aus solchen Ursprüngen oder Quellen gespeist. Sie sind Liebeserklärungen an einen anderen, aber auch an das Selbst. Sie richten dieses Selbst wieder auf und euphorisieren es. Sie sind darauf aus, den anderen in diesen Wirbel und dieses Ungestüm mit hineinzuziehen.

Kein Wunder also, dass in den hochemotionalen Zeiten (wie etwa denen der Romantik) Briefe die wichtigste und häufigste literarische Verlautbarung waren. Ein Fließtext mit Wucht, Klang und überbordender Ansprache! Eine säkulare Predigt erhofften, intensiven Lebens zu zweit!

Immer, wenn sich mein Leben romantisierte und ich (aus sehr persönlichen Gründen) wieder zu einem Schriftsteller der Romantik wurde, habe ich viele Briefe geschrieben. Täglich. Oder auch mehrmals am Tag. So ein Briefeschreiben lässt kaum ein anderes Schreiben zu. Es saugt alle Mitteilungskraft auf und richtet sie auf das gesamte Leben: Den heutigen Tag, die vergangenen Tage, die gewünschte Zukunft! Wo ist da noch ein Winkel Zeit für ein kühles, vernünftig tuendes Räsonnement?

So etwas ist Sache der Gelehrtenbriefe. Ich nenne ihr kluges Hin und Her über ein ausgewähltes, gemeinsam behandeltes Thema einfach nur »den Diskurs«. Der Diskurs wird nicht von Liebe, sondern von der analytischen Neugierde diktiert. Zusammen mit einem Gegenüber möchte ich etwas über ein Thema herausbekommen. Für die Dauer des Briefwechsels (und es ist in diesem Fall wahrhaftig ein »Wechsel«, während Liebesbriefe ein »Austausch« von emotionalen Botenstoffen sind) vertraut man sich und begibt sich in eine Studierstube, in der man einige Experimente organisiert und zusammen in ein paar nützlichen Büchern blättert und liest.

Schreibe ich heute noch viele Briefe? Ja, unbedingt. Ich schreibe aber nicht an zufällige Briefpartner, denen ich etwas mitteilen will, sondern ich schreibe an vielleicht zehn Personen, an die ich während des ganzen Jahres schreibe. Der Rat dieser Zehn ist meine persönliche Liebesgemeinschaft der Ferne. Keiner weiß etwas vom anderen, und jedem der Zehn schreibe ich über andere Themen oder Ereignisse. Meist schreibe ich aber nur, wie es mir gerade geht und was ich im Moment tue. Steckt dahinter eine tiefere Absicht? Ich glaube schon. Und welche? Ich möchte den Angeschriebenen wiedersehen, ich möchte den Kontakt so intensivieren, dass wir uns bald wieder treffen.

In meinem Fall leben die besten Freunde nämlich keineswegs da, wo ich nun einmal (aus nicht von mir selbst gewählten Gründen) wohne. Sie wohnen vielmehr in mehr oder minder weiter Entfernung. Meine Briefe wollen diese Entfernung zunichtemachen. Es sind Botschaften, sie zu überwinden und an einem bestimmten Ort Freundesfeste zu feiern.

Am schönsten hat Friedrich Hölderlin diesen Wunsch ausgedrückt und besungen, in einem seiner von mir (»über die Maßen«) geliebten Gedichte. Es heißt *Gang aufs Land* und beginnt so: »Komm! ins Offene, Freund! zwar glänzt ein Weniges heute/ Nur herunter und eng schließet der Himmel uns ein. /Weder die Berge sind noch aufgegangen des Waldes/ Gipfel nach Wunsch und leer ruht von Gesange die Luft./ Trüb ists heut, es schlummern die Gäng' und die

Gassen und fast will/Mir es scheinen, es sei, als in der blei-
ernen Zeit./Dennoch gelinget der Wunsch, Rechtgläubige
zweifeln an Einer/Stunde nicht und der Lust bleibe gewei-
het der Tag.«

Brief an H

*Lieber H, ich habe meine Arbeit an dem Büchlein über »Henry
James in Venedig« gerade beendet, und wie immer bin ich in solchen
Momenten zum einen erschöpft und erleichtert, zum anderen aber
auch sehr gerührt. Was sitze ich denn noch herum und zögere, was
ich als Nächstes tun könnte, um diesen einfältigen Zustand zu beenden? Es gibt in diesem Augenblick doch nur eins: aus dem Text aufbrechen in die einzigartige Stadt in der Lagune. Zum Glück ist sie
nicht nur die Meine, sondern sehr wohl auch die Deine. Was will ich
sagen? Ich fahre nicht hin, wenn Du nicht auch kommst. Wir werden auf der Giudecca wohnen und am frühen Morgen die Zattere
ansteuern. Kein Satz mehr, ich überlasse alles Weitere Deinen lebendigen Fantasien. Mein Zug geht um 18.13 Uhr. Ich erwarte Dich
morgen früh, gegen 9 Uhr, an unserem alten, sich hoffentlich nie ver-
ändernden Treffpunkt. Dein Henry*

Telefonieren

Ich telefoniere nicht gern, deshalb telefoniere ich auch nur
sehr selten. Nie käme ich auf die Idee, einfach mal so ein
paar Stunden herumzutelefonieren, mit diesem und jenem.
Das würde mir den ganzen Tag verderben, denn ich bräuch-
te hinterher mindestens drei Gläser Wein, um mich von den
Gesprächen wieder gründlich zu befreien und alles zu vergessen.

Warum und wann telefoniere ich aber überhaupt? Ich

telefoniere aus einer Hochstimmung heraus. Gerade habe ich etwas Saugutes gelesen oder geschrieben – und ich ertrage die sich danach ausbreitende Stille nicht gut. Ich überlege nicht lange, ich wähle die Nummer irgendeines Freundes oder einer Bekannten und erzähle meist drauflos, aber zunächst noch nichts von dem, was ich eben gelesen oder geschrieben habe.

Die Hochstimmung bricht sich auf diese Weise radikal Bahn, ja, ich bin (was ich sonst wirklich nie bin) übel verschwätzt und erzähle unbekümmert und ohne große Bedenken von Ereignissen aus den letzten Tagen. Mein Telefonpartner lauscht, und viele haben dann den Verdacht, dass ich gerade einen Schluck Pfälzer Grauburgunder zu mir genommen habe. Das ist aber nie der Fall.

Die Droge, die meine Suada anheizt, steckt vielmehr als kleine Flamme tief drinnen in meinem Gehirn. Sie sorgt für ein Lodern, und ich kann diese seltene, schöne Empfindung nicht für mich behalten. Ich möchte sie teilen, ja, oder besser gesagt: Ich möchte mich teilen, denn ich möchte den in Schwingungen versetzten Körper zum einen bei mir behalten (um später ruhiger weiterschreiben zu können) und andererseits doch veräußern (um die virtuose Hyperaufregung in Schüben loszuwerden).

Gelingt mir ein Telefonat, arbeite ich danach schwungvoll weiter. Geht es daneben, habe ich mich mindestens zu einem Projekt hinreißen lassen, das ich sofort nach dem Telefonat schon bereue. Ich habe davon gesprochen, wie schön ich das Fahren in einer Drahtseilbahn ganz in der Nähe meines Hauses doch finde und dass ich es manchmal aus reiner Lust mehrfach am Tag und dann am Stück betreibe. Und schon rede ich weiter davon, dass ich ein Buch mit Drahtseilbahnfahrten veröffentlichen möchte, unbedingt, gleich im nächsten Herbst. Meinen Telefonpartner stifte ich an, die Fotos (oder die Zeichnungen oder die Musik) dazu zu machen, und schon habe ich ein Projekt mehr am Hals und komme aus den Planungen nicht mehr heraus.

So etwas passiert mir leider sehr oft, manchmal sogar täglich. Ich gehe durch Venedig, sehe ein paar Bilder von Jacopo Tintoretto, und ich bin so begeistert, dass ich gleich mit S in München telefoniere. Ich spreche über Venedig und erwähne schließlich auch Tintoretto, aber ich mache noch einige Schlenker und rede um den heißen Brei glücklich herum, bis ich die ferne Stimme die erwartete Frage stellen höre: »Sag mal …«

O-Ton. Telefonat mit meinem Lektor

S: Sag mal, willst Du nicht mal ein Buch über Tintoretto schreiben? Es gibt, Du kennst es bestimmt, einen sauguten Essay von Sartre. Aber, na ja …

O: Was aber?

S: Du hast vielleicht noch mehr drauf! Sartre ist manchmal reichlich rhetorisch …

O: Ist er das?

S: Absolut. Ich lese ihn inzwischen deswegen nicht mehr. Und ich glaube, er wird auch sonst kaum noch gelesen.

O: Sartre wird nicht mehr gelesen?

S: Unter uns, nur unter uns. Rowohlt vertreibt nur noch wenige seiner Bücher, es lohnt sich einfach nicht mehr.

O: Das ist eine Schande. Ich habe enorm viel Sartre gelesen, und es war fast immer ganz groß. Die Bücher über Flaubert …, ganz groß, meisterlich, Wunderwerke.

S: Ich stimme Dir zu, aber wir sprachen gerade über Tintoretto.

O: Und Du meinst wirklich?

S: Hol mal richtig aus: 200 Seiten, das bringe ich unter.

O: Da wäre ich mir gar nicht so sicher.

S: Dochdoch, ich freue mich drauf, sag ich Dir.

O: Du freust Dich?!

S: Ja, wunderbar, ich mag solche Bücher. Schließlich kann ich ja nicht immer nur Jandl herausgeben und kommentieren.

O: Ich habe nichts gegen Jandl.

S: Ich weiß, Jandl ist auch wunderbar, groß, meisterlich, aber ...

O: Aber was?

S: Über Tintoretto hätte er keine Gedichte geschrieben. Das lag ihm nicht, das war ihm sehr fern.

O: Die Mayröcker hätte es aber gemacht.

S: Exakt, die Mayröcker schon. Nachts so um drei Uhr. Im Nachthemd, unterstützt von Schuberts Musik.

O: Woher weißt Du das so genau?

S: Ach, ich weiß es. Lassen wir das.

O: Okay, ich gehe jetzt zu den Tintoretto-Bildern in die Scuola San Rocco zurück.

S: Sehr gut. Sicher hast Du schon ein paar Notizen.

O: Etwa fünfzig bis sechzig Seiten. Wann brauchst Du das Ganze?

S: Wenn ich es in zwei Wochen habe, bringen wir Dein Buch in anderthalb Monaten.

O: Fantastisch.

S: Ja, einmalig! Ich verlasse jetzt nicht mehr das Haus. Ich warte auf Deine Texte.

O: Am Nachmittag schicke ich schon mal achtzig Seiten.

S: Zweiundachtzig bitte! Ich drucke sie gleich aus und korrigiere.

O: Es wird nicht viel zu korrigieren geben.

S: Natürlich nicht. Aber ich tue zumindest so, sonst wäre ich
   schließlich kein Lektor.
O: Bist Du ein Lektor?
S: Bin ich das nicht? Was bin ich denn?!
O: Ich würde darüber gern einmal etwas Längeres schreiben,
   ich habe viele Notate zur Theorie und Praxis des Lektorats.
S: Etwa auch Notate über mich?!
O: Ich gehe jetzt in die Scuola San Rocco!

Mailen

Mails erscheinen mir als typische Organisationstexte der Bürokultur. Man verabredet Termine, schickt Dokumente, tauscht sich kurz aus. Wenn ich maile, ordne ich Verwaltungsabläufe des Alltags, gerate aber keineswegs in ein euphorisches Schreibfieber. Mit so etwas haben Mails nichts zu tun. Sie sind keine Briefe, auch keine Botschaften, sondern knappe Informationen.

Wenn ich den Tag über allzu viele erhalte, nervt mich das enorm: Das Büro macht sich breit, und meist geht es um Dinge oder Abläufe, die nur gemeldet werden, damit die Bürozeit gefüllt ist. So gesehen, sind Mails plumpe Stress- und Kontrollformen. Da sie rund um die Uhr eintreffen und rund um die Uhr beantwortet werden wollen, zwingen sie einen, sich an die Gesetze des Nachrichtenmarktes zu halten. Mitmachen, sich einordnen, Meldung erstatten – das Nachrichtenmilitär wünscht sich das alles im Kommandoton möglichst »zeitnah«.

Ich kann mir niemanden vorstellen, der gerne Mails schreibt. So etwas ist höchstens dann schwach attraktiv, wenn man gar nichts anderes mehr zu tun hat oder sich kurz etwas pushen will, um wenig später etwas Anspruchsvolleres zu schreiben. Mails sind dann eine Lockerungsübung – und als genau solche Trainingseinheiten verstehe ich sie. Dazu gehört aber auch, dass ich ihren geforderten nüchternen, spröden Ton hier und da ein wenig durchkreuze. Ich impfe eine Mail mit etwas Pep und »Theater«, ich ironisiere oder unterlaufe ihren Büroton – und ich versuche, sie mit einem Vokabular zu durchsetzen, das in eine andere Richtung weist. Wollte ich so etwas überzogen benennen, würde ich sagen: Ich literarisiere eine Mail, ich mache aus bloßen Nachrichten und Informationen kleine Erzählungen oder Geschichten.

Für so etwas brauche ich bestimmte Ansprechpartner (oder Opfer). Und wirklich schreibe ich manchmal Mails an Personen, an die ich gerade gar keine Mails schreiben müsste. Es gibt nichts mitzuteilen, aber ich teile etwas mit. Ich erfinde eine Geschichte (einen Nachrichtenzusammenhang) im Mailton – und warte darauf, dass mir ebenso gut gelaunt und verquer geantwortet wird.

Es ist klar, dass solche Dialogformen der abseitigen und übermütigen Mail hin zur Literatur (und sogar zum Roman) führen. Sie benutzen die Mailstruktur für einen intensiven Chat, in dem zwei Personen in rasantem Tempo die Welt durchforsten: Wie geht es Dir? Was machst Du gerade? Heute hat mein Freund Pjotr Geburtstag, stell Dir vor, er ist Nachtwächter in einem russischen Militärkrankenhaus, in dem drei angebliche Spione sitzen!

An schlechten und trüben Tagen sind viele Mails aber nichts anderes als nur lästig. All diese Wichtigtuerei! All dieses unverschämte Drängen! All diese Terminerpressungen, die einen bereits heute darauf festlegen wollen, in einem halben Jahr in Dortmund aufzutreten, um dort den Naturschutzbund zu unterstützen!

Eine wunderbare Antwort auf diesen sich steigernden Ekel ist »die Abwesenheitsnotiz«. Mehrmals im Jahr schalte ich sie ein und gönne mir einige mailfreie Zeiten. Die (in meinen Augen) beste Textversion lautet: »Vom 1. Oktober bis 15. November bin ich per Mail nicht zu erreichen. Mails, die in diesem Zeitraum eingehen, werden automatisch gelöscht.«

Die Einladung. Eine Mail an Jota

In unserem Gartengelände, liebe Jota, blühen jetzt die Akazien. Sie haben schneeweiße, an den Rändern ins Gelbliche gehende Blüten. Die sehen schon beim ersten Blühen aus, als wären sie verwelkt. Sie fallen auch sehr rasch ab und bestäuben die Pfade und Wege. Nie weiß ich, wohin damit. Wegkehren? Das wäre doch schade, denn nie sind die Pfade und Wege von so viel schönem Konfetti planiert. Liegen gelassen? Dann heften sie sich (besonders bei Regen) an die Schuhe, und man schleift sie unbemerkt mit ins Haus, wo sie sich in allen Zimmern verteilen. Ich wäre froh, wenn Du vorbeikämst, um Dir den Segen anzuschauen und mir einen Rat zu geben. Es gäbe sehr guten Tee auf der Terrasse, und wir nähmen eine Akazien-Auszeit erster Güte. Dein O

Die Rückmeldung. Eine Mail der Agentin

Lieber O, gerade haben mich die ersten hundert Seiten Deines neuen Buches erreicht. Ich habe sie ausdrucken lassen und vor mich auf den Tisch gelegt. Wie schön! Ich lasse all die vielen Seiten durch meine Finger gleiten und spüre, dass Du mir wieder sehr nahe bist.

Du weißt (aber es bleibt bitte unter uns): Deine Texte lese ich von allen, die ich erhalte, am liebsten! Ich werde aber nicht sofort damit beginnen, sondern mir die Lektüre für das Wochenende aufheben. Dann werde ich mich (wie immer, wenn ich Deine Seiten lese) unter unseren großen Lindenbaum in den Freiluftsessel von Arvo Vatanen setzen, lesen und mich dann und wann ins Gras legen, um Deine Sätze mit geschlossenen Augen ganz auf mich wirken zu lassen. Sie wühlen jedes Mal viel in mir auf, Du weißt das. Alles Liebe Deine G (vorwitzig wie ich bin, habe ich eben gerade nun doch einige Seiten gelesen. Wir sollten den Vorschuss erhöhen, es ist fa-bel-haft. Zehn oder fünfzehn Prozent? Ich kontaktiere sofort den Verlag ...)

Bloggen

Bloggen ist die feine Form des großen Theaters der Neuen Medien. Wer anspruchsvoll bloggt, lebt mit mindestens einem Teil des Körpers in den alten Zeiten, als man noch Tagebücher, Journale oder Chroniken schrieb und sie von vornherein so anlegte, dass sie für eine spätere Veröffentlichung bestimmt waren. Die neuen Medien haben diesen klassischen Formaten einen Beschleunigungsschub versetzt und sie in die akute Gegenwart befördert. Wer bloggt, teilt seine Tagesneuheiten sofort (und ohne Verzögerung) mit, und er kann darauf hoffen, sich an eine kleine, wachsende Gemeinde zu wenden, die sein Expertenwissen zu schätzen weiß (oder sogar nicht genug davon bekommen kann).

Beliebte Blogger sind also Weltdeuter mit dem Blick auf ein Thema oder auch auf sich selbst. Sie nehmen ihren Lesern Recherchen und Arbeit ab, bündeln Material und bieten es, kommentiert und vorverarbeitet, zum raschen Verzehr an. So sind die Leser mit ihren Interessen nicht mehr allein, sie werden beinahe täglich versorgt und (auch wenn sie sich im letzten Winkel der Welt aufhalten) mit den Spielformen ihrer eigenen, privaten Welten unablässig bedient und beschäftigt.

Bloggen ist also ein anspruchsvolles, literarisches Handwerk und nichts für Autoren, die ein paar Meinungen streuen wollen. Es erfordert viel Vorarbeit, einen guten, zupackenden, knappen und leserorientierten Stil sowie die Fähigkeit, Nuancen eines Themas zu erkennen und jede Form von Redundanz zu vermeiden.

Sollte ich bloggen? Nein, was denn – und vor allem: für wen? Ich könnte bloggen, wenn ich einige Spezialgebiete hätte, in denen ich mich besonders gut auskenne. Und das wären? Pianisten und ihre Auftritte. Gastrosophische Theorien. Junge deutsche Literatur der Gegenwart. Philosophie der Musik. Mozart und seine Freunde. Schumann und seine Liebhaber. Hemingway. Johann Sebastian Bach. Theorien des Tennis. Paris. Rom. Die Basilika San Marco in Venedig. Das reicht, aber ich könnte diese Liste lange fortsetzen.

Und was bedeutet das? Dass ich kein Spezialgebiet, sondern viele Spezialgebiete habe. Den halben Tag lebe ich mit ihnen, informiere mich, mache mir dazu Aufzeichnungen, sammle sie in Ordnern. Aha. Und warum veröffentlichst Du nicht zumindest einige davon – und zwar in einem Blog? Der dann was enthielte? Na, Deine Aufzeichnungen über Deine Spezialgebiete!

Wäre eine Idee. Und wer soll das lesen? Keine Ahnung, man wird sehen. Und wenn niemand es lesen will? Dann hörst Du damit auf. Nun gut, einverstanden, versuche ich es einmal mit einem Blog. Und ab wann? Ab sofort. In Ordnung, dann sagen wir: ab dem Herbst 2016.

Facebook und Twitter beherbergen die Kleinst- und Kürzestformen der Neuen Medien. Es handelt sich um Meldungen (und weniger um Informationen) aus der absoluten Jetztzeit. Sie werden gesendet und verschwinden, nachdem von ihnen kurz Notiz genommen wurde, sofort wieder im All. Sie wollen nicht lange betrachtet, reflektiert oder gar gedeutet werden. Sie sind das, was vom Alltag abfällt, wenn man ihn in der am schnellstmöglichen Form auf wenige Worte bringt: »Schwimmen im Naturfreibad in Hamm an der Sieg ist geil. Die rote Rutsche ist nur für Indianer.«

Solche Meldungen vibrieren Sekundenbruchteile im Hirn des Empfängers. Er nickt sie (innerlich) ab, überliest sie, likt sie und geht zur nächsten Meldung über. Interessante Meldungen stehen ein wenig schräg zur erwarteten Formulierung und zu den erwarteten Themen. Sie kommen locker von der Seite, wirken gut gelaunt und aggressionsfrei und enthalten im besten Fall überraschend scharfe Beobachtungen.

Ich bin weder auf Facebook noch tweete ich (was für ein kaputtes Wort!). Der Grund ist nicht unbedingt Abneigung, obwohl auch das eine gewisse Rolle spielt. Eher liegt es daran, dass mich ein tägliches Absondern von kurzen Meldungen, die ja nun mal in regelmäßigem Rhythmus verschickt werden müssen (um einen ordentlichen Facebooker oder Twitterer aus mir zu machen), zuviel Zeit und Aufmerksamkeit kosten würden.

Einerseits: Auf Facebook und Twitter aktiv zu sein – damit würde ich mir rund um die Uhr große Arbeit machen müssen, während ich doch längst schon rund um die Uhr für gar nicht so wenige Leser (bei Facebook und Twitter hätte ich auf jeden Fall nicht so viele) schreibe.

Andererseits: Natürlich bekomme ich jeden Tag mit, was auf Facebook und Twitter so abläuft und an Interessantem formuliert wird. Vor allem jüngere Facebooker und Twitterer zeigen mir das und wollen mich damit beeindrucken. Bin ich etwa beeindruckt? Ja, das bin ich in vielen Fällen durchaus. Und zwar dann, wenn sich die Facebook-Meldungen oder Tweets einer einzigen Person als Fortsetzung so lesen lassen, als wären sie ein Blog in kurzen Sprüngen und Rhythmen. Dann erlebe ich diese Meldungen als eine Erzählung und ordne sie nicht einer anonymen Meldestation zu, sondern einer Autorin oder einem Autor.

Texte dieser Art zu schreiben, könnte ich mir durchaus vorstellen. Und warum tue ich es nicht? Ich tue es wahrscheinlich längst, ohne es zu wissen. Immer wieder notiere ich während eines Tages für sich stehende Einzelheiten, deren Motive sich aus den jeweiligen Kontexten des Tages ergeben. Etwas Skurriles, Abseitiges, einen in knappe Worte überführten Schnappschuss. Seit ich etwa sieben Jahre alt bin, habe ich so etwas aufgeschrieben. Natürlich nicht, weil ich es literarisch interessant fand, sondern nur, weil ich lange Texte zu schreiben noch nicht beherrschte und mir nichts Besseres einfiel. Aufzeichnungen aus dem Alltag, Formulierungen, die ich in einem westerwäldischen Dorf oder in Köln zu hören bekam.

Zum Beispiel: *Bei Sternickels Johanna brennt jede Nacht die Wohnzimmerlampe. Wat dat bloß kostet!* (Westerwald) Oder: *Eifeler Brot, gute Frau, hat nix mit der Eifel zu tun, sondern riecht nur danach.* (Köln) Oder: *Spargel haben wir nicht. Spargel is was für Weicheier in Flussgebieten.* (Westerwald) Oder: *Ich weiß noch immer nicht, was Sie wollen. Lernen Sie doch erst einmal ordentlich Kölsch, junge Frau!* (Köln)

Von dieser Textsorte habe ich Tausende notiert. Ich könnte sie als Tweets unter die Leute bringen. Aber warum? Das eigentliche Vergnügen an solchen eigenwilligen Texten entsteht im Moment des Notats. Der aber liegt längst hinter mir. Sollte ich diese Texte also für mich behalten? Mal sehen, ich denke darüber nach.

Jedenfalls mache ich mit meinen Notaten weiter. Wie seit der Kindheit, wie immer schon. Irgendwann könnte ich sie frei lassen, in riesigen Mengen. Wie Heuschreckenschwärme würden sie in Facebook- und Twitter-Zonen einfallen und sie bevölkern können. Spätestens dann werde ich wieder das Angebot eines jungen Freundes annehmen, der alles sammelt, was über mich in Facebook oder Twitter verbreitet wird. Er hat große Ordner mit all dem, und er sagt, ich müsse es unbedingt lesen.

Manchmal schaue ich in einen Ordner. Es handelt sich wahrhaftig um einen großen, bunten Roman. Ich lese ein paar Seiten, dann habe ich aber schon genug. Schließlich sollte man sich nicht immerzu mit sich selbst beschäftigen, sondern auch sozial handeln und denken. Bücher sind das Sozialste überhaupt. Schreibe ich also weiter welche. Und notiere daneben zur Ablenkung und zum Frischenachschub Texte für meinen Blog und meine späteren Facebook- und Twitter-Ausgaben in mehreren Bänden.

Tagebuch schreiben

Ich habe ein gestörtes Verhältnis zum Tagebuchschreiben. Ich weiß nicht, woher das, verdammt nochmal, kommt.

Schon seit Jahrzehnten schlage ich dann und wann eine dunkle Kladde auf, starre die erste Seite an und beginne dann mit einer Wendung etwa dieser Art: »Heute mache ich endlich Ernst damit, Tagebuch zu schreiben.«

Regelmäßig mache ich Ernst damit und komme dann über einige Seiten nicht hinaus. Dann widert mich das Ganze an, wie mich keine andere Form der schriftlichen Fixierung anwidert. Ich könnte mich schütteln (und tue es manchmal auch). Ich schwöre, nie wieder einem so dämlichen Vorsatz wie dem des Tagebuchschreibens zu erliegen.

Dabei lese ich doch einige Tagebücher sehr gern. Das Tagebuch, das auf mich den stärksten Eindruck gemacht hat, ist von dem amerikanischen Autor John Cheever. Er hat alle paar Tage sehr komprimiert einige Szenen seines Lebens notiert, die sich aneinanderreihen wie eine fortlaufende Erzählung. Sie kreisen um seine Laster (Alkohol), seine Depressionen, seine Erwartungen – und sind in diesem Sinn (als Kreisen um bemitleidenswert hilflos Machendes) typische Tagebücher.

Daneben enthalten sie aber auch Aufzeichnungen über Alltagsmomente, in denen eine andere, hellere Welt John Cheever überrascht: Eine Straße im Abendlicht, Geräusche am Abend vor seinem Haus, Beobachtungen über seine Kinder, seine Frau. Kein einziger Text reckt sich auf, um die Weltlage zu diskutieren. Das gesamte Tagebuch besteht nur aus Kurzprosa der geheimnisvollsten Art. Als wäre John Cheever während der Niederschrift mit den spezifischen Aromen seiner eigenen, unverwechselbaren Welt tief durchtränkt. Und als hörte dieses reiche Stadium des Wissens und der Erfahrung sofort auf, wenn er den Stift zur Seite legt.

Aus John Cheevers Tagebüchern könnte ich ableiten, an welcher Art Tagebuch ich schreiben sollte: An dem Versuch, mir mein eigenes Leben so genau und scharf beobachtet zu erzählen, dass die Leser mit denselben Geheimnissen zu tun bekämen (und genauso erschauerten) wie ich. (Wohl gemerkt: Nicht über *meine* Geheimnisse, sondern über Geheimnisse *an und für sich*.)

»Tagebuch« ist das Geheimnisformat der Literatur schlechthin. Es gibt nichts Schwierigeres und Besseres, und ich kenne nur sehr wenige Autorinnen oder Autoren, die mit dieser Königsdisziplin auch nur halbwegs zurande kommen. Die großen Von-sich-selbst-Berichterstatter sind es jedenfalls nicht. Und auch nicht die, die jeden Tag ein Fleißkrümelchen absondern, nur, damit die Tagebuchkladde um eine Eintragung reicher ist (»Heute den vorderen Dielenraum abgelaugt. Hatte mir das schon lange vorgenommen. Machte die Entdeckung, dass die Spuren meiner Hausgäste sich dort im Parkett verewigt haben. Es gibt in diesem Bereich mehr nach als anderswo …«)

Ein Psychologe, der sich gut auskennt (nicht in und mit mir, sondern in der Psychologie schlechthin), hat mir einmal gesagt, meine verzweifelte Bemühung ums Tagebuch (und mein diesbezügliches Schweigen) deute auf eine nicht bearbeitete Ich-Schwäche hin. Ich käme an den Kern meines Selbst nicht heran, oder ich weiche ihm aus, oder ich scheute mich, auf ihn zu fokussieren. Ich glaube nicht, dass er damit recht hat. Ich glaube vielmehr, es ist in meinem Fall »eine Sache des Alters«. Ich bin nämlich drauf und dran, ich befinde mich durchaus in Tagebuchnähe. Jedenfalls habe ich so etwas im Gespür, und ich habe sogar eine Ahndung (nicht »Ahnung«).

Sollte ich irgendwann einmal wirklich hineinfinden, wird es eine ganz große Sache. (Mit solchen Sätzen beruhige ich mich … Hat der Psychologe vielleicht doch recht?) Wir werden sehen. Vorläufig übe ich, indem ich Andy Warhols *Tagebuch* lese und seinen Ton imitiere:

Tagebuch-Übungen (Ton Andy Warhol)

Samstag, den 22. November 2014
R klopfte gegen neun Uhr an die Tür meines Arbeitszimmers und fragte, ob er die große Robinie heute fällen solle. Sein Klopfen und Fragen störte mich mitten in der Arbeit, und so entgegnete ich »ja«, er solle sie fällen. Er fragte dann weiter nach entsprechenden Geräten: ob er meine oder seine eigenen und welche genau er verwenden solle. Ein Mann wie R versteht überhaupt nicht, was geistige Arbeit ist, er denkt, er könne jederzeit klopfen und fragen und reden, weil er das am liebsten tut. Als er endlich fort war, fand ich nicht wieder in meinen Text und musste mir erst einen Tee kochen, um über diese Ablenkung wieder zurück zum Schreiben zu finden. Ich trank den Tee aber gar nicht, und nur durch pures Glück ging es dann doch weiter. P rief an, ich ließ sie klingeln, ein Anruf von ihr kostet mich dreißig Minuten und hinterher bin ich sowas von fertig, dass auch Tee nicht mehr hilft. Die volle Tasse störte mich, deshalb trug ich sie rasch zurück in die Küche, kippte den Inhalt in die Spüle und machte mir einen Espresso, den ich dann wirklich trank. Ich sollte mehr Wasser trinken, alle sagen das, aber es ist so furchtbar, Wasser zu trinken, ich hasse Wasser, ja, wirklich, und ich weiß nicht warum. Wenn ich abends ausgehe, habe ich immer mit Leuten zu tun, die gleich Wasser bestellen. Es ist so affig, das zu tun, und noch affiger ist es, sich das anzuhören: »Eine große Flasche Wasser ohne Kohlensäure, bitte.« Wie das klingt: »ohne Kohlensäure«. Schon das Wort »Koh-

lensäure« (mit diesem hässlichen gedehnten O!) würde ich nie in den Mund nehmen, geschweige denn mit einem noch hässlicheren »ohne« davor. Die Leute sind einfach geschmacklos geworden, entsetzlich geschmacklos, und ich weigere mich, ihnen dabei zuzusehen, wie sie das Wasser oooone Koooolensäure dann Schlückchen für Schlückchen in sich hineinkippen. Wahrscheinlich pieseln sie auch entsprechend, Piesel für Piesel, ganz ekelhaft. Ich war immer sehr stolz darauf, einen anständigen Strahl zu besitzen, ich ...

Sonntag, den 24. Mai 2015

Ging um 8 Uhr in den Gottesdienst von Sankt A und nahm einen Teil der Predigt von Pastor H auf. Ich liebe die Predigten von Pastor H, sie sind das Beste, was ich an Predigten je gehört habe, deshalb hole ich mir immer einige Minuten davon auf mein Smartphone. Wenn es mir während der Woche mies geht, lasse ich die wunderbaren Worte von Pastor H laufen, dann geht es gleich besser, es ist wie ein Wunder. Ich schicke seine Predigten manchmal auch an Freunde, so heute, als ich meine Aufzeichnung an K schickte, der ebenfalls findet, Pastor H predige einzigartig und schon allein die Stimme sei göttlich, so sonor und vibrierend, dass es einem vor lauter Erschauern heiß den Rücken herunterläuft. Ach, was würde ich tun, wenn ich mein Smartphone nicht hätte? Ich liebe es abgöttisch, ich könnte ohne es nicht mehr leben. Mit seiner Hilfe kann ich Mails verschicken, empfangen und bearbeiten. Ich kann Texte schreiben (und das sogar mit der Hand, denn mein Smartphone hat dafür einen entsprechenden Stift), Musik hören, die Gespräche meiner Mitmenschen in der Umgebung aufzeichnen, Filme sehen, whatsappen und SMS schreiben, viele schöne Ordner mit tollen Themen (Pfeifen/Singen/Eislaufen) anlegen und mich so den ganzen Tag mit ihm unterhalten. Nicht zu glauben, was ich an einem einzigen Tag alles so tue. Wenn ich hinterher einmal nachschaue, gehen mir immer die Augen auf: Ich habe sage und schreibe 36 Mails, 29 Whatsapps, 54 SMS geschrieben und noch viele mehr erhalten. Ich habe den ersten Akt Parsifal gehört und direkt danach aufgeschrieben, was das Hören von Wagners Musik mit mir gemacht hat. Meine Straßenbahnfahrt nach Vaihingen habe ich aufgezeichnet und den Live-Mitschnitt wie ein Reporter vor Ort kommentiert. Ich habe (nur für mich!) einen kleinen Artikel über die Vaihinger Fußgängerzone geschrieben und dann bin ich mit der S-Bahn weiter zum Flughafen gefahren, wo ich ins »Top Air« gegangen bin. Das »Top Air« ist das einzige Flughafenrestaurant der Welt mit einem Michelin-Stern, ich liebe es und fahre oft mit der S-Bahn hin, um dort alleine zu essen. Man wird zauberhaft bedient, und das Essen ist wirklich sensationell. Es gibt ein Lunch-Menü in drei Gängen für nur 55 Euro, und man sitzt ganz herrlich an runden Tischen, die weit genug entfernt vom Nachbartisch stehen (ich hasse es, wenn ich mir anhören muss, was die Leute am Nachbartisch alles so reden ... – meist sind es Barbaren, die sich nur über ihre Reisen und ihre Autos unterhalten). Mit meinem geliebten Smartphone habe ich alle drei Gänge des Lunch-Menüs fotografiert und in alle Welt verschickt, es gab eine Bouillabaisse von Atlantikfischen, ein Wallerfilet mit Kalbskopf-Graupenrisotto und (ganz fantastisch, ich liebe Desserts / Dolci!): eine Erdbeerschnitte mit weißem Schokoladenmousse. Ich ging dann noch auf die Toilette, um auch dort zu fotografieren, und ich machte sage und schreibe über dreißig Fotos. Ich fotografierte ...

Samstag, den 18. Juni 2016

Über Mittag (ab 13 Uhr) war ich in Ds Friseursalon. Ich liebe es, mir alle paar Wochen die Haare schneiden zu lassen, am liebsten würde ich es jede Woche einmal tun, aber das geht dann doch zu sehr ins Geld. Wenn ich den Salon verlasse, fühle ich mich wunderbar klar und erfrischt und habe den ganzen Tag klare und frische

Gedanken, das ist herrlich und unglaublich anregend. D empfängt mich immer so, als habe er nur auf mich gewartet, und dann sitze ich auch schon in meinem großen schwarzen Sessel, bekomme einen Espresso mit kleinem Gebäck sowie einen Stapel Modezeitschriften, die ich während der Session (in den freien Minuten, wenn mich niemand bedient) durchblättere. Ich sitze fünf, sechs Minuten und habe gerade einen kleinen, hübschen Artikel über den geplanten Parsifal in Bayreuth gelesen (die fast nackten Mädchen im zweiten Akt sollen ganz entzückende Bikinis von Dior tragen), als D mich schon in den Waschsessel bittet, um mir fast eine Viertelstunde lang die Haare zu waschen. Sie werden gewaschen und noch mal gewaschen, und sie erhalten dann eine Massur und eine Frischeessenz aus Minze und werden nochmal gewaschen. Dann geht es zurück in den Frisursessel, und ich bekomme ein schwarzes Mäntelchen (mit weißem Kragen) um den ganzen Körper geschlungen. Ich sehe entrückt aus, wie Parsifal im zweiten Akt von Bayreuth, und ich mache mit meinem Smartphone gleich ein Foto und schicke es in die Welt. D fragt mich, was ich gerade Interessantes gelesen habe, und ich erzähle ihm, dass ich in diesem Jahr nach Bayreuth fahren werde, zum ersten Mal. Ich werde mir den Parsifal (wenn möglich mehrmals) ansehen, ich habe den Text bereits gut im Kopf, und ich freue mich auf die halbnackten Mädchen im zweiten Akt in den Kostümen von Dior. D fragt, was die halbnackten Mädchen im Parsifal zu suchen haben, und dann erzähle ich ihm, dass Parsifal sie anmacht und dabei herrlich skurriles Zeug singt. »Noch nie sah ich so zieres Geschlecht:/nenn ich Euch schön, dünkt Euch das recht?« – etwas in dieser Art singt er, und es ist wirklich zum Sich-Wegschmeißen. Der Text ist eindeutig das Beste am Parsifal, saukomisch, einzig, er verpasst einem beim genauen Zuhören einen Strudel im Hirn, und man denkt und redet schließlich ganz ähnlich: Reich mir den Becher aus Glas, lupf ihn mir rüber. – Meinst du den golddurchwirkten, weinig getränkten? –

Oh nein, nicht doch des Golds, ich meine den helldurchflochtenen, labsamen aus Pseudo-Arabia. D fragt mich, ob ich ein Glas Sekt oder Prosecco möchte, und ich sage nicht Nein, und dann unterhalten wir uns, während er mir die Haare schneidet und zwischendurch wieder wäscht und dann weiterschneidet, fantastisch über alles, was gerade am heutigen Tag ansteht: Bayreuth, Richard Wagner, die Planung unserer Ferienreisen, den neuen Club im Breuninger, die Bauarbeiten am alten Bahnhof, Ferien- und Urlaubsgefühle, neue Filme ... – und das alles ganz rasch und state of the art. Mit D bekomme ich solche Unterhaltungen über siebzehn verschiedene Themen in einer halben Stunde ganz perfekt hin, es ist ein Rausch, und zwischendurch mache ich Fotos von uns und schicke sie in die Welt. D ist ein Meister und einer der besten Friseure Deutschlands, er hat viele Preise bekommen und Urkunden und Pokale, aber nichts davon steht im Friseursalon, sie sind bei ihm zu Hause, und er hat sie weggesteckt, in eine Abstellkammer. So ist er, kein bisschen eingebildet, sondern unglaublich nett, bescheiden und doch mit allen Wassern gewaschen. Nach unserer Session, die fast drei Stunden dauerte, ging ich noch kurz auf die Toilette und fotografierte meinen neuen Hairstyle in Ruhe, ich sah sehr gut aus, und dann ...

Musik hören

Vogelmusik, frühmorgens

Frühmorgens, gegen 6 Uhr, beim Öffnen des Fensters und der Fensterläden: sich hinausrecken in das umgebende, wuchernde Grün und den Vögeln zuhören, eine Weile lang. Das große Konzert ist nicht aufeinander abgestimmt, jeder Vogel singt hier für sich allein. Es sind alles Solisten, keiner schert sich um den anderen, sie beginnen unaufhörlich von vorne, mit dem Ehrgeiz, den Gesang ein wenig zu variieren. Das alles wirkt nicht wie ein Chor, nein, keineswegs, aber doch wie ein Konzert.

Für wen ist das alles überhaupt da? Die vielen Stimmen artikulieren nichts anderes als Lebens- und Liebesbeweise: der Existenz, der Verbindung mit der Umgebung, der angestrebten Nähe zu ihr. Ein Leben in einem Klangraum, der markiert und jeden Morgen neu orchestriert wird. Als Zuhörer kann man einzelne Stimmen verfolgen und vielleicht auch identifizieren. Darauf kommt es aber nicht an. Schön ist das Ganze als ein einziges großes Ensemble, das zu den Bäumen und Sträuchern ringsum gehört, ihre genuine Musik, ihr einzigartiges Tönen.

Manchmal nehme ich diese Stimmen für einige Minuten auf, schließe das Fenster und lasse diese unglaubliche Außenmusik im Haus weiterlaufen. Als könnte ich ihren Jubel und ihren zustimmenden Drive mit ins Haus nehmen, damit sich dort alles mit der natürlichsten Intonation des Morgens verbindet.

Gedicht aus der Spätzeit

2015, im Mai
Die Buchfinkenstimmen —
Eine dünne Leine im ersten Blattgrün.
Die Amselstimmen —
Lauter zweigliedrige Fragen im noch dunklen Geäst.
Die Drosselstimmen —
Ein kurzes Aufschrecken, immer wieder, nach zu langem Winter.

Musik am Morgen 1

Es ist nicht leicht, mit Musik in den Morgen zu finden. Manchmal lasse ich die Fenster im Wohnhaus auch einfach geöffnet und überlasse alles weitere den vielen Vögeln und ihren Stimmen. Auf keinen Fall möchte ich von unerwarteter oder aufdringlicher Musik überrascht werden. Also: kein Radio, keine CD, vorerst rein gar nichts! Musik ist etwas Gewaltiges, das den Raum und die eigene Stimmung stark prägt. Also muss ich mich hüten, mich schon in der Frühe beliebigen Klängen auszusetzen. Stattdessen sollte sich die Musik, die ich höre, darauf beziehen, was ich gerade tue. Sie sollte mich begleiten, nicht prägen, ich möchte sie »nebenbei« hören, als Animation oder als atmosphärische Füllung (und damit als Konstante) eines sonst enervierend stillen Raums.

Wenn ich später an meinem Schreibtisch im Arbeitszimmer Platz nehme, beginne ich den Tag fast immer mit gregorianischen Chorälen. Es ist die älteste, aber auch einfachste Musik des christlichen Raums, und im Grunde ist sie nichts anderes als ein langsam vor sich hinschreitendes Beten, in eine schlichte auf- und absteigende, aber niemals ausgreifende Tonfolge gefasst. Der Text ist lateinisch, und die Mönche, die den Gesang vortragen, singen unisono. Nur manchmal tritt eine einzelne Stimme hervor, aber nicht mit der Attitüde eines Solisten, sondern mit der Repräsentanz eines Vorbeters.

Sie schließt eine Litanei ab, sie eröffnet die nächste, sie ist der Rahmen, in dem sich das gemeinschaftliche, wunderbar simpel aufeinander abgestimmte Singen der (oft wenigen) Mönche vollzieht. Ein Klangraum fast ohne Bewegung! Keine besondere Dynamik! Keine exaltierte Melodik! Nicht einmal eine starke rhythmische Komponente. Sondern nur ein andeutendes, gesangliches Sprechen, Flüstern, in die Stille Abtauchen und aus ihr wieder Emporfinden. Als strömte das alles aus den Fugen einer großen, in sich ruhenden Basilika, als ihre geheimnisvolle Ausdünstung, ihr Atem, ihr klangliches Gleichgewicht, das die starken Säulen umspielt.

War ich irgendwo in der Fremde und fühlte mich dort nicht sehr wohl, habe ich oft eine Kirche und einen Gottesdienst aufgesucht, in dem gregorianische Choräle zu hören waren. Und fast immer erlebte ich diesen Gesang als die reinste Medizin. Ich hörte Musik, die ich ganz früh, noch in der Kindheit, immer wieder gehört hatte, und ich hörte Tonfolgen, die mir den eigenen Mund öffneten, damit ich sie mitflüsterte oder mitsprach (mitsingen wäre zuviel gewesen). Damit verbunden war oft ein Moment stärkster

Rührung, als öffnete sich mein (zuvor noch verschlossener oder steif gewordener) Körper wieder der Welt, als nähme er mit der Umgebung endlich Kontakt auf und als erwiderte die Umgebung diese Bereitschaft mit einer unaufdringlichen Zuneigung.

Nicht selten überfiel mich im Verlauf einer Andacht oder Messe dann auch das *Salve Regina, mater misericordiae* (*Sei gegrüßt, o Königin / Mutter der Barmherzigkeit*), ein Gesang, den ich mein Leben lang bis heute unendlich geliebt habe. Woher aber kam oder kommt diese Liebe? Was ist damit? Nach den vielen an Gott gerichteten Gesängen und Gebeten tritt dieser Text für einen Moment zur Seite und wendet sich an die Gottesmutter Maria. Die Zuwendung vermenschlicht sich, sie wird weniger dramatisch, preisend oder dankend, sondern eher hilfloser und damit noch um einige Momente intensiver. Zu Dir, Maria, seufzen wir, an Dich wenden wir uns … – das geht so zu Herzen, weil es das eigene Elend und die eigene Armseligkeit eingesteht.

Wunderschön dann die letzte, aus dem sonstigen Sprechen etwas herausfallende (weil immer direkter und intensiver werdende) Zeile, ein Ausdruck extremer Suche nach Zuwendung, eine Formel der letzten Hoffnungen und der puren, nicht mehr verkleideten oder geschmückten Ansprache (nach der alles abbricht, aufhört, kein Wort mehr möglich ist): *O clemens, o pia, o dulcis Virgo Maria* (*O gütige, o milde, o süße Jungfrau Maria*). Aus. Ende. Stille. Schweigen. (Und die Empfindung, es hätte gerade noch zu dieser bescheidenen Anrufung gereicht, bevor einem die Worte von selbst ausgegangen wären.)

Manchmal blieb ich danach nicht mehr in der Kirche, sondern musste hinaus. Ich lief wie betäubt eine Weile umher und hatte immer wieder diese letzte Zeile im Kopf. Und hatte ich sie dann endlich gelöscht, tauchte sie während des Tages häufig erneut auf, umschwirrte mich und ließ mich nicht mehr los.

(Wie die gregorianischen Choräle sind auch viele vor allem ältere Kirchenlieder reine Körpermusik: Der Körper wird stillgelegt und zum empfindlichen Hohlgefäß, in dem sich die Musik ausbreitet. Ohne Pauken und Trompeten. Ohne Schalmeien und andere Begleitinstrumente. Text und Ton setzen sich fest, sie durchziehen und durchströmen den Leib, sie berühren alle Organe und Sinne ...)

Gedicht aus der Kindheit

1963, im Februar
In der Kälte der Kirche
Werden die Choraltöne zu Kugeln aus Glas.
Aus den Mündern der Mönche
Steigt Atem und rieselt die Asche.
Herrgott!, singen sie, Herrgott!
So wärme uns doch endlich die gefrorenen Kutten!

Musik am Morgen 2

Wenn ich mit der Arbeit anfange, höre ich keine gregorianischen Choräle mehr (sie sind die Einstimmung und die Wegweisung). Was aber dann? Ich höre keine Orchestermusik, sondern ausschließlich Klaviermusik, oft aus den Zeiten vor 1750. 1750 ist der große Johann Sebastian Bach gestorben, nach seinem Tod verwandelt sich die europäische Musik unter dem Einfluss Haydns, Mozarts und (später) Beethovens in Welten der starken Melodien, Kontraste und Rhythmen. Bach hat noch aus der inneren Stille (eines tiefen Glaubens) heraus komponiert, seine Nachfolger blicken auf die Welt und verleihen ihr Schmuck, Glanz und ein Aussehen.

Während ich arbeite, mag (und darf) ich aber nicht hinhören oder irgendwo anders hinschauen, um mich von der Musik mitnehmen oder entführen zu lassen. Andererseits muss die Musik aber auch genug Tiefe und Festigkeit besitzen, um mehr zu sein als bloßer Hintergrund. Ein Ausweg sind die kurzen Sonaten von Domenico Scarlatti (1685–1757). Fünfhundertfünfundfünfzig von ihnen soll er komponiert haben, und viele gestandene Pianisten haben sie seit einiger Zeit für ihre Auftritte und Konzerte entdeckt. Sie hören sich an, als hätte ein völlig verspielter Mensch etwas leicht Durchgedrehtes erfunden, es aber nie gewagt, das Durchgedrehte auch öffentlich zu präsentieren. Daher klingen sie so, als würden sie hinter einem Vorhang gespielt oder in einem Versteck zelebriert. Sie haben etwas Heimliches, manchmal auch Verruchtes, man kann sich ihren Komponisten nicht anders als einen sehr originellen (und vielleicht auch kindlichen) Menschen vorstellen.

Sonaten Scarlattis neben der Arbeit am Schreibtisch zu hören ist, als begleitete einen immer dasselbe Stück in minimalen Variationen. Man wird eingelullt und erhält den Kopf die ganze Zeit über musikalisch shampooniert und massiert. Ein leichtes Kribbeln entwickelt sich dadurch auf der Kopfhaut, sehr angenehm und mit der Illusion verbunden, es brächte das Gehirn zum Flackern oder sogar zum Schäumen. Im Gehirn gärt es – und plötzlich produziert es den ersten Satz, den zweiten, den dritten … – ganz leicht und so, als entstammten all diese Sätze noch einer dahingleitenden Feder, die über das Papier zuckt.

Fragen nach den Arbeitsabläufen bei schriftstellerischer Arbeit

K: Sind Sie ein Sonnenanbeter oder ein Nachtarbeiter?

O: Ich beginne sehr früh am Morgen schon mit der Arbeit.

K: Um acht, um neun?

O: Eher um sechs, höchstens um sieben.

K: Ist das Ihr Ernst?

O: Gegen sechs, gleich nach dem Aufstehen.

K: Gleich? Ohne vorher zu frühstücken?

O: Ohne Frühstück, ich frühstücke viel später.

K: Wie halten Sie denn sowas aus? Jeder Mensch hat in der Früh doch einen Hunger und Appetit!

O: Nein, im Gegenteil, ich habe überhaupt keinen Appetit oder Hunger. Nicht einmal Durst. Ein Schluck Wasser genügt, aus der Leitung, aus der hohlen Hand.

K: Aus was?

O: Ganz nebenbei, aus der hohlen Hand, rasch, ohne hinzuschauen.

K: Und nachts? Arbeiten Sie da nicht? Nie? Grundsätzlich nicht?

O: Nachts bin ich unterwegs.

K: Ach ja, interessant, erzählen Sie mal.

O: Jetzt nicht, ich schreibe grad drüber, da kann ich nicht davon erzählen, das geht und passt nicht.

K: Eine Andeutung, bitte!

O: Nachts bin ich lange unterwegs und warte, bis ich mir begegne.

K: Ich hatte mir beinahe sowas gedacht! Sie sind mir aber auch einer!

In der Kindheit und Jugend habe ich viele Konzerte auf dem Klavier oder auf einem Flügel gegeben. Ich kann mich nicht entsinnen, jemals vor einem solchen Konzert aufgeregt gewesen zu sein. Der schönste Moment war der, in dem ich die weite und offene Bühne betrat, das Instrument fest in den Blick nahm, rasch auf es zuging, mich verbeugte und dann sofort (ohne eine einzige Person im Publikum angeschaut zu haben) mit dem Spiel begann.

Viele meiner Lehrer sprachen davon, ich solle »gut zuhören, genau hinhören, mich selbst exakt kontrollieren«. Das habe ich jedoch nie getan, ich wusste nicht einmal, wie das ging. Ich hörte nicht hin, sondern weg, ich ließ meine Finger spielen und hörte so zu, als spielte da ein ganz anderer. Die Musik kam aus einer gewissen Ferne und berührte mich sehr, ich hatte aber nicht den Eindruck, dass ich selbst der Urheber dieser berührenden Klänge sei.

Ich war irgendwo in dem großen Konzertsaal vorhanden, natürlich, aber wo genau war ich? Am ehesten konnte man mein Dasein noch mit dem eines Mediums vergleichen, das körperlos Musik machte und nur als eine Art Schatten oder Geist existierte.

Ich schwitzte nicht (wie viele andere junge Pianisten, die ich kannte), und ich bemerkte das Publikum kaum. So störte es mich auch nicht im Geringsten, wenn jemand hustete, nieste oder einen sonstigen Lärm machte. Die Geräusche erreichten mich nicht, sie prallten an mir ab, es war, als trüge ich eine Schutzhaut, unter die ich mich zurückzog, um dem jeweiligen Stück seinen ungestörten Lauf zu lassen.

Das Spielen verlief daher in einer Art Trance. Im Grunde war ich mit mir und dem Instrument vollkommen allein. Ich saß wie in einer geschlossenen Glocke, die sich erst hob, als der Applaus begann. Ich stand auf, verbeugte mich und eilte hinaus. Gar nicht selten passierte es genau in diesen Momenten, dass ich erwachte und aus dem Tritt geriet. Ich ging immer schneller, ich stürzte hinaus, ab und zu stolperte ich, einmal wäre ich fast ausgerutscht.

Sehr ungern kam ich danach »wieder zum Vorschein«. Ich hielt Abstand zum Instrument und blieb vorn an der Rampe der Bühne stehen, nahe dem Ausgang zur Künstlergarderobe. Meine Verbeugungen müssen etwas lächerlich gewesen sein, hektisch, übereifrig, als wären sie mir lästig. Bloß keine Zugaben! Bloß nicht noch einmal den ganzen Bühnenweg zurücklegen!

Zugaben sind etwas sehr Riskantes. Die ursprüngliche Konzentration ist verflogen, man hat das Konzert hinter sich und soll doch noch einmal auftrumpfen. Nicht zu lange, höchstens fünf Minuten – und am besten mehrmals (weil eine einzige Zugabe jedes Publikum enttäuscht). Es will mehr und noch mehr, es will überschüttet werden mit hübschen Einfällen und skurrilen Klangexzessen, die es noch nie zu hören bekam. Wie banal wäre es da, mit etwas Bekanntem (Schumanns *Träumerei*, einer *Etüde* von Chopin, einem *Walzer* von Liszt) aufzuwarten!

Zugaben sollten rätselhaft sein und so, als hätte sie ein unbekannter Meister komponiert. Siebzehntes Jahrhundert oder zwanzigstes? Frankreich oder doch eher Arabien? Etwa ein Franzose aus dem Jemen? Solche Fragen sollten Zugaben auslösen, unbeantwortbare, verwirrende, über die sich dann lange sprechen lässt.

Ich war froh, wenn ich sie hinter mir hatte. Denn während der Zugaben war ich keineswegs mehr so gelassen wie im Konzert davor. Ich hatte das unangenehme Empfinden, plötzlich in einen Zirkus geraten zu sein, in dem man kein Klavierspiel, sondern Kunststücke von mir verlangte. Stücke nur mit der linken Hand! Stücke, bei denen beide Hände laufend überkreuz spielten und sich in den Weg kamen! Ich hörte zwar noch immer nicht zu, aber auch nicht mehr weg, ich sah vielmehr meine Finger eilen, fliegen und sich Abgründe hinunterstürzen. Als endlich alles vorbei war und ich allein in der Garderobe saß, blickte ich in den kleinen Spiegel über dem Garderobentisch: ich hatte die Lippen gespitzt, ich pfiff leise durch den Mund, ich atmete schnell, ich hatte mich gerade noch retten können.

Erst sehr spät hörte ich mit diesem »Zugabentheater«, wie einer meiner Lehrer das nannte, auf. Ich überlegte mir ein raffiniert abgestimmtes Programm, eine Folge von wenigen Stücken, klug aufeinander bezogen. Am besten waren vier Kompositionen von zwei Komponisten, aus ganz verschiedenen Zeitaltern. Ich lernte, sie vollkommen gelassen, extrem leise und meist auch noch sehr langsam zu spielen. (»Man erkennt sie nicht wieder«, sagte mein Lehrer, »es ist, als spieltest Du sie in Zeitlupe. Eigentlich sollte man so etwas nicht tun.«) Eigentlich nicht, aber ich tat es. Denn zum ersten Mal an einem Konzertabend konnte ich mir wirklich zuhören. Als sänge ich sie mir vor, als summte ich sie so dahin. Und das genau war es (wie ich erst allmählich erkannte): Zugaben waren Stücke zum Mitsingen und Mitsummen, mit deren Hilfe man das Publikum in einen sich fortsetzenden Traum verabschiedete. Traumarbeit! Wiegenlieder!

Eine Zugabenfolge

*François Couperin: Les Baricades Mistérieuses (hinreißend als
Einstieg in die Zugabenfolge, sehr ruhig, leise)*
*Gabriel Fauré: Pavane op. 50 (ebenfalls sehr leise gespielt, kaum
hörbar)*
*François Couperin: La Couperin (den Couperin-Faden aufgreifend,
sehr langsam)*
*Gabriel Fauré: Sicilienne (der ideale Abschluss, auf keinen Fall
ein weiteres Stück)*

Vorlesen, sich zuhören

Seit dem einundzwanzigsten Lebensjahr gebe ich keine öffentlichen Konzerte mehr. Als ich damit aufgehört hatte,
fehlten sie mir sehr. Damals begann ich, in Konzerte anderer Pianisten zu gehen, um mir zumindest die Illusion zu
erhalten, an einem Konzert beteiligt zu sein.

Erst sehr viel später (ich war schon siebenundzwanzig
Jahre alt) fing die Zeit der vielen Lesungen an, die bis heute nicht aufgehört haben. Meine erste Lesung absolvierte
ich 1978 beim Ingeborg Bachmann-Wettbewerb in Klagenfurt. Damals hatte ich noch nie öffentlich aus meinen Texten vorgelesen, entsprechend ungeübt war ich. Ich dachte,
die Lesung rasch hinter mich zu bringen, ich stellte mir vor,
es sei ganz einfach. Aufgeregt war ich (wie schon früher als
Pianist) nicht. Ich empfand jedoch nicht die geringste Ähn-
lichkeit zu meinen pianistischen Auftritten. Vorlesen war
ein langweiliges, gegenüber dem Klavierspiel dürftiges Ge-
schäft. Ich hatte dazu eigentlich keine Lust. Aber in Klagenfurt musste man vorlesen, etwa dreißig Minuten lang.

Hätte ich meinen Text bloß vorher jemandem vorgelesen! Hätte ich ihn bloß vorher mehrmals selbst in Ruhe gelesen! An so etwas hatte ich nicht einmal gedacht. Ich glaubte, Lesen ginge von ganz allein. So etwas übte und probte man nicht. Man war ja schließlich kein Schauspieler.

Ich hatte in Klagenfurt kaum zwanzig Sekunden gelesen, als ich von dem Vorsitzenden der Jury (Marcel Reich-Ranicki) laut angeherrscht wurde: »Langsamer! Viel langsamer! Und lauter, viel lauter!« Ich glaubte, nicht richtig zu hören. Waren wir hier doch in einem Konzertsaal? Und wer gab hier den Ton an – ich oder Marcel Reich-Ranicki? Ich hielt inne und schaute ihn an, und ich sah, wie er mich ebenfalls erstaunt anschaute. In diesem Moment begriff ich, dass Marcel Reich-Ranicki erkannte, wie unerfahren ich war. Niemand kannte mich, ich hatte noch keinen literarischen Text veröffentlicht, der Wettbewerb war für mich reiner Spaß, ein Test, ohne jeden Anspruch. Dafür lohnte es sich in meinen Augen nicht, lange zu proben. Die Lesung würde vorübergehen – und danach würde ich im Wörthersee schwimmen, stundenlang.

Doch, wie gesagt, Marcel Reich-Ranicki schaute mich an, und ich sah, dass er ahnte, was mir durch den Kopf ging. Er wechselte die Tonlage, wurde freundlich und sagte sehr leise: »Lesen Sie doch bitte langsamer! Und eine kleine Spur lauter, junger Freund!« Es hörte sich an, als flüsterte mir ein Dirigent von seinem Pult herab ein paar Wünsche zu. Bitte langsamer, bitte eine kleine Spur lauter! Damit wir Freunde bleiben, junger Freund!

Dieser bereits ältere Mann wollte also wirklich meinen Text hören, und er verlangte eine gute Hörversion. Abgestimmt auf seine Ohren! Etwas Melodisches, Rhythmisches, ein wenig Musik! Musik?! Ja, ein wenig Musik! Ich war mit einem Male etwas erschrocken und plötzlich auch aufgeregt. Verdammt nochmal, warum hatte ich meine Lesung nicht geprobt? Warum hudelte ich hier einen Text herunter, den ich doch mochte und an dem ich lange gearbeitet hatte?

Ich stand noch einmal auf und setzte mich wieder hin. Ich sagte: »Ich beginne noch einmal von vorne!« Im Publikum wurde gekichert und auch gelacht. Egal. Ich räusperte mich, las den Titel meines Textes vor, beugte mich tief über den Text und begann, ihn zu intonieren. Langsam, ruhig, den einzelnen Phrasen nachhorchend, wie ich es vom Klavierspiel her kannte.

Trotz guten Willens war das damals in Klagenfurt keine brillante Lesung. Es war ordentlich, aber noch längst nicht so, wie es hätte sein können, wenn ich mehr Erfahrung und Übung gehabt hätte. Immerhin gab es hinterher einen Applaus, wie ich ihn von meinen Klavierauftritten her kannte. Nur kürzer, schwächer, eher wie eine Freundlichkeit statt aus voller Begeisterung! (Leider ist das bis heute auch so geblieben. Ich lese inzwischen wirklich recht gut, aber der Applaus hat noch in keiner Lesung die Länge eines Konzertapplauses erreicht. Es handelt sich um einen Lesungsapplaus, der zeigt, dass die Zuhörer den Text angenommen haben. Ein starker Konzertapplaus dagegen zeigt, dass die Zuhörer die Musik aufgesogen und im Leib haben. Mit Hilfe des Klatschens schüttelten sie die Klänge wieder aus sich heraus, sie senden die Klänge an den Pianisten zurück, der sie sofort in Zugaben verwandelt.)

Seit Klagenfurt habe ich mit den Lesungen Ernst gemacht. Und jedes Mal ist der schönste Moment jener Augenblick, in dem ich die Bühne oder das Podium betrete und auf einem Klavierhocker (jawohl!) Platz nehme. Eigentlich müsste ich daraufhin mit den Fingern loslegen, aber nein, ich befinde mich ja nicht mehr in einem Konzertsaal. Also lege ich mit meinem Mund los, langsam und nicht zu leise. Ich versuche, den Text zu intonieren.

Es entsteht nicht dasselbe Glücksgefühl wie früher, als ich Klavier spielte. Aber ich erlebe doch manchmal etwas halbwegs Ähnliches. In bestimmten Momenten kommt es mir so vor, als wäre ich nicht weit von den Tasten eines Flügels entfernt. Es ist sehr still, das Publikum lauscht. Und ich bin wieder das Medium, das nicht spielt, aber liest.

Einladungen — O-Ton

Sehr geehrter, lieber Herr Ortheil, mein Name ist Jochen Brunitz. Seit fünf Monaten bin ich Erster Vorsitzender des Kulturkreises e. V. in Blohrode an der Brümme. Schon seit einiger Zeit tragen viele unserer Mitglieder den Wunsch an mich heran, Sie zu einer Lesung in unseren wunderschönen Kurort einzuladen. Unsere Lesungen finden freitags statt. Am Abend würde Sie unser Lesezirkel, der sich Ihren Werken bereits mehrmals erfolgreich gewidmet hat, gegen 18 Uhr in unserem italienischen Restaurant »Senza fine« zu einem Abendimbiss begrüßen. Um 20 Uhr würde Ihre Lesung in unserer erst vor Kurzem renovierten »Alten Scheuer« beginnen. Gespräch und Signieren eingeschlossen, wären wir gegen 22 Uhr wieder im »Senza fine« zu einer großen Abendmahlzeit zu Gast. Dort steht auch ein Flügel bereit, an dessen Tasten wir Sie gerne erwarten. Der Abend und die Nacht würde mit Musik und Tanz ausklingen. Wann immer Sie es wünschen, bringen wir Sie nach Mitternacht in das schönste Hotel am Platze (»Brümmer Post«) zurück. Eine reizende Kulturkreis-

mitarbeiterin (und Buchhändlerin in unserer Buchhandlung »Buch in Brümme«) wird Sie gerne dorthin begleiten. Wir freuen uns sehr auf Sie.

Eine Mail an die Veranstalter von Lesungen – O-Ton (Sekretariat Ortheil)

Sehr geehrte Frau XY,

um die Lesung von Herrn Ortheil in die rechten Bahnen zu lenken, schicke ich Ihnen im Voraus einige Angaben zu einem in meinen (erfahrenen) Augen idealen Ablauf:

1) *Herr Ortheil findet vom Bahnhof aus allein in das von Ihnen ausgewählte Hotel. (Er hat sich noch nie verlaufen.) Das Hotel sollte nicht einer Kette oder einer anderen überregionalen Institution gehören, sondern am besten ein Familienunternehmen mit langer Tradition sein.*

2) *In der Minibar des Hotels sollten sich mehrere Flaschen Tafelwasser (mit und ohne Kohlensäure) sowie eine Flasche Champagner Ruinart (0,25 l) befinden, die Herr Ortheil vor einer Lesung zu trinken pflegt. Weitere und andere Getränke sollten in der Minibar nicht in Erscheinung treten.*

3) *Eine halbe Stunde vor Beginn der Lesung sollte eine Ihrer Mitarbeiterinnen Herrn Ortheil vom Hotel abholen und bis zum Ort der Lesung begleiten. Das jeweilige Gebäude sollte durch eine Hintertür und damit so betreten werden, dass Herr Ortheil vor einer Lesung ungestört (und keineswegs mitten durch das Publikum) zur Künstlergarderobe geleitet werden kann.*

4) *Der Garderobenraum sollte aufgeräumt und fast leer sein. Herr Ortheil benötigt dort einen kleinen Tisch sowie Gar-*

derobenhaken, an denen er seinen Mantel etc. aufhängen kann.
Es wäre schön, wenn auch hier Getränke in kleinem Maßstab
zur Verfügung stünden: Tafelwasser (ohne Kohlensäure),
gut gekühlt, sowie ein Glas Frankenwein (Würzburger Spi-
tal), 0,2 l.

5) *Herr Ortheil bereitet sich bis fünf Minuten vor Beginn einer*
Lesung auf diese vor. Er sollte in dieser Zeit nicht gestört
werden. Verlangt er, ihm ein zweites Glas Würzburger Spi-
tal zu servieren, so lehnen Sie diesen Wunsch mit dem Hin-
weis darauf ab, dass die Kühlanlage des Eisschranks nicht
mehr funktioniere.

6) *Fünf Minuten vor Beginn der Lesung führen Sie Herrn Ort-*
heil bitte selbst in den Raum der Lesung. Dort sollte ein nicht
zu kleiner Tisch mit einem Klavierhocker stehen, auf dem
Herr Ortheil Platz nimmt. Bitte kein Headset, sondern ein
Standmikrofon. Auf dem Tisch sollte wiederum eine Flasche
Tafelwasser (ohne Kohlensäure), gut gekühlt, stehen, sowie
ein Glas Rheingauer Riesling, 0,2 l. Erkundigt sich Herr Ort-
heil danach, wo Sie so rasch den Rheingauer Riesling, gut ge-
kühlt, aufgetrieben hätten, so beantworten Sie diese Frage mit
einem vielsagenden Lächeln.

7) *Ihre Anmoderation sollte nicht länger als drei Minuten dau-*
ern. Danach übergeben Sie das Wort an Herrn Ortheil.

8) *Herr Ortheil liest gewöhnlich zwischen 90 und 120 Minu-*
ten. Danach finden keine Diskussionen etc. mehr statt. Eine
Pause sollte es nicht geben (Herr Ortheil hasst Pausen in
jeder Form, auch in Konzerten). Während des Signierens
erfreut sich Herr Ortheil gern an einem gut gekühlten Glas
Pfälzer Grauburgunder, 0,2 l.

9) *Ein Abendessen, das sich an die Lesung anschließen würde,*
sollten Sie vermeiden. Herr Ortheil bringt nach einer Lesung

keinen Bissen herunter. Stattdessen können Sie ihm aber mit einem Glas Ahrwein, rot, natürlich nicht gut gekühlt, eine Freude machen. Herr Ortheil liebt es, einige von ihm selbst ausgewählte Zuhörer spontan zu diesem Umtrunk (in einer möglichst nahen Weinstube) hinzu zu laden. Geben Sie ihm bitte dazu die Gelegenheit.

10) *Nach Mitternacht ist Herr Ortheil gerne allein. Bringen Sie ihn dann bitte nicht zum Hotel zurück, er findet den Weg (und hat sich noch nie verlaufen). Seien Sie auch nicht erstaunt, wenn er noch einige Zeit in der jeweiligen Weinstube ausharrt. Er sinnt dann vor sich hin. Gegen 2 Uhr sollten Sie bei dem jeweiligen Wirt anrufen und diskret nachfragen, ob Herr Ortheil noch immer dasitzt und nachsinnt. Vorher sollte ihn bitte niemand hinausbitten und zum Gehen auffordern, auch dann nicht, wenn er kurz vor 3 Uhr noch immer sinnend verharrt.*

11) *Spätestens um 3 Uhr verlässt er den Ort des Geschehens (er ist noch nie länger geblieben) und macht meist noch einen nächtlichen Rundgang durch den Ort. In der Morgenfrühe findet er sich im Hotel ein und reist kurze Zeit später, ohne das Bett aufzusuchen, ab.*

12) *Herr Ortheil frühstückt nicht im Hotel. Wo er frühstückt, bleibt sein Geheimnis.*

13) *In diesem Sinne: Ich wünsche Ihnen eine erfolgreiche Veranstaltung. Sollten Sie Fragen zu den Weinsorten und Jahrgängen etc. haben, kontaktieren Sie mich ruhig. Ich darf behaupten: Ich kenne mich aus. Mit freundlichen Grüßen i. A. Hanna Bernike (Sekretariat Ortheil) ... P. S.: Betrachten Sie diese Mail als vertraulich, Herr Ortheil weiß nichts davon ...*

In Konzerte gehen

Ich gehe häufig in Konzerte, aber meist nur, wenn es sich um Klavierabende mit einem einzigen Solisten handelt. Orchester möchte ich nicht sehen und hören, denn das Orchesterbild mit der oft großen Besetzung lenkt mich beinahe noch mehr ab wie die Dirigenten, deren gymnastische Übungen vor ihrem Pult mich vollends abschrecken. Konzentriere ich mich ausschließlich auf den Dirigenten, ist die Musik für mich verloren. Ich sehe fast immer einen Loriot-Auftritt, zum Schreien komisch, hart an der Grenze zu einer Slapstick-Nummer. Konzentriert man sich dagegen auf das Orchester, wissen die Augen nicht, worauf sie eigentlich fokussieren sollen: auf die sich meist schmachtend ins Zeug legenden Geiger, auf die trocken und ehrlich dreinschauenden Cellisten, auf die in Gedanken abwesenden Kontrabassisten oder auf die kapriziösen Flötisten (beruhigend wirkt nur der Anblick des einen Paukers, der hinter seiner Kesselpauke vor sich hin dämmert).

Statt all diese Gruppen ins Visier zu nehmen, schaut man also woanders hin, um der Musik folgen zu können. Wohin aber? An die Decke? Auf den Kopf des Vordermanns?

Schuppen zählen

O: Ich sehe fast nichts.

I: Wieso denn nicht?

O: Der Typ vor mir ist um eine kleine Nummer zu groß.

I: Du sollst ja auch nicht sehen, sondern hören.

O: Ich sehe aber dramatischen Haarausfall und Schuppengestöber.

I: Du übertreibst.

O: *Es ist nicht zum Ansehen.*

I: *Dann schließ doch die Augen.*

O: *Das geht nicht. Wenn ich die Augen schließe, fühle ich mich nicht anwesend. Ich bin ein Konzertbesucher und kein Höhlenbär.*

I: *Gibt es überhaupt noch Höhlenbären? Heutzutage? Im digitalen Zeitalter?*

Klavierabende besuche ich, weil mich die Auftritte der großen Pianisten (Arcadi Volodos, Daniil Trifonov, Georgi Sokolov …) interessieren. Ihr Klavierspiel könnte ich auch über eine CD zuhause erleben, im Konzertsaal kommen aber noch die visuellen Details der Auftritte hinzu. Sehe ich einen Pianisten die Bühne betreten, erkenne ich sofort, was los ist. Beobachte ich, wie er Platz nimmt, weiß ich noch mehr. Schlägt er die ersten Takte an, beginnen in meinem Kopf die exakteren Analysen. Ein ganzes Stück über sendet der Auftritt lauter Details, die von den meisten anderen Konzertbesuchern wahrscheinlich kaum bemerkt werden: Entspanntheit, emotionale Konzentration, Sich-Gehen-Lassen, Selbstappelle, Zerstreutheit, Wegtauchen, Zurückfinden, Selbstaufgabe.

Ich erlebe einen solchen Auftritt nicht nur psychisch, sondern auch physisch mit. Ich spüre die Anstrengung, die Verzweiflung, aber auch die Leichtigkeit, die Befreiung. Ich gerate so ins Schwitzen, wie ich selbst als Pianist nie ins Schwitzen geraten bin. Es ist, als müsste ich diese Frau (Hélène Grimaud) oder diesen Mann auf der Bühne durchs Hochwasser tragen: auf meinen Schultern oder auf meinen Händen, während mir selbst das Wasser bis zum Hals steht. Hinterher klatscht kaum jemand so laut und lange wie ich:

Es ist geschafft, wir haben es zusammen hinbekommen, das rettende Ufer ist erreicht!

Hélène Grimaud, ein Liebesbrief

Liebe Hélène Grimaud,
heute Abend erlebte ich Sie (zum wievielten Mal?) in der Kölner Philharmonie. Sie ist mein Lieblingskonzertsaal — und das nicht nur, weil man von jedem Platz aus über den Vordermann hinwegschauen kann. Wichtiger ist, dass die Plätze bequem sind und dass der Saal etwas Weites, Offenes hat. Wie eine Halbarena ist er angelegt, und das ist das Beste, was einem Konzertsaal passieren kann. Ansteigende Reihen, als Halbarena konzipiert.

Sie betreten die Bühne, als wollten Sie unsichtbar bleiben. Sie huschen nach vorn, zu Ihrem Sitz am Flügel, und streichen sich kurz durchs Haar. Ihr Blick gilt nicht dem Publikum, sondern dem Dirigenten. Ich sehe, dass Sie noch etwas unsicher sind, mit wem Sie es zu tun haben. Sie mögen nur sehr wenige Dirigenten, und auch zu Orchestern unterhalten Sie keineswegs lauter Liebesbeziehungen. Stattdessen bestehen Sie auf Ihrem Eigensinn, der ist Ihnen wichtig.

Um sich Ihren Eigensinn zu bewahren, widmen Sie sich in Ihren freien Stunden auch Wölfen. Sie haben darüber ein Buch geschrieben, und Sie haben auch Bücher über Ihre musikalischen Erfahrungen verfasst (ich werde mich hüten, sie zu lesen). Ich glaube nicht, dass so etwas sein muss, ich würde Ihnen auch vertrauen, wenn Sie Ihre Zeit anderen Dingen widmeten. (Vielleicht doch ein wenig mehr an Genuss? Und etwas weniger Strenge?)

Das erste Klavierkonzert von Johannes Brahms ist ein Brocken. Ich sehe, wie Sie gleich zu Beginn (diese schweren, im Überklang des Orchesters leicht verhallenden Triller!) alles geben. Ihr schmaler

Körper schnürt sich zusammen, Sie wünschen sich größere Hände, die Fingerspitzen werden hart. Ich bemerke, wie wachsam Sie sind. Das Orchester ist Ihnen etwas zu langsam, der Blickkontakt mit dem Dirigenten wird seltener, Sie schauen auf die Tasten, nicht auf Ihre Hände, und wenn die großen Momente kommen, schauen Sie hinauf an die Decke. Ihr Mund öffnet sich leicht, Sie tragen jetzt die Musik, und Sie werden von ihr getragen (wenn bloß die zu lauten Bläserstimmen nicht wären).

Die weitere Zeit über versuchen Sie, das Stück dem Orchester zu entziehen. Sie spielen an bestimmten Stellen bewusst langsamer, Sie zwingen das Orchester, Ihrem Ton zu folgen, doch das Orchester hat so etwas nicht raus. Es will anders, ganz anders, und der Dirigent legt sich ins Zeug, aus einem Klavierkonzert eine Symphonie zu machen. Das Konzert in D-Moll treibt dahin und schaukelt sich durch die Sätze. Sie sind längst ganz woanders, in einem Konzertsaal in Arles, wo die Aufführung dieses Stücks erstaunlich gelang. Am Ende sind Ihre Augen leicht getrübt.

Sie stehen auf, verbeugen sich, geben dem Dirigenten und dem ersten Geiger brav die Hand und eilen hinaus. Mit dem Blumenstrauß, den man Ihnen verehrt, können Sie rein gar nichts anfangen. Am liebsten würden Sie ihn gleich ins minutenlang klatschende Publikum werfen, aber das wäre in Ihren Augen etwas Kontaktaufnahme zuviel. Sie nehmen nämlich überhaupt keinen Kontakt auf: nicht mit dem Publikum, nicht mit dem Orchester und erst recht nicht mit dem Dirigenten. In Ihren Träumen gehen Sie hart mit allen ins Gericht. In meinem eigenen Traum sah ich Sie spätnachts am Rheinufer stehen, um den Blumenstrauß in die Wellen zu werfen.

Ich kann mir nicht vorstellen, dass Sie in einem Kölner Hotel übernachten. Höchstens auf einer Rheininsel, stromabwärts, allein, begleitet von fünf Hunden (als Wolfsersatz). Ich kann mir Sie überhaupt nicht in einer Runde mit anderen Menschen vorstellen, ich

vermute, dass Sie Kontakte meiden. Deshalb reisen Sie ununterbro-
chen und treten fast jeden Abend irgendwo auf. Gerne würde ich mit
Ihnen einmal in der Nacht (nach einem Konzert) essen gehen. So
etwas tun Sie aber nicht, und erst recht nicht mit einem dahergelau-
fenen Konzertbesucher.

Doch ich warte weiter auf Sie, schon in zwei Monaten sind Sie
wieder in der Kölner Philharmonie zu Gast. Dann spielen Sie allein,
ohne Orchester. Ich sitze in der ersten Reihe der Chorempore, genau
in der Mitte, Platz 22. Wenn Sie während Ihres Spiels aufschauen,
begegnet Ihr Blick dem meinen. Wir werden uns vom ersten Moment
an verstehen.

In die Oper gehen

Ich gehe nur sehr selten in die Oper. Nicht, weil ich mir
nicht gern eine Oper ansehen würde (Opern sind Musik,
Drama, Bild, Film, alles zusammen, wie sollte ich so etwas nicht lieben?), sondern weil ich mir eine Oper nicht in
einem Opernhaus anschauen möchte. Alle Opernhäuser, in
denen ich in meinem Leben gewesen bin, erschienen mir
viel zu klein für die Aufführung einer Oper. Die Bühnen
ächzten unter dem Gewicht der großen Sängerscharen, die
sich auf ihnen von einer Seite auf die andere wälzten, die
Sängerinnen und Sänger wirkten wie gehbehinderte Sta-
tuen, die sich kaum zu bewegen trauten, und die Musik
war entweder zu laut oder zu leise, sodass es keine Symbiose
zwischen Bühne und Orchesterraum gab.

Und dann die Sitzplätze! Stundenlang soll man auf einem
Sitz verharren, wie man ihn sonst nur in klapprigen Flugzeugen findet. Man sitzt sich tot, was mit der Zeit zu leichten Aggressionen führt, die man leider nirgends ausleben

kann. Die Sitzhaltung wird dadurch zu der eines zerknirschten, in seinen Regungen erstickten Menschen, der einfach nur hinnimmt, dass sich auf der Bühne nichts tut. Arien von Sängerinnen, die andauernd auf der Stelle stehen, auf ein paar Gesten und Blicke beschränkt, sind lächerlich (da kann man sagen, was man will). Und gedehnte Todes- oder Liebessequenzen werden nicht dadurch intensiver, dass der Text sich laufend wiederholt. (Es ist so eine Sache mit dem Text, ich weiß es aus eigener Erfahrung als Librettist, und ich schwöre: Nie wieder werde ich ein Libretto schreiben! Es handelte sich um Jugendtodsünden!)

Wie aber dann? Sollte man Opern erst gar nicht mehr aufführen? Man sollte die Opernhäuser für Kurzopern nutzen. Für zwei an einem einzigen Abend, durch eine (bitte nicht zu lange) Pause getrennt, wäre ich sofort zu haben. Eine kleine Besetzung (nicht mehr als fünf, sechs Personen), ein übersichtliches Orchester – tauscht man dann noch die Bestuhlung aus, kann man sich die blödsinnig teuren Renovierungskosten für überholte Protzopernhäuser sparen, die nur um ihren verlorenen Status kämpfen.

Und die großen Opern? Verdi? Puccini? Wagner? Man sollte sie in schönen Nächten im Freien aufführen. In großen Arenen (wie in Italien). Auf weiten, endlosen Waldbühnen. Mit einem Publikum, das sich auf Wiesen und Weiden lagert (und während der Aufführung Getränke und kleine Speisen zu sich nehmen darf). Im Freien könnten neben den Sängerinnen und Sängern auch noch andere Wesen auftreten: Kamelhorden, Reiterstaffeln, Prozessionen, singendes, umherziehendes Volk! Erst in solchen Größenmaßstäben käme die Oper da an, wo sie hinwill: ins Hypertrophe, nie für möglich Gehaltene, in die Welt des absoluten, sich mit jeder Szene neu überbietenden Spektakels!

Die Sängerinnen könnten sich auf großem Raum entfalten, bewegen und meinetwegen auch entleiben, die Sänger hätten Raum und Zeit für ein Schwätzchen zwischendurch mit der dritten Sopranistin von rechts im sich bewegt entfaltenden Chor. Das Orchester wäre (samt Dirigent!) unsichtbar, glücklich in irgendwelchen Tiefen versteckt. Und die gewaltige, mitreißende Musik wäre ein unendlicher, nicht aufzuhaltender Strom, der sich wie eine schwere Lava mit Feuerzungen und Feuerwerken in die dunkle Nacht ergießen würde.

Da wäre ich dabei, jedes Mal, stundenlang.

Junge Musen hören

Einen ganzen Arbeitsvormittag lang kann auch ich nicht Sonaten von Domenico Scarlatti hören. Selbst Kompositionen von Rameau (gespielt von Alexandre Tharaud), Couperin (gespielt von Georgi Sokolov) oder Froberger (ebenfalls gespielt von Georgi Sokolov) verlieren spätestens kurz vor Mittag ihre Kraft und halten die Ermüdung nicht auf. Was dann?

Ich breche mein Konzertprogramm ab, räume den Schreibtisch ein wenig auf, öffne Fenster und Tür und lasse die jungen Musen herein. Es sind deutsch singende Sängerinnen nicht älter als dreißig, von denen ich keine einzige irgendwo live oder länger gehört habe. Ich entdecke sie bei Youtube, klicke einen Song an, warte auf das Video und schaue höchstens 30 Sekunden zu. Dann habe ich entschieden, ob ich den Song zu Ende höre oder weitersuche.

Junge Musen räkeln sich gern auf dem Boden oder laufen rasend schnell durchs Gelände. Die verträumteren lehnen an Fenstern oder Türen und schleichen durchs Dunkel ihrer von Kerzen erleuchteten Zimmer. Sie sind immer hoffnungslos allein, nicht richtig verzweifelt, aber auch nicht richtig glücklich. Sie driften durch Universen, manchmal gelangweilt, häufig auch mordsgereizt, und sie zeigen mir, dass es ein ganz anderes Leben neben meinem (aus ihrer Perspektive) absolut falschen gibt.

Ich sitze den ganzen Tag hinter meinem Schreibtisch – sie singen, springen, tanzen, kleiden sich pausenlos um und sind äußerlich und manchmal auch innerlich rasant unterwegs. Ich starre regungslos auf kleine Papierformate oder Monitore, während ihr Blick in einer Minute hundertmal die Richtung wechselt. Ich bin ruhig, still und wühle in meinem Innern – sie singen oder schreien alles aus sich heraus und verabscheuen dämliche Disziplin.

Wenn die jungen Musen für mich singen, stehe ich noch eine Weile dumm in meinem Arbeitszimmer herum. Dann gehe ich ins Freie, tue ein paar Schritte, kreise ums Haus und spüre dem nach, was ich alles nicht bin. Sie haben es raus, sie sind auf dem Trip, ich aber schone meine Hormone und trainiere sie so lange, bis sie genaue Ergebnisse fabrizieren. Wie gern und begeistert wäre ich derart unkontrolliert, wach, den Emotionen ausgeliefert! Aber ich bin nur ein kleiner, winziger Specht, der ein paar hohle Bäume abklopft ...

So jedenfalls kommt es mir vor, während die jungen Musen in meinem Zimmer rasen und sich austoben. Nach zwanzig Minuten ist es vorbei. Ich komme zurück, setze mich wieder, schaue einen Augenblick aus dem Fenster ins

Grüne und mache weiter mit meiner Arbeit. Noch strenger. Noch kontrollierter. Mit frisch überholten Kontrollorganen ersten Ranges.

Filme sehen

Im Kino

Ich war etwas älter als zwanzig Jahre, als ich aus Rom zurückkehrte. Ich hatte versucht, als Pianist das Konzertexamen am dortigen *Conservatorio* zu bestehen und war an mehrfach auftretenden Sehnenscheidenentzündungen gescheitert. Mein großer Lebenstraum hatte keinen Bestand mehr, ich würde kein Pianist werden, nicht einmal Klavier spielen würde ich so schnell wieder.

Damals entdeckte ich das Kino. Natürlich war ich auch schon früher ins Kino entgangen, aber nur gelegentlich und eher zufällig. Nach meiner Rückkehr aus Rom jedoch setzte ich mich an einem besonders warmen Tag ins Kino, um meine Ruhe zu haben. Im Kino war es angenehm kühl und leer, niemand fragte mich etwas, ich konnte mich in irgendeiner Sitzreihe tief in meinem Sessel verstecken, und ich konnte in Ruhe zuschauen, was auf der breiten Leinwand geschah.

Instinktiv begriff ich, dass ein Kino fortan für mich ein idealer Aufenthaltsort war. Im Grunde schämte ich mich, draußen auf den Straßen gesehen zu werden und auf die Frage nach meiner Tätigkeit antworten zu müssen, dass ich nichts tue, sondern mir eine Auszeit genommen habe. Wie dämlich hörte sich so etwas an – Auszeit! Und wie mitleidig trafen mich die Blicke der anderen, die von A nach B unterwegs waren und etwas vorhatten oder sogar »absolvierten« (einen Kurs, ein Studium).

Das Kino (und möglichst ein kleines, übersichtliches, ein einziger, schmaler Saal oder Raum) war für mich das ideale Versteck. Ich setzte mich in die ersten Vorstellungen, wechselte danach den Saal und schaute manchmal zwei oder drei Filme hintereinander. Am frühen Abend, wenn es dunkelte, traute ich mich wieder unter Menschen. Wurde ich dann gefragt, konnte ich sagen, ich komme von der Arbeit, und fragte man nach, von welcher Arbeit, sagte ich, ich arbeite für eine Zeitung und wolle später Kulturredakteur werden.

Dass die Aufenthalte im Kino mir so sehr gefielen, hatte jedoch noch mit etwas anderem zu tun. Ich liebte solche Aufenthalte, weil man mich allein und in Ruhe ließ, aber auch, weil ich sie als sehr konzentrierte und intensive Stunden empfand. Ich war nicht nur allein, sondern auch mit Bildern auf einer Leinwand beschäftigt, die studiert werden wollten. Dabei konnte der Blick sich nicht ablenken. Schaute ich nach oben, an die Decke oder nach den Seiten, so war dort rein gar nichts zu sehen. Mein Blick war also gesteuert und auch geleitet: Ich saß nicht nur still und allein herum, sondern war ausgerichtet und auf ein Ereignis fokussiert.

Das Ritual jeder Vorstellung intensivierte diese Konzentration des Blicks. Betrat ich den Kinosaal, so war er meist noch erleuchtet. Ich setzte mich und wartete, bis mehrmals ein Gong ertönte. Das Licht wurde schwächer, der Vorhang öffnete sich mit einem Rauschen und wurde dann nach beiden Seiten fortgezogen. Das Vorprogramm begann, die Einstimmung, ein Trick- oder Kurzfilm, für ein paar Minuten, und danach noch die Werbung.

All diese Stationen vor der eigentlichen Vorführung zielten darauf, einen die Welt draußen Stück für Stück vergessen zu lassen. Sie bearbeiteten das Gehirn unauffällig, indem sie es darauf einstellten, den schnellen Bildern zu folgen. Dann war es soweit: Der Vorspann eines Films lief, die Namen der Schauspieler und die der Crew wurden genannt, der Titel leuchtete auf, und die erste Einstellung überfiel einen mit einem völlig unbekannten, strahlend erhellten oder in melancholisches Grau getauchten Raum.

Das Weitere war »Kameraarbeit«. Natürlich verstand ich davon noch nichts und achtete erst recht nicht auf den Schnitt. Noch war ich ein naiver Zuschauer, der in das Filmgeschehen eintauchte und sich mitziehen ließ. »Mitziehen«, ja, das ist kein schlechtes Wort für das, was ich erlebte. Denn oft war ich anfänglich noch skeptisch und lehnte mich leicht widerständig gegen das auf, was ich sah. Alles, was auf der Leinwand ablief, war »eine Zumutung«, denn man wurde ohne jede Überleitung in völlig fremde Welten katapultiert. Ich spürte, wie es dauerte, bis ich in diesen Welten mit zu leben begann, und oft war es durchaus so, dass ich während eines ganzen Films »draußen« blieb und mich eben nicht »mitziehen« ließ.

Weil ich genau das von Film zu Film bemerkte, begann ich, über meine häufigen Widerstände nachzudenken. Warum war ich oft so störrisch und wollte nicht folgen? Häufig hatte es damit zu tun, dass wichtige Figuren des Films zu unsympathisch waren oder sich mit Sachen oder Themen beschäftigten, für die ich nie irgendein Interesse hätte aufbieten können. Oder aber ich fühlte mich unwohl, weil der Raum, in dem der Film spielte, einen bedrückenden, beengten oder extrem hässlichen Eindruck machte.

Um in einen Film hineinzufinden, benötigte ich anscheinend »Begleitfiguren«, die etwas Interessantes oder Anziehendes hatten. Solche Begleitfiguren waren Männer, die etwas (ein Handwerk, eine Kunst, ein Metier) sehr gut beherrschten. Oder es waren Frauen, die so auftraten und lebten, wie ich noch nie Frauen hatte auftreten und leben sehen.

Mit beidem hatte ich sehr wenig Erfahrung. Ich hatte zwei Jahrzehnte lang wie ein Mensch in der Höhle seiner Berufung oder Passion gelebt, nichts anderes hatte mich beschäftigt. Dass eine Frau alles daransetzte, mit einem Geheimagenten (der ständig von Mordattacken bedroht war) ins Bett zu gehen und gleichzeitig einen Tiger darauf abrichtete, diesen Geheimagenten nach vollzogenem Liebesakt zu töten, war für mich etwas absolut Neues. Ich verstand einfach nicht, wie solche Frauen dachten und was in ihnen vorging, geschweige denn, dass ich ihren Wünschen oder Fantasien nur ein Stück nähergekommen wäre.

Ins Kino zu gehen, war für mich also ein einziges großes Studium. Ich studierte die Welten, Räume und Menschen, von denen ich bisher nichts geahnt und nie etwas gehört oder gesehen hatte. Allmählich wurde ich sogar eine Art Psychologe, der sich Gedanken darüber machte, wie fremde Menschen mit herausragenden Talenten so tickten. Diese Menschen kamen in Gestalt der Filmschauspielerinnen und Filmschauspieler ganz nahe an mich heran. Ich schaute ihnen direkt in die Augen, ich sah das Glänzen oder Zaudern in ihrem Gesicht, ich erkannte den Schweiß, der an ihren Schläfen entlanglief. Auf diese Weise waren sie mir viel näher als die Menschen draußen, im Freien. Für zwei Stunden lebte ich mit ihnen in einem geschlossenen Raum, damit wir einander studierten und voneinander lernten.

Lernten die Schauspieler auf der Leinwand also auch etwas von mir? Aber ja, ich war fest davon überzeugt. Sie mussten doch spüren, wenn sie die Zuschauer langweilten. Während ihrer vielen Drehs mussten sie mitbekommen haben, dass der Film verflachte und schließlich enttäuschte. Solche Erfahrungen waren manchmal in ihre Gesichter gezeichnet, wenn es aufs Ende zuging und sie nichts mehr zu bieten hatten.

Das jedoch waren nicht die großen Momente. Die nämlich hatten mit etwas zu tun, das zum Schönsten im Kino überhaupt gehörte. Denn die Nähe zu bestimmten Schauspielerinnen und Schauspielern führte in manchen Fällen auch dazu, dass ich mich auf sie zubewegte. Ich ließ mich anziehen und wurde von Einstellung zu Einstellung mehr angezogen, und so setzte sich ein Prozess in Gang, den ich (um nicht albern davon zu sprechen, dass ich mich »verliebte«) die »Verliebung« nannte. »Sich verlieben« – das taten »Jungs und Mädels«, die viel jünger waren als ich. Die »Verliebung« aber war etwas für junge Männer in meinem Alter, die etwas über die eigentliche (hoffentlich bevorstehende) »große Liebe« erfahren wollten.

So gesehen, trainierte ich »große Liebe«, stimmte mich auf sie ein, lernte, wie Frauen sie inszenierten, wie man auf solche Frauen einging und was man mit ihnen dann im Weiteren erlebte. Im Kino erhielt ich dafür den besten Anschauungsunterricht, den ich bekommen konnte. Denn Filme waren etwas viel Rotzigeres, Deutlicheres und Aktuelleres als zum Beispiel das Theater und seine Bühnen, auf denen es oft nur um alte, abgestandene Konflikte ging. Theater und Bühne waren Bildungswurmfortsätze und konnten sich von ihren steilen Ansprüchen nicht trennen. Immerzu wollten sie

»etwas erkennbar« machen, als »moralische« (oder schlimmer noch politische) Anstalt fungieren, sich gesellschaftlich bedeutend aufblähen oder einigen Schreihälsen dazu verhelfen, sich völlig abwegig und penetrant auszuagieren.

Von solchen Aktionen hatte ich nichts, ich konnte sie links liegen lassen. Für mich gab es ausschließlich den Film, nichts sonst und jahrzehntelang nie etwas anderes. Auch Bücher (Romane, Erzählungen) reichten in Sachen anschaulicher Lebenspraxis an den Film nicht heran (sie hatten ganz andere Wirkungen und Verdienste). Der Film aber präsentierte die Lebensszenen direkt, unmittelbar und sehr komplett. Ich war ihnen ausgesetzt und musste sie nicht lange im Hirn zurechtfantasieren.

Film war: massive Konfrontation, Raubbau am Eigenen, Verbindung mit dem Fremden, Libido-Attacken, die aufs Ganze zielten. Dieses Ganze war der Verlust des behüteten Daseins. Ich verließ das Kino und wusste, ich wollte Isabelle Huppert unbedingt wiedersehen, und zwar sofort. Ich setzte mich in ein Café und konnte ihr Sprechen und ihre Blicke nicht loswerden. Ich schämte mich nicht, ihr verfallen zu sein. Alles, was ich in diesem Moment empfand, war auf diesen Menschen bezogen und wartete auf eine Fortsetzung.

Ich brauchte bloß eine neue Kinokarte zu lösen und weit vorne (und fast immer setzte ich mich: weit nach vorne) Platz zu nehmen. Nach wenigen Sekunden hatte sie mich wieder gefangen, und zwar so, dass es schmerzte. Verdammt nochmal, wieso erlag ich plumpen Illusionen? Ich hörte bald auf, mich das zu fragen. Isabelle Huppert zu sehen und ihr zu folgen – das vertrug keine Klugscheißerei und vor allem keinerlei Medientheorie.

Wonach verlangte ich denn stattdessen? Nach noch direkterem Kontakt, nach der Möglichkeit, mit Isabelle Huppert auf der Stelle für einige Zeit in einer von uns beiden ausgewählten und dafür bestimmten Gegend unterwegs zu sein. Um was zu tun? Um gemeinsam direkt im Leben einen noch besseren Film zu inszenieren als den, den sie vor Kurzem gedreht und in dem ich sie gerade gesehen hatte.

Das Ende von Woody Allen

Woody-Allen-Filme habe ich eine Zeitlang, von den frühsten an, sehr gemocht. Und wie es so kommt, wenn einem ein Regisseur imponiert, habe ich einen Film nach dem andern gesehen. Bis ich *Manhattan* sah.

Anfänglich war noch alles wie immer in Woody-Allen-Filmen – und sogar noch besser. Wie er die Schluchten von Manhattan zu Gershwins *Rhapsody in Blue* in Schwarz-Weiß aus dem Nebel aufsteigen ließ. Wie er seine Liebe zu New York aus dem Off skandierte und mehrmals neu ansetzte, weil er spürte, dass er übertrieb und nicht den richtigen Ton fand. Das alles war bester Woody Allen, sodass seine Ausgelassenheit auf mich abfärbte. Ich freute mich, ja, ich freute mich enorm darauf, was noch kommen würde. Lauter Brillantes, Lebendiges, eine Meisterschaft im lockeren, unangestrengten, komischen (aber keineswegs saukomischen) Umgang mit der Welt.

Dann aber trat Mariel Hemingway ins Bild. Ich sah sie keine zwei Sekunden und wusste, ich wollte ewig mit ihr zusammenleben. Anstatt uns lange kennenzulernen, würde ich sie umarmen, ihr einen Kuss geben und mit ihr durch Manhattan schlendern. Meinen rechten Arm würde ich um ihre Schultern legen, und wir würden ganz dicht nebeneinander oder besser: in engem Kontakt oder noch besser: wie zusammengewachsen durch Manhattan schlendern. Nichts würde uns noch interessieren außer unserer Liebe. Und nichts würde uns trennen, am wenigsten aber Woody Allen mit seiner unerträglichen Suada.

Unerträglich, jawohl! Plötzlich ging mir dieser fortlaufend redende und stets die falschen Liebesentscheidungen treffende Mensch auf die Nerven. Es gab eine Ex-Frau, es gab eine neue Geliebte, und es gab die siebzehnjährige Mariel, die Enkelin meines eigenen Schriftstellergroßvaters. Sie bewegte sich kaum, sie lief nicht und hüpfte und sprang nicht, wie es für eine Siebzehnjährige doch typisch gewesen wäre. Stattdessen stand sie meist vollkommen ruhig da und betrachtete die verworrenen Welten der Erwachsenen. Sie hatte deren Allüren und Umständlichkeit durchschaut, aber sie sagte nichts, sondern wartete geduldig darauf, dass sich diese peinlichen Exzesse verlieren würden.

Warum war sie mit Woody zusammen? Sie mochte ihn, sie wollte ihm helfen, in seiner Welt zu bestehen. Darüber, dass er viel älter war (und doch eigentlich überhaupt nicht zu ihr passte), sah sie hinweg. Für sie war er ein netter und lustiger Kerl, mit dem man lieber zusammen war als mit den gleichaltrigen Jungs, die mit Manhattan noch keine Träume und Geschichten verbanden.

Und Woody?! Warum war er (phasenweise) mit ihr zusammen? Weil sie ihm über seine Niederlagen und kleinen Zusammenbrüche hinweghalf, weil sie einfach so tat, als liebte sie ihn, weil sie, ja mein Gott, für ihn da war.

Die Art und Weise, wie er darauf reagierte, fand ich nicht nur anstrengend, sondern unverschämt. Er nutzte sie aus, redete sie klein, wurde zum aufgedrehten Alleinunterhalter, verdarb alles. Seit ich Mariel zum ersten Mal gesehen hatte, war er mein Konkurrent: der falsche, der andere, der abseitige Liebhaber. Einer, der es nicht ernst meinte und sich mit ihr die Zeit vertrieb. Ein letztlich, ja, dummer Junge, der ohne sein ununterbrochenes Geschnatter nicht leben konnte.

Mariel war eine junge Frau, die das belustigt ertrug, im Grunde aber auch nicht mochte. Sie hatte etwas von einer altvenezianischen Giovanni-Bellini-Schönheit: ein mädchenhaftes Gesicht, wie gerade einem Kokon entschlüpft, dunkle, ruhige Augen, ein Lächeln, als hätte sie alle Tricks der Welt längst durchschaut. Eine solche Gestalt ließ den schnatternden Woody gewähren, rechnete aber letztlich nicht mehr mit ihm. Sie wartete ab, ging manche Wege allein und packte am Ende ihre Koffer, um Manhattan für einige Zeit zu verlassen.

Wenigstens dieses Ende des Films (ein unverschämt sentimentales, das mich laufend schlucken ließ) konnte ich Woody Allen gutschreiben. Er hatte verstanden, dass er der falsche Partner war. Der richtige saß nämlich in der Mitte von Reihe zehn. Er wischte sich kurz durch die Augen und machte sich auf den Weg zum Flughafen, um die junge Frau, die nur für ihn bestimmt war, abzuholen und durch ein hoffentlich langes Leben treu zu begleiten.

Die Berührung durch Bilder

Die Ausrichtung des Blicks auf die Leinwand hat zur Folge, dass man als Zuschauer ausschließlich mit den Bildern in Kontakt bleibt und mit nichts sonst. Hört man Musik in einem Konzertsaal, kann man in Gedanken abschweifen und ihre Wirkung nach eigenem Gutdünken minimieren. Sitzt man im Theater, kann man leicht auf Distanz zum Bühnengeschehen gehen, indem man sich auf andere Details (das Publikum, den Theaterraum etc.) konzentriert. Im Kino aber sitzt man in einem dunklen Raum, der einem keine andere Wahl lässt als die, auf die Leinwand zu starren.

Die Bilder, die dort vor dem Auge flackern, wollen sich dem Betrachter nicht nur einprägen, sondern mehr noch: Sie wollen ihn fesseln. Eingespannt und domestiziert von der raschen Folge der Einstellungen, zieht es ihn hinein in das Geschehen. Allmählich spürt er, wie er durch die Bilder berührt wird. Ganz direkt (und beinahe schamlos) intensivieren sich diese Kontakte.

Plötzlich glaubt man, das Lächeln einer sympathischen Figur gelte einem selbst, und man lächelt zurück. Im nächsten Moment erlebt man, wie die Hauptdarstellerin sich einem Unbekannten nähert und ihn schließlich sogar küsst. (Küsse im Film sind gute Gradmesser für die Sympathien, die man für bestimmte Darsteller und ihr Zusammensein entwickelt. Küsse können nämlich auch furchtbar sein und dazu führen, dass man sich (ein für allemal!) abwendet.) Schließlich erlebt man, wie eine Figur einen furchtbaren Verlust erleidet – während man sich gegen die Tränen wehrt, die einem schließlich doch über die Backen rollen.

Dass selbst einfach gestrickte und keineswegs besonders anspruchsvolle Filme es schaffen, einen zu Tränen zu rühren, sagt viel über die enormen Wirkungen des Films aus. Während er scheinbar harmlos auf der Leinwand läuft, stiftet er etwas an, sucht Komplizen, verstrickt einen in eine direkte Mitwisser- und Mittäterschaft. Man spürt, wie man zum Teil seines Geschehens wird, man atmet anders, gerät ins Schwitzen, empfindet eine kaum erträgliche Spannung – und schließt vor lauter Hilflosigkeit manchmal die Augen, um wieder »zu sich« zu kommen.

Solch starke Wirkungen haben bei mir oft Filme ausgelöst, die beinahe vollständig in Vergessenheit geraten sind und keineswegs zu den großen Meisterwerken gehörten. Ihre anhaltende Macht und Faszination sind gut daran erkennbar, dass mir einzelne Sequenzen bis heute in Erinnerung blieben. Ich habe sie nicht mehrmals oder immer wieder gesehen (wie das bei bestimmten Meisterwerken der Fall ist), nein, ein einziger Filmbesuch hat ausgereicht, einige Szenen für immer im Gedächtnis zu bewahren.

So erinnere ich mich an Luchino Viscontis Verfilmung von Albert Camus' Roman *Der Fremde* (der Film ist nirgends mehr zu sehen, es gibt nicht einmal eine DVD, er ist verschwunden). Die Hauptrolle spielte Marcello Mastroianni, der in einer Sequenz längere Zeit auf dem kleinen Balkon seiner Wohnung saß. Marcello rauchte und schaute hinunter auf die Straße, ein paar Menschen eilten vorbei, darunter eine Bekannte. Marcello machte sich jedoch nicht bemerkbar, er blieb weiter still sitzen und rauchte.

Nicht mehr? Nein, nicht mehr. Ein rauchender, auf die Straße schauender Mann! Und was war daran so stark, dass ich es nie wieder vergaß? Stark war die Melancholie, die von diesem Sitzen ausging. Dieser rauchende Mann stellte keine Erwartungen mehr an das Leben. Was er gesehen hatte, genügte ihm. Er glaubte nicht daran, dass er noch einmal etwas Neues, Anderes, Stimulierendes wahrnehmen oder erkennen würde. Was die anderen (unten auf der Straße) taten, interessierte ihn nicht mehr. Ihre Geschäftigkeit war ihm gleichgültig, ihr hektisches Getue ekelte ihn an. Aber er tat nichts dagegen, wie er überhaupt nicht mehr daran dachte, »etwas zu tun«. Er wollte rauchen, nichts sonst, er hatte genug von der Welt.

Ich erinnere mich genau, dass ich damals nach Verlassen des Kinos das Marcello-Empfinden kaum noch loswurde. Ich ging ein paar Schritte hinunter zum Rhein und setzte mich auf die Stufen, die zum Fluss führten. Eine vollkommene Leere hatte sich in mir breitgemacht, eine abstoßende Unempfindlichkeit. Nichts Verlockendes um mich herum, alles trostlos! Nicht einmal bewegen wollte ich mich, so sehr hatte mich die Empfindungsdecke des Films erreicht und sich auf alle Gefühle gelegt.

Ich saß ziemlich lange. Dann kam durch Zufall ein Schulfreund vorbei und setzte sich neben mich. Ich hatte keine Lust, mit ihm zu reden, ich schaute weiter aufs Wasser. »Is was?« fragte er. »Nein«, antwortete ich, »nix is.« »Du machst so einen traurigen Eindruck.« – »Ich bin nicht traurig.« – »Ist wirklich nichts Übles passiert?« – »Nein, alles in Ordnung.«

Mehr an Dialog brachten wir nicht zusammen. Der Freund blieb noch wenige Minuten sitzen, aber er spürte, dass mit mir nichts anzufangen war. »Also dann!« sagte er und verschwand. »Bis bald!« sagte ich und blieb weiter sitzen. Natürlich konnte mein Freund nicht ahnen, dass ich zu Marcellos Doppelgänger geworden war. Ich war nicht der, für den er mich hielt, sondern ich war der Schatten einer Filmfigur, der nach einer passenden Handlung suchte, um den Film am Laufen zu halten. Diese Handlung aber gab es natürlich nicht. Und so musste ich sitzen und sitzen, bis Marcello sich langsam wieder von mir löste und ich beschloss, einfach nach Hause zu gehen. Um dort was zu tun? Um mich ins Bett zu legen und lange zu schlafen.

Noch stärker war die Wirkung des Films *Der Pfandleiher*, den ich Ende der Sechzigerjahre ebenfalls noch als Schüler sah. Unter der Regie von Sidney Lumet spielte Rod Steiger einen jüdischen Pfandleiher, der aus Deutschland emigriert war und dort durch die Nazis seine Familie verloren hatte. Seine Erinnerungen an die Zeit im KZ ließen ihn nicht mehr los und stiegen immer wieder vor seinem inneren Auge auf, wenn er in der New Yorker Umgebung seines Ladens Momente von Gewalt erlebte.

Anfänglich schien es in diesem Film um einen Pfandleiher zu gehen, der nicht besonders auffiel und alles abwehrte, was ihm zunahe kommen wollte. Mit der Zeit aber wurden die Hintergründe dieser Abwehr deutlich, und die Sequenzen der Erinnerung an die Verbrechen in Deutschland wurden häufiger und mächtiger. Als fast unerträglich empfand ich es, dass der alte, gebrochene Mann von seiner Umgebung gezwungen wurde, eine Rolle zu spielen. Die anderen ahnten nichts von seiner Geschichte, wollten aber seine scheinbare Gleichgültigkeit unbedingt brechen. Sie forderten ihn heraus, spielten ihre eigenen Rollen, inszenierten das Leben, so wie sie es gewohnt waren. Er aber hatte längst abgeschlossen mit allem und wartete im Grunde nur noch darauf, vom Leben erlöst zu werden.

Rod Steiger war noch mehr und stärker als Marcello. Sein Empfinden hatte mit Melancholie oder Depression nichts mehr zu tun. Er war darüber hinaus, denn er lebte bereits in einem dunklen Jenseits und hatte mit dem Leben abgeschlossen. Was die anderen ihm noch antaten, nahm er schweigend und passiv hin. Er erklärte sich nicht, sondern lebte außerhalb aller menschlichen Ordnungen. Sein eigenes Leben war so stark verletzt, dass er keinen Weg zurück aus der Vergangenheit mehr finden konnte.

Luchinos *Der Fremde* hatte mich eingehüllt in seine Melancholien und benommen zurückgelassen. Lumets *Der Pfandleiher* machte mich so hilflos und ohnmächtig, dass ich kaum noch weiterwusste. Ich ging durch die Stadt und blieb immer wieder vor einem Schaufenster mit dem Rücken zu den Passanten stehen. Niemand sollte meine Tränen sehen, denn wem hätte ich erklären können, warum mir diese Tränen kamen und kaum noch zu stoppen waren? Hätte ich sagen können, ich sei in einem Film gewesen? Meine Schulfreunde hätten mich ausgelacht oder verspottet, denn »wegen eines Films« stand man nicht weinend vor Schaufenstern.

So aber ist es mir (gerade in den spätpubertären Jahren) oft gegangen. Ein Film entließ mich nicht, sondern hatte mich so berührt, dass ich zu einer seiner Figuren geworden war und ihn weiterspielte. Besonders stark gelang das Filmen, die mit Melancholie, Trauer und Tod zu tun hatten. Manche Freunde, die sich ebenfalls solche Filme angeschaut hatten, behaupteten, sie seien »Kitsch«. »Kitsch« war ein Wort, das oft in die Runde gestreut wurde, um nicht von den eigenen Gefühlen zu sprechen und sie rasch wieder in normale Bahnen zu lenken. Deshalb horchte ich auf, wenn ich dieses Wort hörte, und ging häufig gerade deshalb in einen Film, weil er als besonders kitschig (und daher gefühlslastig) galt. Ich brachte den Film als Gattung immer mehr genau damit in Verbindung: mit seinem Bestreben, starke Gefühle auszulösen und sie den Betrachtern einzuimpfen.

Eine Zeitlang bin ich jede Woche unzählige Male ins Kino gegangen, um lauter fremde, intensive Gefühlskulturen kennenzulernen. Ich ging immer allein, weil ich wusste, dass ich nach einer Vorstellung weiter unbedingt allein sein und mich nicht über den Film unterhalten wollte. Nach einem Film aus dem Kino zu kommen und sofort anzufangen, über den Film zu reden oder gar zu debattieren, ging völlig an meinem Verständnis von Film und Kino vorbei.

Manchmal beging ich aber den Fehler, einen Freund mitzunehmen, der sich mir unbedingt anschließen und einen Film mit mir zusammen sehen wollte. (Freundinnen mit ins Kino zu nehmen, war eine ganz andere, lange Geschichte mit vielen Kapiteln. Ich kann hier nicht davon erzählen, es handelt sich fast um einen Roman.) Und ich erinnere mich gut, dass es einen Freund gab, der sich auf seine Interpretationskünste viel einbildete.

»Mann«, sagte er einmal, als wir uns zusammen *Spiel mir das Lied vom Tod* angeschaut hatten, »die Musik hat in diesem Film ja eine unglaublich dominante Stringenz!« Ich antwortete nicht, ich verabschiedete mich unter einem Vorwand. Wäre ich geblieben, hätte ich ihn wohl früher oder später filmreif umgebracht.

Kunst

Gehen durch Museen

Ich liebe Museen, ich liebe Museen aller Art. Immer wenn ich irgendwo unterwegs bin, schaue ich vorher nach, ob sich in der Nähe ein Museum befindet. Dabei geht es mir nicht unbedingt um berühmte, viel besuchte oder international anerkannte Museen, von denen alle Welt spricht. Nein, ich liebe gerade die kleinen unscheinbaren Museen.

Es gibt Museen für Badekultur, es gibt Heringsfänger-museen, es gibt Rehmuseen und Knopfmuseen, es gibt Hanfmuseen und Nachttopfmuseen, es gibt Kartoffel-, Sensen- und Pfefferminzmuseen, und es gibt Museen, in denen man tief in die Lebenswelten eines geschätzten Menschen eintaucht, dem man in diesem Museum so nahekommt wie nirgends sonst. Denken wir nur an die wunderbaren Wohn-räume in Goethes Haus am Frauenplan in Weimar, oder denken wir – weniger spektakulär, aber ebenfalls sehr be-eindruckend – an das Loki Schmidt-Haus in Hamburg mit dem bekannten Loki Schmidt-Garten.

Meine Freude an Museen aller Art habe ich in der Kind-heit erworben, als ich den Bilder- oder Museumsblick trai-nierte. Ich saß auf dem Fenstersims unserer Kölner Woh-nung und schaute vom ersten Stock eines kleinen Erkers herunter auf einen großen Platz. Das Fenster bildete so etwas wie einen Rahmen, und die Scheibe war wie ein Distanz-signal, das man braucht, um Bilder als Bilder zu begreifen. Das Distanzsignal erzieht dazu, sich nicht mehr zu bewegen, vollkommen still und ruhig zu werden, alle Hast, alles sonstige Nachdenken und jeden nur denkbaren am Weg liegenden Weltenkram zu ignorieren: um nur noch zu schauen.

Also saß ich und schaute und bewegte selbst die Augen und Pupillen kaum noch. Es ging darum, sich in die unter mir liegenden Welten zu vertiefen, sie bis ins Detail zu studieren und sich vollzusaugen mit den Farben, Formen und Räumen, die sich auftaten. Was ich sah, war ein gewaltiges Panorama: eine fortlaufende Kette und Reihe von Wohnhäusern genau gegenüber, eine große Freifläche mit einem Kinderspielplatz und vielen Rosenbeeten in der Mitte, und eine Straße, die den gesamten Platz umrundete.

Am frühen Vormittag waren meist nur sehr wenige Menschen unterwegs, sodass der weite Bildeindruck ungestört erhalten blieb. Und so schaute ich nach, ob alles noch da war: die kleine Rutsche, die Schaukeln, der bleiche Sandkasten, die ersten Blütenansätze der Blumen. Hatte ich ein Detail wiedergefunden und etwas länger betrachtet, schloss ich die Augen und versuchte, es im Dunkel meines Kopfes auf die innere Leinwand zu projizieren. So baute ich das große Bild Stück für Stück wie ein Puzzle zusammen, bis ich es Detail für Detail wiedererkannte und mühelos abrufen konnte.

»Was der wieder glotzt!« sagten manchmal die Nachbarn und schüttelten den Kopf. Glotzen war ein Anzeichen für Dummheit oder Blödsein und galt als nicht ganz normale Handlung, dabei war ich doch mit einer Tätigkeit beschäftigt, die mir später im Leben unendlich geholfen hat. In der

Kindheit war sie aber wohl zunächst einmal ein Ersatz für das Zeichnen, das mich verzweifeln ließ. Ich konnte nämlich weder zeichnen noch malen, es war schrecklich. Sobald ich einen Stift zum Zeichnen oder Malen in die Hand nahm, verkrampfte ich. Im Dunkel meines Kopfes aber bewahrte ich durchaus viele Bilder auf, fix und fertig, bis in jedes Detail ausgearbeitet, schärfer und genauer als Fotografien. Damit hätte ich vielleicht Eindruck machen und das Glotzen verteidigen können, doch wusste niemand um diesen Bilderschatz – wie hätte man davon auch etwas wissen können, zumal sich dieser Schatz ja nirgends zeigte und versteckt und behütet in meinem Kopf schlummerte.

Dass ich einen Bilder- oder Museumsblick besaß, wusste ich vorerst nicht, wohl aber wusste ich, wo sich dieser Blick noch alles entwickeln und anwenden ließ: Auf Parkbänken am Kölner Rhein, wenn die Schiffe so langsam vorbeifuhren, dass man sich die Details genau merken konnte. Von den Zuschauerrängen eines Sportplatzes aus, wenn man den Leichtathleten oder den Kickern beim Training zusah. Vor allem aber im Kölner Dom, wenn man während des Gottesdienstes als Kind unendlich lang stillsitzen musste, kaum ein Wort verstand und daher viel Zeit hatte, sich den Figuren- und Bilderschmuck des Domes anzuschauen.

Kannte einer der vielen Gläubigen, die sich damals noch sonntags und während der Woche vor dem Dreikönigsaltar mit dem Altarbild von Stephan Lochner versammelten – kannte einer von ihnen dieses Altarbild so gut wie ich? War ihnen die goldene Brosche aufgefallen, die Maria auf diesem Bild trug? Hatten sie die vielen kleinen Engel bemerkt, die über den Köpfen der Heiligen umherschwirrten wie leicht nervöse Insekten mit großen Kinderköpfen? Und hatten sie erkannt, dass die Gottesmutter Maria sowie die heilige Ursula als Einzige von den vielen Figuren auf den Boden schauten, anstatt den Auftritt der Heiligen Drei Könige zu beobachten und zu verfolgen?

Dass es angesichts der Bilderflut in meinem Kopf bei meinen ersten Museumsbesuchen in Köln beinahe folgerichtig zu kleinen Katastrophen kommen musste, ahnte niemand. Genau erinnere ich mich an einen dieser frühen Besuche, als ich mit meinem Vater den ersten Saal eines Museums betrat. Mein Vater dachte nicht daran, stehen zu bleiben und Bild für Bild abzugehen. Er stellte sich etwa in die Mitte des Saales, schaute rasch einmal rundum und bewegte sich weiter in den nächsten Saal. Ich aber blieb vor dem erstbesten Bild stehen und begann, mich nach der mir vertrauten Art in dieses Bild zu vertiefen: genau hinschauen, sich nicht mehr bewegen, kein Augenzwinkern, wohl aber ab und zu die Augen schließen, um die Details abzurufen. Wenn welche fehlten, wieder hinschauen, immer länger und immer genauer, bis das Bildpuzzle in meinem Kopf fertig war.

Mein Vater befand sich längst im nächsten oder übernächsten Raum, als er bemerkte, dass ich nicht hinterhergekommen war. »Was machst Du denn noch hier?« fragte er. Ich schüttelte den Kopf und zuckte mit den Schultern: Ja, was machte ich? Ich wusste es nicht, ich konnte nichts dazu sagen, denn es wäre mir merkwürdig und auch peinlich vorgekommen, einfach zu behaupten: »Ich merke mir ein Bild.« Als ich dann aber noch einmal gefragt wurde, warum ich so stocksteif im ersten Saal des Museums herumstehe, anstatt forsch weiter durch die restlichen vierundzwanzig Säle zu gehen, sagte ich es doch: »Ich merke mir ein Bild.«

Da begriff mein Vater, was mit mir los war, und ich erhielt die erste Lektion anlässlich der schwierigen (und mich bis heute beschäftigenden) Frage: Wie geht man durch ein Museum?! Mein Vater war als Geodät daran gewöhnt, sich die Welt anhand von Plänen anzueignen. So auch in diesem Fall. Er hatte sich einen Plan der neben- oder hintereinanderliegenden Säle und Räume beschafft und besaß auf diese Weise schon einmal einen ersten Überblick über das schwierige Ganze. Ich bekam zu hören, dass wir es mit insgesamt fünfundzwanzig Räumen und daher mit Hunderten von Bildern zu tun hatten und dass unsere Aufmerksamkeit für all diese Bilder höchstens zwei Stunden anhalte. Danach seien wir platt, erschöpft und sollten wieder nach draußen, ins Freie, um dort etwas zu trinken, spazieren zu gehen und das Gesehene, wie er sagte, »nachwirken zu lassen«.

Was wir zunächst aber angeblich brauchten, war: ein vorläufiger Überblick. Welche Bilder gefielen und interessierten uns als Erstes? Welche beim zweiten Sehen? Und welche gar nicht? Um das herauszubekommen, musste man sich in die Mitte eines Saals stellen und sich einmal um 360 Grad drehen. Kurz auf jedes Bild schauen! Einen kleinen Reizmoment wirken lassen! Dann das nächste Bild!

Die ersten Ergebnisse dieses Rundumblicks hatte mein Vater in Windeseile auf einem kleinen Zettel notiert: Saal 1: Keine Impulse. Klammer auf: Warum beginnt jedes Museum mit Bildern des 12. Jahrhunderts? Klammer zu. Saal 2: Ein Impuls (Bildnr. 16). Saal 3: Zwei Impulse (Bildnr. 23/24). Die Namen der Maler interessierten nicht und wurden daher auch nicht notiert. Es kam nur darauf an, eine Vorauswahl zu treffen. Am Ende, in Saal 25, würden wir etwa achtzig bis hundert Bilder ausgewählt haben, und von denen würden wir uns höchstens zehn genauer anschauen.

Ich begriff, dass durch ein Museum zu gehen, eine schwierige Kunst war. Es kam auf ein rasches und erst später auf ein genaueres Sehen an. Und man musste scherisch gut in Form sein. Also folgte ich meinem Vater in Saal 2 und Saal 3 und versuchte, meine Favoriten zu notieren. Überall Madonnen und überall Szenen aus der Bibel! Lauter halbnackt strampelnde Jesuskinder und steif und stumm herumstehende Heilige, in Betrachtung des Jesuskindes versunken! Null Impulse! In Saal 4 empfand ich einen leichten Schwindel, in Saal 5 wurde der Schwindel stärker (Erster Impuls: Eine junge Frau trägt einen Totenschädel auf einem Tablett durch die Nacht), in Saal 6 wurde mir so schlecht, dass ich sofort eine Toilette aufsuchen und mich dort übergeben musste.

»In Ordnung«. Mein Vater hatte verstanden, dass man die Kunst des Durch-ein-Museum-Gehens erst mit mir einüben musste. An jedem Wochenende zunächst einmal fünf bis sechs Säle. Vorauswahl, drei Bilder genauer anschauen oder vielleicht auch nur zwei. Zwei Bilder in einem der hinteren Säle. Impuls 1: Mohnwiese mit gut gekleideter, auf der Wiese herumhüpfender Frau. Impuls 2: Eine lange Pappelallee entlang eines schmalen Baches. Für jedes Bild brauchte ich etwas mehr als 25 Minuten. Mein Vater stand anfangs noch neben mir, bewegte sich dann aber rasch wieder davon. »Was macht der Junge bloß vor dem Bild?« mag er sich gefragt haben. Aber er sagte nichts, er ließ mich gewähren, und als wir das Museum verließen, wollte er mir jeweils eine Postkarte der lange genug betrachteten Bilder schenken. »Zur Erinnerung«, sagte er, »zum Nachwirkenlassen.«

Ich schaute auf die beiden Postkarten und sah sofort, dass diese Aufnahmen mit den Bildern, die ich gesehen und mir eingeprägt hatte, nichts zu tun hatten. Die Farben stimmten nicht. Sie waren hier zu blass, dort zu stark, sie hatten keine Übergänge, sie wirkten wie aufgemalt. Ich sagte meinem Vater, dass ich diese Postkarten nicht möge. Die Farben darauf stimmten nicht, ich hätte die Bilder in ganz anderer Erinnerung. Mein Vater stutzte und blickte starr auf die Karten: Was redete der Junge da?! Wir befanden uns bereits außerhalb der Säle, im Erdgeschoss, in der Garderobe, als mein Vater mit mir an der Hand noch einmal den Weg in die hinteren Säle zurücklief. Wir stellten uns vor die Bilder, ich schloss die Augen, mein Vater holte die Postkarten hervor, und dann sagte ich: »Dieses Bild ist links unten hellgrün, und der Mohn ist in der Mitte der Blüten nicht schwarz, sondern dunkelbraun.«

Ich sprach und sprach, und das nicht, indem ich die Bilder anschaute, sondern so, dass ich die inneren Bilder in meinem Kopf abrief. Nach wenigen Minuten unterbrach mich mein Vater und zerriss die beiden Postkarten vor meinen Augen. Er hatte entdeckt, dass ich, wie es hieß, »eine besondere Gabe« besaß: Ich konnte mir »Bilder merken«, ich kannte sie nach einiger Zeit intensiver Betrachtung »auswendig«.

Nachdem wir zusammen diese besondere Fähigkeit entdeckt hatten, entwickelten wir drei Verfahren, uns ein Museum (jeder auf seine Weise) anzuschauen: Verfahren 1: Mein Vater lief zunächst durch alle Räume, sondierte auf die schon genannte Art und schaute sich maximal zehn Bilder genauer an. Währenddessen lief ich durch weitaus weniger Räume, sondierte ebenfalls aus und schaute mir höchstens drei Bilder an.

Verfahren 2: Wir einigten uns vor dem Besuch eines Museums auf ein einziges, uns beide stimulierendes Bild und schauten es uns gemeinsam an. Hinterher gab es den Vater-Sohn-Bildermerken-Wettbewerb: Wer von uns beiden hatte genauere und zahlreichere Details im Kopf? Während wir das jeweilige Bild anstarrten, bemerkte ich oft, wie der Kopf meines Vaters langsam eine hellrosa, dann eine leicht rötliche, dann eine tiefrötliche Farbe annahm. Es handelte sich, wie ich bald wusste, um ein sattes Caravaggio-Rot, Ende des sechzehnten Jahrhunderts, römische Blütezeit des Malers mit den stärksten Farben dieser Erde. Mein Vater litt in solchen Momenten an Überanstrengung, und meist bekam ich dann auch recht bald zu hören: »Fertig. Ich hab's jetzt im Kopf.«

Muss ich noch sagen, dass ich immer gewonnen habe? Immer, bis auf eine einzige Ausnahme. Es ging um ein streng geometrisches Bild von Wassilij Kandinsky. Die dort dargestellten Kreise, Vielecke, Leitern, Stufen und zackenartigen Gebilde konnte ich mir nicht merken. Es war aussichtslos, ich bekam sie nicht zusammen, einige von ihnen verschwanden immer wieder, und die anderen stellten sich zu lauter neuen Kombinationen zusammen, die offenbar mein eigenes Hirn vornahm. Seither hasse ich alles Abstrakte mit geometrischen, scheinbar besonders spielerisch auftrumpfenden Formen.

(So kostet es mich jedes Mal einige Überwindung, die große, aufdringliche Plastik von Alexander Calder vor dem Stuttgarter Kunstmuseum zu passieren. Ich muss unbedingt anderswohin schauen und so tun, als gäbe es diese Plastik nicht. Calder überfordert mich, Calder ist schrecklich. Wenn die Calder-Plastik irgendwann nicht mehr an ihrem bisherigen Ort steht, könnte man wissen, wer sie abtransportiert und in einem dunklen Waldstück hinter dem Fernsehturm neu und passend platziert hat.)

Doch zurück und weiter: Wie verlief Verfahren 3? Waren Verfahren 1 und 2 so etwas wie die Pflicht, so bildete Verfahren 3 die Kür. Es handelte sich um reinen Luxus, um Überfluss, um Spaß, Vergnügen und Abenteuer. Wir schauten uns die Bilder eines Museums daraufhin an, wo und wie wir Details dieser Bilder in unmittelbarem Anschluss an unsere Bilderschau in der Realität »aufsuchen« konnten. Zwei dunkel gekleidete Personen in einem Kahn auf einem nicht allzu breiten Fluss? Wir könnten hinterher Kahn fahren gehen! Eine Kölner Straße oder Gasse in diesem typischen Kölner Nassgrau mit Übergängen zu Schwarz – und in der Mitte die Lämpchen eines Kölner Brauhauses? Wir könnten hinterher Kasseler mit Sauerkraut und Kartoffelpüree in der Südstadt essen gehen und Vater könnte einige Kölsch dazu trinken.

Diese dritte Form der Bildrezeption nannte er »intensives Nachwirkenlassen«. Das »intensive Nachwirkenlassen« war (gegenüber dem »Nachwirkenlassen« und dem »bloßen oder kurzen Nachwirkenlassen«) die eleganteste und anspruchsvollste Form der Kunstbetrachtung. Sie gefiel meinem Vater auch deshalb besonders gut, weil er sich eigentlich nur für die Bilder selbst, nicht aber für kunstgeschichtliche oder gar biografische Kommentare zu Bildern interessierte. »Wer das Bild gemalt hat, ist mir vollkommen egal«, das war sein ästhetisch-puristischer Leitsatz, »es kommt immer nur auf das Bild selbst an, und im Bild steckt die ganze, alleinige Wahrheit.«

Die große Freude am Durchgehen oder Durchlaufen von Museen ist mir geblieben. Wenn ich in eine fremde Stadt komme, schaue ich nach, welche Museen es gibt. Dann überlege ich mir, was genau ich darin sehen und wieviel Zeit ich ansetzen will. Erst dann geht es los (und führt fast immer zu nicht erwarteten oder auch kuriosen Ergebnissen.)

Die Museumsübungen meiner Kindheit haben ein Museum als einen von seinen Besuchern zu bespielenden Körper begriffen, in dem es zunächst auf die Raumkörper selbst (die Räume, Säle, Wände, Treppen und Fenster) ankommt. In diesem Sinn ist das Museum ein bewohn- und immer wieder anders begehbares Haus.

An zweiter Stelle geht es dann um die künstlerischen Objekte: Um ihren jeweiligen Platz, um Nachbarschaften, um Gespräche und Verweise zwischen den Objekten, um ihre jeweils eigene Sprache an ihrem jeweiligen, veränderbaren Ort. In diesem Sinn ist das Museum ein Kabinett austauschbarer Gegenstände, eine Galerie, die zum Reden, Sprechen, Zeichnen, Tanzen, Musikmachen und Theaterspielen auffordert.

Und an dritter Stelle geht es um die unterschiedlichen Wege der Besucher, um ihr Spiel mit den Räumen und den Objekten und damit darum, wie viel Kreativität Besucher entwickeln, um sich Museen gegen den oft stark vorgeschriebenen Strich anzueignen. In diesem Sinn sind Museen Spielräume der eigenen, jeweils subjektiven Kreativität: stille Stätten der höchsten Konzentration auf Schauen, Merken, Wiedergeben und Anverwandeln … und in diesem Sinne sind Museen die späten und modernen Nachfolger unserer großen Kirchengebäude, in denen wir, wenn wir Glück und Glauben ausreichend genug hatten, das Sehen, Schauen und Merken zuerst gelernt haben.

Damit möglichst viele Menschen zu möglichst jeder

Stunde am Tag sich in einem Museum umschauen können, sollte der Eintritt (wie zum Beispiel im Essener Folkwang-Museum) frei sein. Bei erstmaligem Betreten eines Museums erhält jeder Besucher eine Stempelkarte, auf der ein solcher Besuch mit einem Stempelabdruck vermerkt wird. Bei zwanzig Stempelabdrücken gibt es eine Flasche Wein gratis. Bei fünfzig Stempelabdrücken führt einen die Museumsdirektorin durch eine Ausstellung. Bei hundert Stempelabdrücken erhält man ein Objekt des Museums-Shops. Und bei fünfhundert Stempelabdrücken begleitet einen der Oberbürgermeister während eines dreistündigen Museumsrundgangs der besonderen Art, bei der man ihm die Bilder seines Kunstmuseums ausführlich erklärt.

In Museen und Ausstellungen arbeiten

Wenn ich durch ein Museum gehe, interessiert mich, wie gesagt, zunächst der Bau, also der Körper eines Museums. Wie werde ich hineingeführt, welche Säle oder Räume werden mir als Erstes angeboten, ist es sinnvoll, den vorgeschriebenen oder empfohlenen Pfaden zu folgen? Ich brauche etwas Zeit für einen Überblick, wichtig ist ein Plan der verschiedenen Stockwerke, sodass ich mir überlegen kann, wie ich das Gebäude durchwandern werde.

Ich würde nicht behaupten, dass ich ein Museum »besuche«, sondern eher, dass ich mit den Räumen und Bildern eines Museums arbeite. So kann ich mir nicht vorstellen, ohne ein Diktiergerät und/oder Stift und Papier durch ein Museum zu gehen. Ich kann mir seine Objekte nicht einfach nur anschauen, ich brauche Zeit, sie zu sehen, und ich brauche ebenso viel Zeit, um zu den Objekten kurze Texte zu diktieren oder zu schreiben. Etwas festhalten, sich dazu zwingen, präzise zu sehen, im Kontakt mit einem Bild frei zu assoziieren oder sich in bestimmte Details zu verlieben – das macht die ersten Momente einer »Arbeit im Museum« aus.

Dafür brauche ich Ruhezonen. Es reicht nicht, mitten in einem Raum auf der einzigen Sitzgelegenheit Platz zu nehmen und nach einiger Zeit mit Notaten zu beginnen. Andere Besucher, Besuchergruppen oder Besucherpulks schieben sich vor einen oder schauen interessiert, was man alles so notiert oder treibt. Dazu gehört auch, dass ich winzige Details von Objekten fotografiere. Ein Bild als Ganzes versuche ich mir zu merken, die Details dagegen (eine einzelne Figur, ein Stück seltener Kleidung, die Geste einer Hand, ein Gesicht) fotografiere ich. Fotografieren ist ausschneiden, dem Bild etwas entnehmen, es sich anverwandeln.

Ruhezonen, in denen ich mich den Objekten entziehe und in Ruhe diktieren, schreiben oder meine Fotografien betrachten kann, muss ich also erst suchen. Ein Museumsbesuch gelingt in meinen Augen am besten, wenn ich laufend zwischen Sehen und Schauen sowie Notieren und Fotografieren hin und her pendle. Ich bin in Bewegung, sitze eine Weile, gehe weiter oder zurück, überspringe einen Saal – ein solcher Besuch mündet in eine gewisse Ekstase oder einen Rausch, der durch das angespannte Beobachten in Verbindung mit intensiven Reaktionen auf das Gesehene entsteht.

Führungen kann ich mich leider nicht anschließen, das Umhergehen in einer Gruppe würde mich ablenken oder ich könnte den Erklärungen eines Führers nicht folgen, weil ich zu sehr mit dem eigenen Schauen beschäftigt wäre. Auch mit Audioguides kann ich nichts anfangen, weil ich es nicht mag, wenn man meinen Blick auf ein Bild lenken oder mir aufdrängen will, wie ich es zu sehen habe. Ich muss also allein sein, ganz allein, ich vertrage nicht einmal die Begleitung durch einen Freund oder Bekannten. Nur allein kann ich so arbeiten, wie es sich jeweils ergibt: spontan, bildgefräßig, an einem Text arbeitend, der aus vielen kurzen Elementen des Sehens und »Verarbeitens« des Gesehenen besteht.

Ausstellungen liebe ich besonders, denn sie lassen sich besser und gezielter vorbereiten als ein Museumsbesuch. Ich kann vorher Lektüren zum Thema oder zur Biografie eines Künstlers ausleihen oder kaufen, ich kann »mich einlesen«, und ich kann meine Arbeit vor Ort durch ein vorgeschaltetes Schreiben und Notieren anstoßen und anregen. Wenn es irgend geht, besuche ich Ausstellungen mehrmals (an mehreren Tagen hintereinander). Ich niste mich in einem Hotel in der Nähe ein und gehe immer wieder hin: zu den verschiedensten Tageszeiten (drei Stunden in der Frühe, gleich nach Einlass, oder einige Stunden spät am Abend – sehr schön ist der Moment, wenn man eine Ausstellung als letzter Besucher verlässt).

Mit der Zeit »lebe« ich in der Ausstellung. Die Objekte werden langsam zu Bekannten, die ich in unterschiedlicher Folge betrachte, und meine handschriftlichen Notate verbinde ich mit Fotografien und Kopien aus Büchern zu einer Art Künstlerbuch. Vielleicht ist es das, was ich suche: auf das Werk eines Künstlers oder auf ein Thema mit einem eigenen Bild-Text-Zusammenhang zu antworten. Zu reagieren wie ein Künstler, der sich das Werk eines anderen Künstlers anschaut. Dieses Werk einzufangen, um einen Abdruck seiner Wirkung in einem ganz bestimmten Zeitraum zu erhalten.

Drei, vier Tage »Arbeit« – sie werden dokumentiert, als hätte ich eine Reise durch einen Werkbau unternommen. Ich bin ihn durchwandert, habe Stollen angelegt, habe mich verirrt oder bin angeregt worden, aus ihm auszusteigen, um ein eigenes Thema zu bearbeiten – das Ergebnis ist ein buntes, sehr vielfältiges Skizzenbuch, das von der mehrtägigen Reise berichtet und erzählt: als wäre ich lange sehr weit weg gewesen.

Gehen durch Galerien

Aufenthalte in Galerien sind viel komplizierter als solche in Museen oder Ausstellungen. Das liegt zum einen daran, dass man in Galerien oft der einzige Besucher ist. Man wird vom Galeristen begrüßt und gleich zu Beginn des Rundgangs gefragt, ob man Hilfe brauche. Auch wenn man sie freundlich ablehnt, ist der Galerist aber weiter zugegen. Er hält sich gleich nebenan, in seinem Büro, auf, oder er tut so, als sei er mit irgendetwas Dringendem beschäftigt, das ganz in der Nähe des Besuchers sofortiger Bearbeitung bedarf.

Bald kommt in solchen Fällen dann auch der Moment, da der Galerist seine Zurückhaltung nicht mehr erträgt. Steht man als Besucher länger als eine Minute vor einem Objekt, ist dieser Moment häufig da. Der Galerist tritt hinzu und springt einem bei. Er kann nicht länger mit ansehen, wie man sich vielleicht falsche Gedanken machen könnte, deshalb übernimmt er die Sache und lenkt sie in die in seinen Augen einzig einleuchtende Richtung.

Galeristen haben eine eigene Sprache, die sie zu diesem Zweck einsetzen. Sie unterscheidet sich von der kunstgeschichtlich neutralen Behandlung eines Objekts im Museum durch die Nähe, die der Galerist zu einem Künstler aufgebaut hat. Dessen Macken, Besonderheiten und biografische Details spielen im Monolog des Galeristen eine bedeutende Rolle. Auch die Qualität eines Objektes lässt sich daran bemessen, wieviel biografisches Material es jeweils in Bewegung versetzt.

Nehmen wir an, der Künstler heiße Norbert Pawlizek, so könnten wir folgenden Monolog zu hören bekommen.

O-Ton Galerist

Diese Arbeit hier ist gleich nach Norberts Rückkehr aus Südfrankreich im vorigen Jahr entstanden. Er war drei Monate lang allein auf seinem Motorrad unterwegs. Er liebt ja das Motorradfahren, und er sagt, es gehe unglaublich intensiv in seine Arbeiten ein. Geräusch, Entertainment der Straßen – das nimmt er alles in sich auf, und dann entstehen später diese zarten Reliefs: blaues Acryl auf Beton. Den Beton rührt er selbst an, er macht das wahnsinnig gern, der Beton ist was Handfestes, flächendeckend, hat er mal gesagt, und ich glaube ihm das. Blau ist …, na klar, Blau ist Südfrankreich in dieser spezifischen Dunkelversion. Natürlich ist das gefährlich, er stellt sich damit in eine Reihe mit van Gogh oder Cezanne, das wissen wir ja, gefährlich ist es schon, aber Sie sehen: Er packt es, blaues Acryl auf Beton reicht an die ollen Brücken van Goghs nicht nur heran, sondern verdrängt sie beinahe. Ich sage das jetzt mal so, und viele halten mich deshalb für einen Ketzer. Und was sage ich den vielen? Haltet mich meinetwegen dafür, sage ich, ich lasse mir Norberts Arbeiten durch keine Nörgeleien kaputt machen und stehe zu dem, was ich empfinde: Große, ganz große Kunst, Objekte mit Ewigkeitswerten, nachhaltig wie kaum etwas anderes …

Es handelt sich um seltsam vibrierende Monologe, sprunghaft, abschweifend, die Objekte in Windeseile umkurvend. Die Inhalte kommen aus den verschiedensten Schubladen: der anekdotischen, der geographischen, der des Materials und der einiger Vergleiche mit anderen Künstlern. Insgesamt entsteht daraus ein rares Gemenge im Plauderton: wie ich mir Objekte aneigne, die ich eigentlich gar nicht mehr anzuschauen brauche, sondern in eine Rede getunkt habe und seither in den Kontexten des Redens erlebe. So werden Kunstwerke zu Redelandschaften. Zigmal, nein, Hunderte Male wird der Galerist von Norberts Arbeiten schwärmen, und immer wird der Schwarmtext bis in die letzte Nuance derselbe sein.

Noch komplizierter ist es, wenn der Künstler anwesend ist: Norbert Pawlizek ist selbst da, er ziert sich noch etwas, dann aber gibt er dem Drängen des Galeristen nach und führt den Besucher durch seine Ausstellung.

O-Ton Norbert Pawlizek

Ich arbeite seit fünfzehn Jahren mit diesem Dunkelblau. Es ist ja eine Verlustfarbe, die intensivste, die es so gibt. Der Beton kommt aus Heidelberg, ich fahre immer selbst hin und hole mir von dem Zement, soviel ich brauche. Im Grunde löte ich das Dunkelblau auf das Betongrau, löten, so nenne ich das ganz bewusst. Ich entziehe dem Dunkelblau seinen Grund, und ich überdecke den Beton, um ihm einen anderen Halt zu geben. Es ist ein bisschen wie Pfingsten und die Sache mit den Zungen: Das Dunkelblau inspiriert den Beton und verleiht ihm eine andere Sprache. Wenn ich dran arbeite, ist es jedes Mal eine große Sache. Noch komme ich damit klar, ich weiß aber nicht, wie lange noch. Es ist einfach extrem, furchtbar extrem.

Was, um Himmels willen, soll der Besucher zu diesem durch und durch mystischen Text sagen? Der Besucher verfügt über keine Sprache, die sich dem anpassen oder das Gesagte anderswie aufnehmen könnte. Und so fragt er meist vollkommenen Unsinn, indem er tapfer ausweicht (»Wo kommen Sie eigentlich her? Wann ging das mit dem Dunkelblau los? Wo liegen die Heidelberger Zementwerke genau? Liegen sie nicht in Leimen? Und kam Boris Becker nicht daher? Aus Leimen? Wann hat er eigentlich zum ersten Mal Wimbledon gewonnen?«)

Kommt man bei Wimbledon an, weil man gar nicht mehr weiterweiß, ist die Grenze zum Unverständnis überschritten. Norbert Pawlizek hält einen für eine Null, weil man seine intensive Künstlerrede nicht nur unerwidert, sondern komplett ins Leere laufen ließ. Finden solche Dialoge bei Vernissagen statt, ist der Moment erreicht, in dem sich der Betrachter ganz von den Objekten abwendet und von Leimen, der nächsten WM oder von seinem letzten Urlaub in Südfrankreich zu sprechen (und sich mit anderen Besuchern glücklich zu verständigen) beginnt.

Vernissagen sind deshalb Opfergänge für Künstler. Sie sind zu allem bereit, sie besprechen und besingen ihre eigenen Werke, am Ende aber stehen sie allein da, sprachlos gemacht durch sehr lebendige Unterhaltungen (bei einem Glas Sekt), die um lauter Petitessen des sozialen Lebens kreisen.

Mit einem Künstler allein durch seine Ausstellung zu gehen, bringt einen dagegen letztlich zum Schweigen. Man darf nicht so schauen, wie man will, aber man will auch nicht so schauen, wie der Künstler vorgibt. Man hört zu, will jedoch mit den Objekten letztlich allein gelassen werden. Der Künstler aber spürt, dass er führt, und er beobachtet einen intensiv dabei, wie man seine Sätze aufnimmt und mit seinen Objekten in Zusammenhang bringt. Ein paar zentrale Vokabeln will er schon loswerden, aber er will es nicht aufdringlich tun.

Die Ausstellung ist nicht nur Teil seines Lebens, sie repräsentiert seinen gesamten Körper. Er ist an jedes Objekt angeschlossen, er trägt es, verbirgt sich in ihm, will kurz wieder aus ihm herausschauen oder will gar mit ihm spielen. Neben ihm aber bewegt sich ein Besucher auf großer Distanz: stumm, auf peinliche Weise dann und wann nachfragend (»Gibt es dieses Dunkelblau nicht auch in den Gartenbildern von Nolde?«). Nein, dieses einzigartige Dunkelblau gibt es nicht bei Nolde (und auch nirgendwo sonst). Was der Besucher für ein Dunkelblau hält, ist geronnenes, dunkelblau eingefärbtes Blut.

Es ist das schwere Blut des Künstlers, das er in der noch schwereren Sonne Südfrankreichs kochen und gerinnen ließ. Der Besucher hat dazu nicht den geringsten »Bezug«. Er macht alles falsch, und erst als die beiden (Künstler und Besucher) hinterher noch einen trinken gehen, sieht der Besucher, was er angerichtet hat: Der Künstler schweigt, ausgetrocknet vom eigenen Reden und von einem Unverständnis, das er dem Besucher nie verzeihen wird.

Ateliers

Ich beneide Künstler um ihre großen Ateliers und Schauräume. Während ich als Stipendiat in der römischen Villa Massimo war, fielen mir die Unterschiede zu den kleinen Schriftstellerbehausungen besonders auf. Künstler wie

Schriftsteller wohnten während der Stipendiatenzeit in Studios, die zum Teil bis zu einhundert Quadratmeter große Atelierräume hatten. Die Künstler füllten sie rasch, stellten ihre Arbeiten dekorativ auf, schoben gewaltige Leinwände in den weißen Studiokubus und arrangierten im gesamten Raum Elemente ihres Arbeitsmaterials. Meist sah es fantastisch aus: plastisch, filmisch, *work in progress.*

Dagegen die Schriftsteller. Sie schoben einen kleinen Arbeitstisch in die vordere rechte Ecke des Ateliers, drehten ihn gegen die Wand und legten einen Stapel weißen Papiers darauf. Der übrige Teil des Atelierraums blieb leer, eine gähnend langweilige, deprimierend weiße Höhle, wie ein Spiegel der tief neurotischen und krankhaften Störungen, die mit einem Stapel Papier arbeitende Typen regelmäßig befallen. Kunst in aller Vielfalt (Werke, Material, Instrumente) hatte etwas gesund Neurotisches, prunkend Schräges. Literatur in aller Einblättrigkeit wirkte wie großes Zaudern und peinlich sich hinziehendes Abwägen.

Und genauso gesund, prunkend und extrovertiert wie in ihrer Arbeit traten die Künstler mit all ihren mystischen Reden auch auf. Da wurde nicht herumgestottert und lange überlegt, sondern offen und auf den Tisch hauend Rede fabriziert. Kein Zuhörer konnte nachvollziehen, woher jeder Einzelne sein Vokabular hatte, aber gerade das machte die Reden und Erklärungen zur Kunst so interessant. Vokabeln, von denen man angenommen hatte, sie hätten eine eindeutige, klare Bedeutung, gerieten plötzlich ins Schwimmen und wurden als schwimmende Inseln durch rhetorische Heißkaltbäder und Schwitzsaunen geleitet.

Erst allmählich verstand ich, dass viele Künstler ihre Begriffe nicht durch Lektüren, sondern vom Hörensagen erworben hatten. Immerzu lagen sie auf der Lauer, horchten in Fachdialoge hinein und entnahmen ihnen die neuesten, schicksten und quirligsten Begriffe. Ganze Begriffsabteilungen französischer Philosophie wanderten hinein in ihren »Diskurs« und wurden zu leuchtenden Philosophemen der Selbstdeutung.

Und gerade das, gerade dieses Vorgehen und all diese Dreistigkeit imponierten mir, denn sie gehörten zur Direktheit, Unbekümmertheit und Radikalität der künstlerischen Arbeit. Heran ans Material, losgelegt, die Instrumente angesetzt – und danach: harte Arbeit! Vier Stunden am Vormittag im Arbeitsdress, mit Frau und vier Kindern zu Mittag gegessen, joggen, Gewichte stemmen, und nochmals ran an die Arbeit! So habe ich viele von ihnen in der Villa Massimo erlebt. Was sollten Schriftsteller dem entgegensetzen? Ein paar Blätter Papier, mit zitternder Feder beschrieben oder einem Drucker entpresst, der sie gleich auf den Boden spuckte (als hätten sie genau das verdient).

Der sichtbarste Ausdruck des Herrschaftslebens der Kunst aber ist das Atelier. Es besteht nicht aus einem einzigen Raum, sondern will alle Räume eines Hauses oder einer Wohnung besetzen. Das Atelier verwandelt die jeweiligen Räume in Schauräume, in denen die Familie des Künstlers oder seine Musen oder seine Mitarbeiter selbst zu Gestalten ihrer Kunst werden.

Läuft es gut, tragen die Mitarbeiter Kittel oder Arbeitskleidung, die der Künstler entworfen hat. Läuft es noch besser, essen und trinken alle Mitglieder des Clans genau jene Speisen und Getränke, deren Rezepte der Künstler diktiert hat. Läuft es perfekt, so halten sich in den Atelier- und Schauräumen eines Künstlers auch gleich noch die Kommentatoren und Fotografen als gute Freunde der Künstlerfamilie auf, um die Arbeitstage von morgens bis abends zu dokumentieren. (Picasso war der Großmeister dieser Inszenierungen. Für jeden Inszenierungstypus hatte er eigene Fotografen.)

Der Künstler aber ist immerzu tätig und das keineswegs nur mit dem Blick auf seine Werke. Eine Stunde hämmert er an einer Skulptur, danach setzt er ein neues Fenster ein, gibt einer Gasleitung einen neuen Anstrich, reißt einen alten Ofen von der Wand, verbindet ihn mit einem Waschzuber (den er aus Sperrmüll herausgefischt hat) und ist dabei unablässig in körperlicher, schweißtreibender Aktion. Dieses hart Handwerkliche grundiert sein Selbstbewusstsein und ist letztlich die Basis für alles andere. Soll er ein weißes Blatt beschreiben, tut er das in Großbuchstaben oder zerreißt es gleich, um die Spreu in die nächste Arbeit zu integrieren.

Solchen Arbeitsprozessen sehe ich gerne zu. Natürlich bin ich nicht anwesend, nein (das würde alles verderben), aber ich verfolge sie anhand der vielen Dokumentarfilme, die es dazu seit Neuestem gibt. Anselm Kiefer hat eine Landschaft von nicht weniger als 35 Hektar zu seinem Atelier ernannt. Er durchgräbt, untertunnelt und bearbeitet sie mit monströsen Geräten und Werkzeugen, und er gibt keine Ruhe, bis er in jedem ihrer Krümel einen Abdruck oder eine Geste hinterlassen hat (*Over your cities grass will grow*). Gerhard Richter geht in seinen Atelierräumen wie in Bildlandschaften spazieren und dirigiert nur mit den Blicken seine Mitarbeiter, die großformatige Bilder hin und her schieben und dazu ebenfalls Mystisches äußern (*Painting*).

Niemand jedoch ist (»in meinen Augen«) besser als Georg

Baselitz (*Georg Baselitz*). Er ist Fürst und König der Atelierdarsteller in einem. Wie er durch seine Räume geht und die größten Leinwände durch pures Imaginieren gleich in ein Museum zaubert, sodass sie gar nicht anders können als gleich dorthin zu fliegen und genau richtig zu hängen, ist magisch. Was für ein ichzentriertes, keinerlei andere Welten mehr benötigendes und gelten lassendes Arbeiten! Jeder Schritt eine Aktion, jedes Wort ein majestätisches Raunen.

Baselitz wohnt nicht mehr, er residiert, oder nein, noch mehr: Baselitz' gesamtes Dasein und Arbeiten ist ein Reich, das letztlich keine Untertanen mehr braucht. Es triumphiert über ihren Köpfen und spiegelt lediglich noch den Meister. Der aber schafft und schöpft nur noch aus sich heraus in den Wolken, von denen an seltenen Tagen (zu Vernissagen, wenn es denn sein muss) kleine Strickleitern auf die Erde gelassen werden, damit er sie für wenige Stunden betreten kann.

Natürlich verbirgt sich dahinter sehr viel Kapital. Ungeheure Geldsummen finanzieren das himmlische Atelierdasein *in toto*. Genau darauf aber zielt große Kunst: Kapital zu horten und mit Hilfe dieses Kapitals gewaltige Gegenwelten zu errichten. Immerzu geht es nicht um ein paar Zehntausend, sondern um zig Millionen. Geraten sie gut in Bewegung, entsteht ein künstlerisch-globales Weltdirigat: Die ganze Erde wird dann zu einem einzigen Atelier, New York, Australien, China oder Burkina Faso – in all diesen Regionen kommen dieselben Künstlertänze zur Aufführung, mit Kommentatoren aus den jeweiligen Städten und Ländern, die das Deutungsvokabular mehren, das am Wohnsitz (in diesem Zusammenhang ein geradezu lächerliches Wort) des Künstlers ausgebrütet wurde. Das Ergebnis sind Kataloge in sieben Sprachen, weltumspannend (*urbi et orbi*) gestreut. (Die Ähnlichkeiten des Selbstarrangements großer Künstler mit den Regieformaten der katholischen Kirche sind unübersehbar. Das katholische Glaubensmanagement ist ihr geheimes Vorbild: Heilige ziehen im Namen der Kunst Scharen von Betern, Priestern, Bischöfe und Kardinäle hinter sich her.)

Und ich?! Was mache denn ich – außer bewundern, niederknien, beten? »Machen« kann ich vorerst noch nichts, aber ich kann doch immerhin träumen. Denn was sind all die Tausende, Zigtausende und Hunderttausende Seiten Papier, die ich seit meinen Kinderjahren bemalt, beklebt und beschrieben habe, anderes als: ein Gesamtwerk der Kunst? Es ist nur noch keiner auf den Gedanken gekommen, sie auszustellen. Von Schriftstellern stellt man höchstens ihre Notizbücher, die Vorarbeiten zu einem Werk oder (wenn's hochkommt) die kleinen Rechnungen oder Quittungen aus, die ihr ereignisarmes Leben für die Literatur dokumentieren.

Es ginge aber auch anders. Und das wäre: ein Durchbruch!

Ein Traum vom Durchbruch

Gegen zehn Uhr betreten die Besucher die Vorhalle, in der man etwas verweilen kann. Man kann Originalaufnahmen von Klavierstücken hören, die ich früher eingespielt habe. Darunter sind viele Studioaufnahmen, aber auch Mitschnitte von Konzerten. Die Besucher nehmen Platz, trinken etwas Kaffee oder Tee und streifen sich die Kopfhörer über.

Wer von dieser Einstimmung genug gehört hat, betritt den *Strömungssaal 1*. Er ist relativ groß, kreisrund und vollkommen dunkel, und in ihm stehen mehrere Leinwände, auf denen die Filme zu sehen sind, die ich als Regisseur gedreht habe. Es sind Filme, die im Fernsehen oder in einem Kino gelaufen sind, es gibt aber auch viele Filme eher privater Natur, in denen ich der Kameramann, der Drehbuchschreiber, der Regisseur und einer der Darsteller war. Solche Filme werden auf kleineren Monitoren gezeigt, die wie bunte Pilze (etwas poppig) den Raum lose bevölkern.

Vom *Strömungssaal 1* geht es weiter in den größten Saal der Ausstellung, den *Strömungssaal 2*. Er ist mit Tausenden meiner Chronikseiten bestückt. Jede dieser Seiten hat ein DIN A4- Format und enthält (auf Vorder- und Rückseite) die Chronik und das von mir ausgewählte (und aus Zeitungen oder Zeitschriften ausgeschnittene) Bildmaterial eines einzigen Tages. Man könnte ein ganzes, beliebiges Jahr dokumentieren oder den Monat Mai der letzten zwanzig Jahre oder all die Tage zwischen dem Jahr 2000 und dem Jahr 2005, an denen ich unterwegs war. (Dazu würden Karten und kleine Diagramme passen.)

Strömungssaal 2 wäre der Schauraum der Zeit und ihres Vergehens. Seitlich würden sich an ihn kleinere Kabinette anschließen, und in jedem Kabinett wären die Vorarbeiten (Notat- und Skizzenbücher) zu einem literarischen Werk (Roman, Sachbuch, Essayband etc.) zu studieren. Die Kabinette würden sich wie Zellen oder Waben rings um den *Strömungssaal 2* legen und ihn dadurch rahmen. Einige enthielten Sammlungen meiner Fotografien zu bestimmten Themen und wären dadurch als thematische Bildräume (mit den dazu gehörigen Notizen) erkennbar.

Würde man den *Strömungssaal 2* nicht nach den Seiten, sondern durch die dem Eingang gegenüberliegende Tür verlassen, käme man in den *Strömungssaal 3*. Dort ständen bequeme Liegen bereit, auf denen man sich mit geschlossenen Augen meinen Hörbüchern hingeben könnte. An den Wänden dieses Saales wäre eine Bibliothek mit all meinen veröffentlichten Büchern aufgebaut, und jedes Buch wäre gleich in mehreren Exemplaren vorrätig, sodass man, wenn man das wünschte, während des Hörens auch mitlesen könnte.

Von *Strömungssaal 3* aus würde man in den letzten, hellsten und auf den ersten Blick freundlichsten Raum der Ausstellung gelangen: Eine große Restaurantfläche mit vielen kreisrunden, weiß gedeckten Tischen. Hier könnte man zum Schluss Speisen und Getränke genießen, deren Rezepte ich vorgegeben hätte. Jedes Rezept hätte einen Bezug zu einem meiner Werke, und auf jedem Tisch läge ein kleines Brevier dieser Bezüge aus, das die Besucher mit nach Hause nehmen und dort studieren könnten.

So in etwa träume ich von einer großen, die Ansprüche der Kunst aufnehmenden, sie fortführenden und auf »Literatur« anwendenden Ausstellung. Ich wünsche mir keine Präsentation einiger handbeschriebener Seiten in irgendeinem Kabuff. Und ich denke nicht daran, meine Materialien (Stifte, Laptops, Smartphones) in Glaskästen unterzubringen, um sie dort wie Museumsstücke verdämmern zu sehen.

Ich möchte die große Ausstellung. Alles oder nichts. Die Ausstellung *Rester vivant* von Michel Houellebecq im Pariser *Palais de Tokyo* ging schon in eine gute Richtung. Das wäre das Ende des schriftstellerischen Stübchenlateins und damit das Ende von Spitzweg & Co. Mit diesem Durchbruch wäre der Schriftsteller reif für seine Auftritte als Künstler.

Baselitz bekäme Konkurrenz, denn die Strickleitern wären plötzlich mit einem neuen Typus von Künstlern besetzt: mit solchen, die unentwegt Kunst machen, lesen *und* schreiben.

Mode

Die Fliege

Im vorigen Jahr war ich ein paar Tage in Amsterdam unterwegs. Ein Freund hatte mir eine Karte für ein Konzert im Concertgebouw geschenkt, und ich freute mich auf dieses abendliche Erlebnis. Am Nachmittag kam ich an einem Laden für Herrenmoden vorbei und schaute kurz in die Auslage. Als Erstes entdeckte ich eine Fliege, relativ klein, schwarz-weiß gepunktet, aus anscheinend gutem Stoff.

Als kleines Kind habe ich manchmal eine winzige Fliege getragen, zum Spaß, später nie wieder. Die Erinnerung an diese frühen Tage war es aber nicht, die mich sofort in den Laden gehen ließ. Irgendetwas an diesem Kleidungsstück zog mich an, vielleicht brachte ich es auch unbewusst mit dem Konzert am Abend in Verbindung, zu dem ich ordentlich gekleidet erscheinen wollte. Schließlich fand es nicht irgendwo statt, sondern im weltberühmten Concertgebouw, und schließlich war es sogar ein Konzert des Concertgebouw-Orchesters.

Im Laden wartete ein Verkäufer auf mich, der nichts zu tun hatte. Er sprach fließend und akzentfrei Deutsch und holte die Fliege gleich aus der Auslage. »Eine sehr gute Wahl«, sagte er, »dies ist unser letztes Exemplar.« Fast hätte ich es sofort gekauft, aber mir wurde empfohlen, die Fliege anzuprobieren. Das war nur möglich, indem ich das Hemd wechselte. Der Verkäufer brachte mir ein passendes, neues, zu dem ich die Fliege so mustergültig trug, dass er mir vorschlug, den Kauf der Fliege mit dem des Hemdes zu verbinden. »Eine ideale Kombination«, sagte er, »fast wie im Fall von Winston Churchill.«

Kurz mutmaßten wir, warum Churchill wohl ausschließlich Fliegen getragen habe, und setzten unser Gespräch dann mit der Suche nach weiteren Fliegenträgern fort. »Fliegenträger tragen grundsätzlich keine Krawatten«, sagte der Verkäufer, »und, sagen wir es mal geradeheraus: Krawatten haben gegenüber schönen Fliegen etwas geradezu Plumpes.« Ich stimmte ihm zu und freute mich, für kurze Zeit in die Welt der Herrenmoden aufgenommen worden zu sein.

»Ich würde Ihnen gern noch eine Hose zur Fliege und ein weiteres Hemd empfehlen«, sagte der Verkäufer und hatte die passenden Stücke auch rasch zur Hand. Ich tat ihm den Gefallen und probierte die Hose ebenfalls an. Seit Langem hast du nicht mehr so gut ausgesehen, dachte ich, als ich mich im Spiegel betrachtete. »Sie sehen sehr gut aus«, sagte der Verkäufer, »klassisch, aber nicht zu top, wenn Sie mir diese Bemerkung erlauben.« Ich erlaubte sie ihm nicht nur, sondern badete geradezu in diesem Kompliment.

»Ich gehe heute Abend ins Concertgebouw«, rutschte es mir heraus, »da ist so eine Garderobe vielleicht gar nicht schlecht.« Der Verkäufer lächelte und sagte: »Mit einem passenden Schal wäre sie geradezu perfekt.« Ich bedankte mich für seine Ideen und kaufte neben Fliege, Hemden und Hose auch noch den Schal.

»Wollen Sie alles gleich tragen?« fragte er. »Nein«, sagte ich, »das bitte nicht. Packen Sie es ein, ich hebe mir das für den Abend auf.« »Fürs Concertgebouw«, sagte der Verkäufer. »Genau dafür«, antwortete ich.

Nach diesem für meine Verhältnisse seltenen Einkauf streunte ich noch etwas durch Amsterdam. Ich stellte fest, dass es sich mit einer Einkaufstüte, in der sich extrem gut passende Kleidungsstücke befinden, besser streunen lässt. Ich streunte animiert, eine leichte Vorfreude auf den Abend loderte in mir, und ich ging spürbar beschwingt in ein Café, um mich für den fantastischen Einkauf mit einem Drink zu belohnen.

Während ich an meinem kleinen Tisch saß und zum Fenster rausschaute, beobachtete ich die anderen Männer. Gut gekleidet im Sinne von modisch gekleidet war eigentlich keiner von ihnen. Was trugen sie bloß für ein Zeug! Das meiste sah aus, als hätten sie es bereits seit Jahren am Körper! Fühlten sie sich in so etwas wohl? Ja, wahrscheinlich, in so etwas waren sie Teil eines funktionierenden Alltags und stachen nicht weiter heraus. Sollte man denn nicht herausstechen? Vielleicht war das zuviel verlangt oder auch anstrengend, ich wusste es nicht genau. Warum dann aber das ganze Theater mit der Mode?

Ich dachte kurz an den schönen Moment, als ich mich im Spiegel des Ladens kaum wiedererkannt hatte. Die modische Kleidung hatte mich gestrafft und mir erst ein Aussehen verliehen. Jetzt aber sah ich leider aus wie die anderen: nach nichts, unauffällig. Ich war gespannt, wie der Abend im Concertgebouw verlaufen würde. Dort würde ich lauter modisch gekleideten Menschen begegnen. Ob ich mich in diesem Rahmen behaupten konnte?

Als ich am Abend im Concertgebouw kurz vor dem Konzert einige Runden drehte, erkannte ich, dass ich mich übel getäuscht hatte. Das Konzertpublikum war nämlich keineswegs modisch gekleidet, sondern einfach in seinen bequemen Alltagsklamotten erschienen. Die ganze Konzertwelt schlurfte unauffällig und etwas müde durch die Gänge, kratzte sich in den strubbeligen Haaren, gähnte nach einem langen Arbeitstag und trank kurz vor Konzertbeginn keineswegs ein Glas Sekt oder Wein, sondern einen stattlichen Humpen mit Bier.

Und ich? In meiner modischen Hose, meinem modischen Hemd, meiner extravaganten Fliege (auf den Schal hatte ich an der Garderobe verzichtet)? Ich fiel extrem auf. Einige Konzertbesucher blieben sogar in einiger Entfernung stehen, kniffen die Augen zusammen und versuchten zu fixieren, welche Gestalt da vor ihnen auftauchte. So etwas Unangenehmes kannte ich bisher nur von Hunden, die ja meist auch einige hundert Meter vor einem verweilen, einen zu fixieren versuchen, minutenlang blöd dreinschauen und sich dann mit zitterndem Hinterteil, tapptapp, auf einen zubewegen.

Ich habe solche Verhaltensformen bei Hunden noch nie gemocht, ich weiß auch nicht, warum sie sich derart anstrengend und dämlich benehmen, als begegneten sie einem Lebewesen, das sie noch nie vor Augen hatten. Im Concertgebouw war dieses Fixiertwerden aber noch um einige Grade unangenehmer und peinlicher. Menschen erheblichen Alters taten so, als wäre ein modisch gekleideter Mann mit Fliege eine Erscheinung. Sie blieben nicht nur stehen und starrten mich an, sondern sie kamen auch, tapptapp, hundeähnlich gebückt und gebeugt auf mich zu, um sich (als sie endlich an mir vorbeigetappt waren) ungeniert nach mir umzudrehen.

Den Vogel aber schoss ein Herr in bereits fortgeschrittenem Alter ab. Er steuerte auf mich zu, machte eine kurze Verbeugung, entschuldigte sich, sprach mich auf Niederländisch (zum Glück verstand ich die Frage einigermaßen) als »Herr Direktor« an und fragte, wo sich denn die Toiletten befänden. Ich erklärte ihm auf Deutsch, dass ich keineswegs der Direktor oder Intendant dieses Hohen Hauses, sondern ein einfacher Besucher sei. »Einfach?« fragte er noch und schaute mich von oben nach unten an. »Ja«, antwortete ich, »ganz einfach.«

Er schüttelte noch kurz den Kopf und verschwand, wahrscheinlich hielt er mich für einen Lügner oder Betrüger oder für das Mitglied einer geheimen Sekte, die ihre Spione mit Fliegen in Konzerthäuser schmuggelte, um dort den Verkauf von Sekt und Wein anzuheizen. Als ich mich in der Konzertpause diesen Freuden widmete und ein Glas Sekt und darauf ein Glas Wein trank, erkannte ich dann aber noch andere Seiten meines modischen Auftritts.

Ich wurde nämlich von gar nicht so wenigen Frauen in der Umgebung nicht nur gemustert, sondern wohlwollend zur Kenntnis genommen. Die eine oder andere fixierte mich sogar eindeutig und ließ mit ihren Blicken nicht ab von meiner gut gekleideten Gestalt. Zunächst war es ein wenig peinlich, dann aber kam ich auf den Gedanken, dass die modische Kleidung genau das Ziel verfolgte, das ich gerade erreicht hatte. Sie warb für den Verkleideten, sie machte auf ihn aufmerksam, sie belebte den sonst so öden Kontakt der Geschlechter, sie zündete ein kleines Aufmerksamkeitsfeuerwerk, das gleich für eine andere Atmosphäre und eine andere Stimmung sorgte.

Auch hier erlebte ich einen Höhepunkt, jedoch einen ganz anderen als während meiner Begegnung mit dem älteren Herrn, der mich für den Intendanten des Hauses gehalten hatte. Eine Frau in mittlerem Alter stellte nämlich ihr geleertes Glas neben dem meinen ab und touchierte dabei meine rechte Hand kurz mit der ihren. »Pardon!« sagte sie und lächelte mich an.

Es handelte sich eindeutig um keinen Zufall, sie hatte es vielmehr darauf angelegt, meine Hand zu streifen und zu berühren. Ich war so überrascht, dass ich nicht antwortete, sondern nur nickte. Mein Gott, warum bekam ich denn keinen Ton heraus? Wie blöde und unbeholfen stand ich da und verhielt mich ganz und gar nicht so, wie es meine modische Kleidung eigentlich von mir verlangte.

Als mir das klar wurde, ahnte ich, was es mit der Mode auf sich hatte. Sie machte für jene Stunden, in denen sie getragen wurde, einen anderen Menschen aus mir. Dem musste man allerdings auch gewachsen sein. Das heißt: Ich konnte mir nur eine Kleidung zulegen, mit der ich gleichsam auftrittstechnisch, rhetorisch und im Stil Schritt hielt. Genau dafür war ich aber nicht geschaffen. Künstlich wollte ich mir jedenfalls keine Auftrittstechnik zulegen, das passte nicht. Stattdessen hätte ich von Natur aus darüber verfügen müssen. Das aber tat ich nicht. War ich damit für die Mode verloren?

Modisches, das ich liebe

Fliegen (ich habe jetzt eine kleine Sammlung, ausschließlich zum Anschauen bestimmt)
Ringe (ich trage leider keine, da sie beim Klavierspielen stören)
Hüte (ich besitze leider keine, da es keine Hüte für meine Kopfgröße gibt)

Roland Barthes' Cardigan (eine Hörergemeinde hat mir einmal einen solchen gewidmet)
Schuhe aus Leinen oder Stoff
Lange schwarze Mäntel

Sich kleiden

Wenige Monate nach meinem Amsterdam-Erlebnis durchstreifte ich ein Veedel in Köln, in dem es, wie mir verspätet auffiel, viele Secondhand-Läden gab. Einige sahen sehr verlockend und interessant aus, aber ich ging (aus Zurückhaltung) nicht hinein. Nicht einmal länger stehen blieb ich vor einem der Schaufenster, denn ich glaubte, dass mein Wissen um die Eigenart von Herrenmoden endgültig und abgeschlossen sei.

Da kam ich an einem ganz besonderen Laden vorbei. Sein Besitzer saß draußen im Freien auf einem Hocker. Er trug selbst einen eleganten, aber sichtbar bereits in die Jahre gekommenen Anzug und zu einem dunklen Hemd eine markante Krawatte. Er rauchte und schaute den Passanten nach, die sich an ihm vorbeidrückten. Auch ich wollte mich an ihm vorbeimogeln, als er mich leise und betont freundlich ansprach: »Wer hat Ihnen denn dieses Jackett verpasst?«

Ich blieb stehen und schaute nach, welches Jackett ich gerade trug. Ah ja, richtig, es war das Jackett, das ich in großer Eile einmal vor einer Lesung gekauft hatte, weil ich das für den Abend vorgesehene Jackett zu Hause vergessen hatte. »Stimmt etwas nicht damit?« fragte ich. »Es sieht scheiße aus«, sagte der freundliche Mann, »es sitzt hinten und vorne nicht.« Ich überlegte kurz, ob ich auf Konfrontation gehen sollte, sagte dann aber: »Und was machen wir da?« Mein Gegenüber grinste und nahm mich mit in seinen Laden.

Es handelte sich um einen sehr langen, schmalen Gang, der zu beiden Seiten vor lauter Secondhand-Herrenmode überquoll: Hosen, Hemden, Anzüge, Jacketts, Mäntel, einfach alles. Am Ende des Gangs gab es den einzigen Spiegel. Ich wurde davorgestellt und erhielt einen klugen, minutenlangen Vortrag darüber, was mit dem Sitz meines Jacketts alles nicht stimmte. Noch nie hatte ich mir ein eigenes Kleidungsstück derart genau auf seinen Sitz, seine Farben, sein elementares Ganzes hin angeschaut. Es war eine Offenbarung, und es machte mir deutlich, dass es mit meiner Unwissenheit und all meinen Zufallseinkäufen so nicht weitergehen konnte.

Der erste Schritt in die bessere Zukunft bestand darin, dass ich mein schlecht sitzendes Jackett einige Meter weiter zu einem Schneider trug, wo ich es in drei Tagen, auf meinen Leib zugeschnitten, würde abholen können. Der zweite Schritt aber führte mich (da ich ja nun ohne Jackett unterwegs war) zurück in den Secondhandladen und damit zu einem Besitzer, der sich anscheinend ein halbes Leben mit Herrenmode beschäftigt hatte.

Aber erst jetzt, als er sah, dass ich gleichsam halb unbekleidet und hilflos vor ihm stand, lief er zur Hochform auf. So zeigte er mir, dass sich in jedem Kleidungsstück seines Salons ein kleines Schildchen befand. Darauf wurde nicht nur seine Herkunft, sondern auch seine Machart, sein Material und seine Verarbeitung in präzisen Stichworten beschrieben. Hier war ein Auge für Mode am Werk gewesen, wie es kein Schriftsteller besaß. Und hier hatte sich auf Hunderten von unscheinbaren Schildchen ein Vokabular versammelt, das ich am liebsten sofort abgeschrieben und in einem eigenen Büchlein (als Musterform eines »uncreative writing«) veröffentlicht hätte.

Ich war »hellauf« begeistert, sagte aber nichts. Ich lieferte mich vielmehr aus und sagte: »Nun gut. Dann stellen Sie mir mal etwas zusammen, das zu mir passt und vielleicht sogar auch noch sitzt.« Ich spürte, wie sich unsere Szene belebte. Denn mit einem Mal gab es sogar einen Keller, in dem sich noch eine weitaus größere Menge von Kleidungsstücken für Herren ohne jede Ahnung von Mode befand.

Wir stiegen zusammen die Treppe herunter, und ich wurde darüber belehrt, dass ich – anders als Parsifal – gleich das Richtige angesprochen habe. Wir waren in der Tat (»sehr richtig, perfekt formuliert!«) auf der Suche nach zweierlei: Nach Kleidung, die zu mir passte *und* tadellos saß. Das Problem bestand nur darin, rasch herauszubekommen, was denn zu mir passte und was eben nicht. Und wie bekamen wir das heraus?

Ich hatte fest geglaubt, dass mein Lehrer in Sachen Mode so etwas längst wusste. Er hatte mich nicht nur fixiert, sondern auch locker durchschaut. Er ahnte bereits, welche Kleidung meinem Aussehen schmeichelte und es auf ein höheres Niveau hob. Wahrscheinlich griff er gleich blind in die Reihen der Kleidungsstücke und zog genau die richtigen heraus. Dunkelorangene Jacketts mit schwarzen Längs- und Querstreifen (Galeristenkleidung). Oder einen eierschalfarbenen Anzug mit unscheinbaren blauen Punkten (Künstlerkleidung, Düsseldorfer Façon).

Dem war aber nicht so. Er blieb vielmehr stehen und bat mich, die Reihen rechts und links abzugehen und ohne langes Nachdenken das herauszugreifen, was mir auf den ersten Blick gefalle. Gleichgültig welche Größe, gleichgültig in welchem Zustand. Einfach zugreifen und die Stücke dann hierhin, aufeinander, auf diesen Stuhl legen!

Ich brauchte etwa eine halbe Stunde, und es war gar nicht so schwer, wie ich gedacht hatte. Vieles kam wegen seiner Farben nicht in Betracht, andere Sachen sahen zu sehr nach solider Berufskleidung (älterer Banker, Münsterland) aus. Ich aber suchte etwas, das ich draußen und drinnen und vor allem jederzeit, ohne mir lange Gedanken zu machen, tragen konnte. Es hing in der Garderobe gleich hinter der Haustür, ich öffnete sie, griff hinein, streifte es mir über, und es passte nicht nur, sondern veredelte mein Aussehen zumindest dezent.

»Dezente Veredlung, richtig«, dachte ich, »das ist genau das, was Du von der Mode erwartest. Jetzt hast Du Deine Mode-Formel gefunden!« Ich trat zur Seite und wartete still und ergeben, bis mein Lehrer die von mir ausgewählten Kleidungsstücke angeschaut hatte. »Was haben Sie denn mit den Zwanzigerjahren?« fragte er. Ich verstand nicht. »Über die Hälfte spielt auf die Mode der Zwanzigerjahre an«, sagte er. Ich wollte es nicht glauben und wahrhaben, aber er zeigte es mir. Diese breiten Revers, diese getönten Farben und Streifen ... — eine lange Reihe von Details diente zu einer messerscharfen Beweisführung, der ich nichts entgegenzusetzen wusste.

Und nun? »Sie bevorzugen eindeutig einen bestimmten Stil. Damit sind wir fürs Erste schon mal sehr weit!« Sollte ich mich über ein solches Lob freuen? Mein Stil hatte allerdings Konsequenzen: Von den Schuhen über die Strümpfe bis hinauf unter die Achseln mussten die Einzelteile sich zu einer Einheit ergänzen und fügen. Ohne die Arbeit einer solchen Kombinatorik war alles nur Machwerk und vertane Zeit! Und ohne das zu alldem passende Parfüm (»den letzten Pfiff«) war selbst das Wunderwerk einer Kleidung, in der mein Mantel zu Anzug, Weste, Strümpfen und Schuhen wie deren Extremliebhaber passte, letztlich ein Nichts!

Ich habe einen ganzen Nachmittag in einer Höhle unter der Erde verbracht und meinem Stilwillen freien Lauf gelassen. Ich habe getan und gekauft, was mir geraten wurde. Und ich war diesmal nicht zu feige, mich auch sofort, unverzüglich, mit äußerster Bereitschaft, in der neuen Gewandung auf der Straße zu zeigen. Endlich konnte ich wieder viele anerkennende Blicke sammeln. Man blieb hier und da sogar stehen und schaute sich wie in Amsterdamer Tagen nach mir um. Ich war sehr zufrieden, ja, ich fühlte mich wohl. Auf diese Weise war Herrenmode in meinem Fall »machbar«. Nichts Neues, frisch von der letzten Lagerfeld-Session, nichts aberwitzig Teures und sich Aufspielendes, sondern »dezente Veredlung«.

Dann und wann würde ich mich in solcher Kleidung (die »ausbaufähig« war) zeigen. Das würde gehen, auf jeden Fall. Ich musste nur gut gelaunt, wagemutig und ein wenig abenteuerlustig sein. In solchen Zuständen waren Anspielungen auf die Zwanzigerjahre genau das Richtige für mich.

Am frühen Abend traf ich mich nach einem langen, anstrengenden Tag in der Schule eines Großmeisters der rheinländischen Mode mit einer Freundin in einer Bar. Ich wartete am Tresen auf sie und hatte einen Gin Tonic bestellt. Sie verspätete sich ein wenig, dann aber tauchte sie mit raschen Schritten in dem Etablissement auf, in dem eher junge Menschen verkehrten. Sie starrte mich an und griff sich mit der rechten Hand an die Stirn: »Was ist denn mit Dir passiert?« fragte sie. Ich erklärte ihr, dass ich meinen Stil gefunden habe. »Mein Gott«, sagte sie, »sieht das scheiße aus. Als wärest Du ein in die Jahre gekommener Strizzi, der hier die Girlies anpeilt.«

Ich hatte das Wort »Strizzi« seit Jahrzehnten nicht mehr gehört. Sein plötzliches Auftauchen erschreckte mich. Ich zog mein Jackett aus und hängte es über einen Stuhl. Dann befreite ich mich von meinen gerade erworbenen Hosenträgern und steckte sie in die beiden Hosentaschen. Ich setzte mich ruhig auf meinen Hocker. Ich saß da wie eine Figur aus dem Film *Der Clou*. Gleich würden meine Freunde hereinstürmen und mich umarmen. Und Cindy, meine Braut, würde mich mustern und stolz darauf sein, wie lustvoll und auffällig sich meine beiden Hosentaschen weiteten.

Modisches, das ich nicht liebe

Bärte
Boots
Schals, die von Männern ab einem bestimmten Alter nicht unter dem Mantel, sondern offen um den Hals getragen werden
Daunenwesten
Sandalen mit Fußbett

Theorie der Mode

Wahrscheinlich bin ich für die Praxis der Mode verloren oder auch nicht geeignet. Viel zu spät habe ich damit begonnen, mich damit zu beschäftigen und diese Praxis ernst zu nehmen. Ich habe jedoch Menschen kennengelernt, die unentwegt im Strom der Mode schwimmen. Sie gehen in den großen Städten spazieren und studieren jene Modepartikel, die in der Umgebung vor allem von Modeträgerinnen gezeigt werden. So etwas habe ich lange komplett übersehen. Vielleicht habe ich eher auf den Ausdruck eines Gesichts oder die Geste einer Hand geachtet, als darauf, welche Mütze das Gesicht gerade ziert.

Mit der Zeit habe ich verstanden, dass man entweder mit der Mode oder ohne das Thema Mode lebt. Es gibt nichts dazwischen. Die mit der Mode leben, haben ein waches, scharfes Auge, beobachten genau und ziehen aus diesen Beobachtungen Konsequenzen für ihre eigene Kleidung. Es sind Streetstyle-Fanatikerinnen, hinter denen der wunderbare Fotograf Bill Cunningham her war. Auf einem schlichten Fahrrad kurvte er in ebenso schlichter blauer Arbeitsmontur durch Manhattan und fotografierte Frauen, die ihm wegen ihrer Kleidung gefielen. Eine solche Tätigkeit hätte ich mir auch für mich selbst vorstellen können, allerdings mit einer Erweiterung: Ich hätte von den Fotografien auf irgendeine Weise intelligente Wege zum Schreiben von dazu passenden Texten finden müssen (ohne Schreiben geht nichts, und das schönste Zweithandwerk bleibt stumpf und leblos).

Immerhin blättere ich dann und wann Modezeitschriften durch. Das Betrachten von langen Fotostrecken, auf denen sich sehr junge Models auf irischen Felsen im Sommerwind präsentieren, hinterlässt bei mir keinerlei Wirkung. Solche Models interessieren mich einfach nicht, und ich kann bis heute nicht verstehen, welche Motive sich Werbefotografen einfallen lassen, um ihre Objekte zum Beispiel in Begleitung einer Henkeltasche abzubilden (wobei Henkeltaschen grundsätzlich schon scheußlich genug sind).

Ich verstehe aber den großen Anspruch, den gute Mode-zeitschriften artikulieren. »Mode« ist für sie kein Firlefanz, bei dem sich alles um ein bisschen Kostümierung dreht, sondern etwas, das auf das ganze Leben ausstrahlt. Diese Praxis geht vom Moment des attraktiven, passenden Stils aus und wendet diese Perspektive auf alles an, was mit einer Person in Berührung kommt. In vorderster Linie auf Räu-me (Häuser und Wohnungen, Hotels), auf die in ihnen vor-kommenden Gegenstände (Hausartikel etc.), auf ihr Am-biente (Gärten, Teiche, Swimming-Pools). Und danach auf alle Momente anderer, den ästhetischen Zusammenhang su-chender Künste, die der Lebenspraxis der Mode radikal un-terworfen werden (Musik, bildende Kunst, Theater, Foto-grafie, Film etc.).

»Mode« als Praxis ist also etwas unglaublich Totalitäres. Sie übernimmt den Alleinvertretungsanspruch für ein Sub-jekt und dessen gesamte Steuerung. Es darf zeichnen, foto-grafieren, filmen und Musik machen, wenn es »der Mode dient«. Haben solche konkurrierenden Praxen aber keine Verbindung zur »Mode« und emanzipieren sie sich, so zer-bricht das Gesamtkunstwerk, das »Mode« mit aller Macht anstrebt.

Es gibt keinen bedeutenderen, intelligenteren und fana-tischeren Vertreter dieser Theorie und Praxis der Mode als Karl Lagerfeld. Früher habe ich mir seine lebendigen Inter-views sehr gerne angehört und mich darüber gefreut, wie er seine viel langsameren und meist unbeholfenen Fragestel-ler auskurvt und überholt. Er hat eine Technik des Redens, die an das alte Dribbeln von Außenstürmern beim Fußball erinnert. Nach hundert gedribbelten Schritten bricht der umdribbelte Spieler (der selbst kaum einen Schritt gemacht hat) ohnmächtig zusammen und wird auf einer Bahre vom Platz getragen. In der Kabine erwacht er und weiß nicht, wie ihm gerade geschehen ist. Jede Erinnerung hat er verloren, nur zwei sehr flinke Beine erkennt er noch gerade: Sie tanzen Tango, Walzer und Foxtrott in einem, und das gerade vor seinen Augen ...

Karl Lagerfeld ist der Fürst solcher Nebenbeikünste. Im Grunde interessiert ihn nur »die Mode«, aber er beherrscht die Nebenbeikünste ebenso gut und zeigt jeden Tag, wie vollendet er sie im Griff hat. Deshalb wird kurz eine Karikatur gezeichnet, eine halbe Stunde lang fotografiert, ein kleiner Film gedreht, eine Szene gespielt (Lagerfeld mit einem Begleiter auf den Straßen von Paris unterwegs), die größte Hausbibliothek der Welt weiter ausgebaut und (mit dem Göttinger Verleger Klaus Steidl) eine Buchedition nach der andern entworfen.

Sogar an Musik hat er sich herangewagt (obwohl sie ihm von allen Künsten am fremdesten ist und es mir so vorkommt, als ob er unmusikalisch sei, unmusikalisch sogar »bis auf die Knochen«). Aber es gibt CDs mit seinen Lieblingskompositionen, und es würde mich nicht wundern, wenn er die meisten auch noch selbst geschrieben oder zumindest eine dritte Klarinettenstimme in sie hineingeschmuggelt hätte.

»Hineinschmuggeln« ist ein gutes Wort für die Methodik seiner Arbeit an den Nebenbeikünsten. Er beherrscht ihre Techniken, aber er weigert sich, mit ihrer Hilfe richtige Werke zu gestalten. Stattdessen schafft er werkähnliche Gebilde, in die er ein paar kleine Blickkontakte hineinschmuggelt. Er hinterlässt einen Abdruck, eine Geste, einen Seufzer (es ist d i e musikalische Tonlage seines Lebens) – und verschwindet dann wieder rasch. Die Nebenbeikünste hat er kurz mit »dem Blut der Mode« infiziert (unübersehbar ist das Vampirähnliche an seinen Aktionen, wobei er kein Blutsauger, sondern ein Blutspender ist), danach lässt er sie ebenso leblos (und erledigt) zurück wie seine Interviewer, die verwirrt und sprachlos in die Kantine ihrer Fernsehsender gebracht werden (wo es einen *Arte*-Cognac zur Erholung gibt).

Will man aber verstehen, wer Karl Lagerfeld als Gesamtkunstwerk der Mode ist, so muss man die wunderbare Doku in fünf Teilen (*Im Hause Chanel* – heißt sie so?) anschauen, die bei *Arte* vor Jahren einmal zu sehen war. Sie zeigte ihn bei der Arbeit in seinen Studios, als Fürst der unübersehbaren Scharen von Zuarbeiterinnen und Zuarbeitern, die mit einer Leidenschaft bei der Sache waren, wie ich sie noch nie bei so großen Teams gesehen habe.

Alle, die mit ihm zu tun hatten, schienen ausschließlich auf ihre Arbeit fixiert, und es kam einem so vor, als würden sie diese Arbeit auch nachts nur für wenige Minuten unterbrechen. Als schliefen sie nicht. Als ernährten sie sich nur von Keksen oder von diätkonformem Lagerfeld-Zwieback. Und das alles, um schließlich eine Kollektion zu präsentieren, die alle Kollektionen zuvor an Genie und Einfallsreichtum übertreffen würde.

Eine solche Präsentation ist mehr als Theater oder auch Oper. Der Laufsteg ist keine Bühne, und erst recht sind die Auftritte keine Szenen. Es handelt sich vielmehr um Kopien des Erscheinens von Engeln, wie sie auf alten Bildern zu sehen waren: in kleinen Abständen aneinandergereiht, mit wehenden Haaren aus hellen Wolken auf die Erde gestürzt und nach kurzem Erscheinen im Nichts verschwindend. Solche Modeschauen sind Epiphanien, und Lagerfeld hat während ihres Verlaufs genau die richtige Rolle für sich gefunden.

Er dirigiert sie nicht, er spielt nicht den Regisseur, und er lässt sich erst recht nicht als »Mann aus dem Hintergrund« am Ende bejubeln. Vielmehr ist er der Zauberer Mephisto, der mit den Engeln paktiert und ein ganzes Buch über Engel im Kopf hat (Goethe hat versucht, etwas Ähnliches zu schreiben ... – was nicht erstaunt, wenn man die großen Ähnlichkeiten zwischen vielen Tätigkeiten Goethes und denen von Karl Lagerfeld einmal ernsthaft und genau ins Auge fasst ...).

Mephisto kneift den Engeln keineswegs in den Po, und er lässt sich auch sonst nicht auf sie ein. Mit ihnen verbunden ist er aufgrund einer von Menschen noch nicht ergründeten Mystik, in deren Tiefen das Teuflische den Mantel Gottes berührt. In seinen einsamen Nächten (und welchen Kult treibt Lagerfeld ausgerechnet um seine »Einsamkeit«!) ist er damit beschäftigt, Gott etwas Schönheit abzuringen und sie in kleine Behälter zu füllen, auf die der Teufel sein Stempelchen drücken darf.

Ich war unendlich fasziniert, als ich ihn bei seiner Arbeit im Hause Chanel sah. Aber: War das überhaupt »Arbeit«? Im konventionellen Sinn natürlich nicht. Es war die Bemühung, an allen Orten und in allen Seelen (der Mitarbeiterinnen und Mitarbeiter) zugleich anwesend zu sein. Deshalb war Lagerfeld unaufhörlich in Bewegung, verweilte aber an keinem Ort länger als ein paar Minuten. »Die hintere Naht einen halben Zentimeter tiefer«, »das Blau der kleinen Spitzen eher ultramarin«, »Ihr wisst, dass ich Crashweiß nicht mag, denkt euch etwas anderes aus« – solche Kommentare stieß er in großem Tempo aus sich heraus und wirkte dabei so, als säße er seelenruhig in einem Formel 1 Rennwagen, auf dem Kurs von Monte Carlo. Noch siebenundzwanzig Runden mit jeweils einhundertzwei Kurven – kein Problem, man könnte während der Fahrt ja auch noch ein Felgengedicht schreiben oder eine neue Algenkreation für die Lagerfeld-Küche entwerfen!

Ein solches »Arbeiten« war eine vollendete Darstellung eines virtuosen Zugleichs vieler Aktivitäten, Gedanken, Ideen, Impulse. Und das ist vielleicht das Schönste, was man an Lagerfeld beobachten kann: wie er das Einseitige verachtet, wie er immer schon woanders sein will, wie er sich vollkommen verausgabt, ohne je eine Spur der Verausgabung zu zeigen.

Die großen Renaissance-Denker Italiens haben das »Sprezzatura« genannt. Irgendwann werde ich dem Thema einmal einen noch längeren Gedankengang widmen.

Gedicht aus der Kindheit

1962, im Winter
Mütze und Schal
mag ich nicht.
Und Fausthandschuhe
mag ich überhaupt nicht.
Mütze, Schal und Fausthandschuhe
sind etwas für wehleidige Säuger.

Sport

Sport treiben

Ich hatte mit richtigem, ernsthaft betriebenem Sport nie etwas zu tun. Als Kind habe ich schlecht (aber begeistert) Fußball gespielt, später habe ich nicht ganz so schlecht (aber begeistert) Basketball gespielt, noch etwas später habe ich sehr schlecht (aber begeistert) einen Tennisschläger in der rechten Hand gehalten, ohne den Ball jemals richtig zu treffen. Schnell gelaufen oder gar gesprintet bin ich nie. Joggen ist überhaupt nichts für mich. Einmal im Leben bin ich in einem großen Stadion und in einem echten Wettbewerb eine Strecke von tausend Metern ohne jede Vorbereitung in einer für mein damaliges Alter angeblich beachtlichen Zeit gelaufen. Ich habe diesen grandiosen Erfolg nicht ausgebaut, weil ich ahnte, dass er sich unter anderen Umständen (es war sehr viel Publikum anfeuernd vor Ort) nie würde wiederholen lassen.

Ich habe weder gerungen noch geboxt noch den Diskus oder Speer geworfen. Vom Hochsprung oder Stabhochsprung habe ich abgesehen. In der Oberstufe der Gymnasialzeit habe ich mich während einer für meine Verhältnisse zu schwierigen Übung einfach vom Reck so massiv auf den Rücken krachen lassen, dass ich nie mehr an einer Turnübung teilnehmen musste. Aber: Ich habe und bin viel geschwommen und tue es heute noch. Seit den Kindertagen. Immerzu, alle paar Tage. Natürlich nicht schnell, nicht sportlich, nicht auf Tempo oder mit Rasanz. Sondern als ein Schwimmer, der die unglaublich leichte, schwerelose Bewegung im Wasser genießt. Das also ist es: Das Schwimmen. Ohne Konkurrenz. Ohne Ende.

Schwimmen 1

Was ist das, schwimmen? Ich habe in einem schmalen, westerwäldischen Flüsschen von einem Moment auf den andern schwimmen gelernt. Plötzlich trug mich das Wasser, und ich kam angstfrei voran. Damals reckte ich den Kopf noch während der Schwimmbewegungen (als Brustschwimmer) empor, doch bald wusste ich, dass der eigentliche Genuss beim Schwimmen darin besteht, mit dem Kopf unter Wasser zu gehen, einige Züge zu machen, aufzutauchen und rasch wieder unter die Oberfläche zu verschwinden.

Vorbilder sind die Bewegungen der Fische, ihre Eleganz, ihre Geschmeidigkeit, die Selbstverständlichkeit, mit der sie sich in der Tiefe bewegen, Widerstände umkurven, sich auf die Seite drehen, sich treiben lassen, plötzlich emportauchen. Nur um das zu beobachten, gehe ich so gerne zu großen Aquarien und schaue zu, was die Fische mit den wenigen Metern und den kleinen Räumen anstellen, in die man sie eingesperrt hat. Viele bewegen sich kaum, andere (alte Hasen der Meditation) schwimmen immer auf denselben Straßen, wieder andere geben plötzlich und unerwartet Gas und zischen (aber höchstens für drei Sekunden) im Zickzack über den Sand, der auf dem Boden wie ein Meereszitat aufwirbelt.

Darum geht es beim Schwimmen: Wege und Variationen zu finden, mit dem Wasser zu spielen. Herauszufinden, wie man gerade heute zu ihm passt oder sich zu ihm verhält. Sich »auszutauschen« mit ihm, als wäre man seit Beginn seines Lebens ein Wasserbewohner.

Wirkliche Wasserbewohner schwimmen keine 1500 Meter Kraul oder 400 Meter Lagen, das wäre ihnen viel zu langweilig. Sie springen auch nicht vom Zehn-Meter-Brett oder machen den siebenfachen Dreher um die eigene Achse, bevor sie aus fünf Metern eintauchen. Wirkliche Wasserbewohner verhöhnen »das nasse Element« nicht auf diese Weise. Denn das Wasser ist grundsätzlich still, ruhig, eine sehr anschmiegsame, asiatische Erscheinung. Sie braucht kein Theater, sie verachtet Leistung, sie will Nähe, Geduld, langsames Gleiten, pures Spiel, und sie belohnt diese Anpassungsfähigkeit mit der intensivsten, gleichzeitigen Massage für alle Teile des Körpers.

Schwimmen 2

Als ich schwimmen lernte, gab es erst wenige Freibäder, und man musste auf dem Land lange fahren, um eines zu finden. Freibäder waren damals chic, weil sie (vom Bildlichen her) etwas Amerikanisches hatten und an Swimming-Pools in amerikanischen Filmen erinnerten. Dort lehnten Menschen faul und lasziv am Beckenrand, tranken (halb im Wasser) mit einem Strohhalm einen Cocktail und hörten dazu Musik. Die Erfindung des Freibads mit seinen Schwimmbecken verlief parallel zur Erfindung der Cocktailgesellschaft. In Freibädern las man keine Bücher und unterhielt sich nicht angestrengt, sondern nuckelte an einem Longdrink, ließ sich mit Sonnencreme einreiben und flirtete so lange, bis man die angeheizte sexuelle Erregung durch einen Kopfsprung ins tiefe Sprungbecken wieder entschärfte.

In den Zeiten vor Erfindung der Freibäder aber schwamm und badete ich genau da, wo etwas Wasser vorhanden war oder floss. Auf dem Land gab es kleine Flüsse mit hohen Schilfwänden zu beiden Seiten, es gab Waldseen in unglaublicher Stille, in einem weiten Abseits von aller sonstigen Zivilisation, und es gab größere, gefährlich erscheinende, dunkel lauernde Teiche (mit vielen Fröschen in den Laichzonen und mit Störchen auf den nahen Wiesen).

Viele dieser Wasserterrains waren nicht besonders tief. Man konnte sich auf den Rücken legen und trieb dann nur wenige Zentimeter über einem schlammigen oder steinreichen Boden. Im Grunde reichte es gar nicht zum richtigen Schwimmen. Man lag eher im Wasser, bäuchlings, seitwärts oder eben (am häufigsten) auf dem Rücken, spürte Fliegen und Bremsen im Gesicht oder auf der nackten sonstigen Haut und wurde mit der Zeit eins mit der Natur.

So erschien es mir in den Kinderjahren ganz selbstverständlich: Sich einzunisten in irgendeiner Wasserzone, sich zu verwandeln in eine Lurch-, Wurzel- und Schlammnatur. Dann aber las ich durch einen Zufall ein Gedicht von Bertolt Brecht mit dem gleich in die Seele zielenden Titel *Vom Schwimmen in Seen und Flüssen*. Brecht hatte in einem Ton, der süchtig machte und darauf zielte, einen gleich wieder ins Wasser zu treiben, von meinen Erlebnissen gesungen: *Im bleichen Sommer, wenn die Winde oben / Nur in dem Laub der großen Bäume sausen / Muss man in Flüssen liegen oder Teichen / Wie die Gewächse, worin Hechte hausen.*

Es stimmte alles, und es war so gesagt, wie ich es gesehen und empfunden hatte, ohne so genau wie Brecht auf alles zu achten. Seine Zeilen brachten mir meine Wahrnehmung zurück, dichter und genauer, als ich sie selbst erkannt hatte: Den *bleichen Sommer* … – denn auf dem Land meines Mittelgebirges gab es den strahlenden, faustdicken Sommer nicht, sondern nur den weichen, wolkendurchzogenen. *Die Winde oben* … – wie sie in den Sommerzeiten oben in den Bäumen hausten und das nächste schwere Gewitter anlockten und herbeiriefen. *In Flüssen liegen oder Teichen* … – genau wie ich es getan hatte, der ich nicht zum richtigen Schwimmen gekommen war, sondern mich in den Flüssen und Teichen (von einem zum andern wandernd, je nach dem Sonnenstand) verlegen hatte … – unter den Gewächsen, *worin Hechte hausen.*

Natürlich muss man auf dem Rücken liegen / so wie gewöhnlich. Und sich treiben lassen. / Man muss nicht schwimmen, nein, nur so tun, als / Gehöre man einfach zu Schottermassen. Auch das entsprach so genau dem, was ich erlebt hatte, dass ich diese Zeilen und das Gedicht bald auswendig kannte. Und es wurde noch seltsamer. Denn wenn ich jetzt wieder unterwegs war, um irgendwo auf dem Rücken zu liegen (*so wie gewöhnlich*), stieg das Gedicht plötzlich in mir auf.

Durch das Liegen im Wasser animiert, entstanden seine Zeilen wie Blasen in meiner Lunge, die schließlich ins Freie wollten. Es war ein Glücksgefühl, das zu erleben, ein Schauer, als hätte ich einem Urmoment des Lebens eine hymnische Sprache verliehen und als wären die folgenden Laute, die ich ausstieß wie ein Orphiker, Zeilen eines Textes, den nicht ein gewisser Brecht, sondern den ich selbst gedichtet hatte: *Man soll den Himmel anschaun und so tun / Als ob einen ein Weib trägt, und es stimmt. / Ganz ohne großen Um-*

trieb, wie der liebe Gott tut / Wenn er am Abend noch in seinen
Flüssen schwimmt.

Schwimmen im Meer

Am schönsten ist das Schwimmen im Meer. Es bedeutet die
Rückkehr zum Leben vor allen Qualen, die das Festland
(das feste Land) für einen bereithält. Keine Trampelpfa-
de, keine Straßen und Wege, keine Plätze, nur das Universum des Wassers, endlos, ausgerollt in eine unüberschauba-
re Ferne. Nach fünfzig Metern lässt man die Stimmen und
das Gebrüll hinter sich. Man taucht ab, schwimmt zwischen
den Felsen und den Molen hindurch, kommt ins Freie der
See und ist endlich erlöst. Nirgendwo anders möchte man
im Grunde noch länger leben.

Das Meer lockt mit dem Angebot, etwas über die Unend-
lichkeit zu erfahren. Man kann es sich nicht anders vorstellen als schon immer vorhanden. Was Menschen ihm alles
antun, ist nichts gegenüber der Dauer seiner Existenz und
dem immer gleichen Anrollen der Wellen an die Strände der
Unbelehrbaren.

Schwimmt man im Meer, verlässt man die Sprachen und
die Gesänge. Man fällt hinaus über den Horizont und ist
plötzlich so allein wie nirgends sonst auf der Erde. Gibt es
so weit draußen überhaupt noch Lebewesen? Natürlich, es
gibt Fische, in großen Mengen, aber sie bleiben unter sich
und nehmen mit Dir keinen Kontakt auf. Du bist Deine
eigene Insel, Du treibst daher, und Dein Herz klopft vor lauter Glück. Irgendwann legst Du Dich auf den Rücken und
kommst im Nirwana an. Niemand will noch etwas von Dir,
und endlich, endlich willst auch Du nichts mehr von Dir.

Einige wenige Wellen heben Dich auf und ab. Die Sonne drückt einen schwachen Stempel darauf. Du hörst ein leises Gurgeln und Schmatzen, als leckte das Meer Dir den Hals und den Schopf. Langsam treibst Du immer weiter hin aus, bis zu den bunten Bojen, die eine gefährliche Grenze markieren. Überschwimmst Du sie, gibst Du Dich auf. Du könntest nie mehr zurückfinden, irgendwann würde man Deinen Leichnam bergen. Oder er würde an Land geschwemmt werden, im Herbst, wenn die Stürme einziehen in dieses friedliche Bild.

Einen Moment schauert es Dich. Du hältst Dich an einer Boje fest und schätzt, wie weit Du vom Ufer entfernt bist. Mein Gott, so weit! Dann schwimmst Du zurück, als wäre es leicht, diese große Entfernung zu meistern. Du schaust nicht zum Ufer, Du schließt die Augen. Dann wieder die Felsen, die Molen, dann wieder das Geschrei und das Gebrüll. Du schüttelst Dich, Du kommst an, Du trocknest Dich ab und verschwindest unter einem Sonnenschirm, um die Augen zu schließen und im Traum wieder zurückzufinden zu den Bojen weit draußen.

Gedicht, aus der Spätzeit

2015, Sommer

Die Muscheln an den Felsen der Mole
glänzen schwarz in der Sonne.
Sie sind mit feinen, grünen Fäden vernäht,
als lebten sie in dichten Netzen.
Umschließt Du eine von ihnen mit Deinen Fingern,
pocht ihr Herz heftig, und sie klammert sich fest.

Ich liebe es, Skilanglauf im Fernsehen zu sehen. Das ist genau die Art Wintersport, die mir gefällt. Die Läufer sind eine ganze Weile allein unterwegs, und das in einer wunderbar stillen und meist schönen Umgebung. Dazu die Sonne. Das Grün der Tannen und Fichten. Die schmalen Rinnen der Spuren im weißen Nichts des Schnees. Die Anstiege, die kurzen Abfahrten zum Verschnaufen. Die Verausgabung. Die nachhallenden Stimmen der Betreuer und Trainer am Rand der Strecke. Manchmal Geräusche verschärften Atems. Und das in einer ungeheuren Schneestille, im großen weißen Gehäuse eines geschlossenen, abgesteckten Bezirks.

Es hat Ähnlichkeiten mit einer Jagd. Aber wer oder was wird verfolgt? Das ferne Tier, den Läufern immer weit voraus. Eine bestimmte Jagdstrecke ist zu bewältigen, und zwar so, dass man sie als Gelände mit lauter unterschiedlichen Anforderungen begreift: Wo Tempo machen? Wo Erholung einhandeln? Wo den entscheidenden Treffer setzen? In diesen Sportlern muss eine innere Uhr ticken, die Geländepartien abgleicht und das Verhältnis von Beschleunigung und Verlangsamung errechnet oder abschätzt.

Unvergleichlich ist die Nähe zur Natur, dieses totale Sich-Einlassen auf den Jagdbezirk. Schön ist die natürliche, kontinuierliche Bewegung, ein Gleiten, Forcieren, Abtasten des Geländes – ganz anders als bei all diesen exzessiven Abfahrten, Riesenslaloms oder Super-Gs mit ihren Ruckzuck-Attacken und Sprüngen, die mich nie interessiert haben. Die Typen, die sich auf so etwas einlassen, sind ganz anders als die zähen, beständigen Langläufer. Die Langläufer beten eine Strecke ab, sie arbeiten an einer Ski-Litanei, die Abfahrtsspezialisten fressen die Strecke weg und kehren ihr rasch den Rücken (brav heben sie nach ihren Minutentänzchen die Ski in die Höhe, um die Skimarke zu präsentieren – würde ein guter Skilangläufer je so etwas tun?)

Rodeln

Ich bin nie nennenswert Ski gefahren. Aber ich bin nennenswert viel gerodelt. Als Kind fuhr ich mit der Mutter auf einem Doppelschlitten, ich vorn, sie hinten. Zusammen glitten wir im Westerwald lange Abfahrten herunter. Im Tal angekommen, banden wir den Schlitten an irgendeinen Baum, gingen spazieren und holten ihn später – wie einen treu wartenden Hund – wieder ab: »Da ist ja unser Schlitten.« – »Ja, da ist er.«

Später gab es kilometerlange Schlittenabfahrten in der Schweiz, ein Urgenuss. Was ist daran so Besonderes? Die Nähe zur Erde, dicht über der Erde zu schweben, jede Erdbewegung zu spüren und mitzumachen, während der Schnee sich in winzigen, kristallinen, ins Gesicht schneidenden Brocken versprüht. Hinzu kommen die Beschleunigung und die Empfindung, das Gefährt nicht eigentlich zu lenken, sondern von ihm getragen zu werden.

Das ist beim Skifahren anders, denn der Skifahrer glaubt, das Gelände zu beherrschen, er zeigt sich auf ihm, er stellt sich dar, er schreibt seine Figuren in den Schnee ein: Schneespuren, Spuren auf einer Piste, die nichts anderes ist als eine Leinwand, eine Fläche und die Leere eines Bildes, auf dem lauter neue abstrakte Figuren entstehen.

Der Rodler aber hinterlässt keine Spur, außer höchstens

der eines Gleises. Auf diesem Gleis wird er, immer schneller werdend, den Hang, die vorgewalzte Piste, heruntergeschleudert, er jagt dahin, maschinentoll. So ist er ganz und gar ein Geschoss, wie ein rasender Zug, den nichts mehr zum Halten bringt als erst die Vollbremsung ganz am Ende der Sturzfahrt.

Gedicht aus der Spätzeit

2013, Winter

Vor der Abfahrt hält den Schlitten
gerade noch ein Etwas zusammen.
Unterwegs lockert er seine Schrauben
und schüttelt sich unzählige Male.
Unten angekommen, zerfällt er
todesmatt, blass und überreizt in tausend Stücke.

Fußball

In den Kinder- und frühen Jugendjahren habe ich mich vor allem für Fußball interessiert. Ich habe mit Freunden trainiert und gespielt, ich bin regelmäßig zu Spielen gegangen, ich habe das Vereinsleben einer einzigen Mannschaft kontinuierlich verfolgt und wusste genau, mit welchen Problemen sie jeweils zu tun hatte.

Das alles aber ist längst vorbei. Im Grunde habe ich den Kontakt zum Fußball verloren. Ich sehe noch manche Spiele im Fernsehen, und ich weiß einigermaßen über die ersten zwei Ligen und den jeweiligen Tabellenstand einzelner Mannschaften Bescheid. Bin ich in Köln, schaue ich mir in einer Kölsch-Kneipe live ein Spiel des 1. FC an. Nirgends in

Deutschland gibt es Fans, die ein live gesehenes Spiel besser kommentieren: trocken, ironisch, teilweise sarkastisch, aber mit einer enormen Anhänglichkeit, die mühelos über eine Niederlage hinweghilft. Und bereits eine Viertelstunde nach Spielende ist man mit anderen Themen beschäftigt: Kein Nachkarten, keine Redundanz, das Spiel ist abgehakt, bald kommt das nächste.

So sollte der Umgang mit Fußball sein: humorvoll, pointenreich, anhänglich, aber im nächsten Moment auch wieder distanziert. Das Gefallen an diesem Spiel hat in meinem Fall so stark nachgelassen, weil es immer mehr zerredet wird. Lange Einstimmungen auf eine Partie, Reporter, die völlig inhaltslose, nichtige Fragen stellen, sogenannte Experten, die von sich geben, was jeder einigermaßen Informierte genauso oder besser formulieren könnte.

Unbedingt und um jeden Preis wollen alle darauf hinaus, aus Fußball das große Drama, die gewaltige Geschichte, das Monumentalereignis zu machen. Genau das aber ist Fußball nicht. Fußball ist etwas Einfaches, Schlichtes, das mit großen Dramen nur in sehr seltenen Momenten etwas zu tun hat. Um Freude am Fußball zu haben, braucht es einen guten Trainer und eine Mannschaft, deren Konstellationen stimmen. Dann kann es losgehen.

Alle wollen irgendwann mal gegen den Ball treten, ihn passend abspielen und ihn »verwandeln«. »Verwandlung« ist die Triebzelle des Fußballs: Aus dem »runden«, unauffälligen, oft schmutzigen »Leder« eine leuchtende, im Netz zappelnde Erscheinung zu machen. Für Bruchteile von Sekunden Freudenschauer auslösen, weil das lederne Ding endlich gezeigt hat, was in ihm steckt. Haben die Spieler bis zum Schluss durchgehalten (und wieviel Langeweile muss man als Zuschauer oft ertragen!) und haben sie dann auch wahrhaftig gewonnen, gibt es in der Kabine oder später ein Bier. Das ist schon alles. Kein langes Nachher, kein umständliches Vorher.

Genau diese Trockenheit des Großereignisses wollen die Kommentare und Berichte aber nicht dulden. Aus jedem jungen Verteidiger, zum ersten Mal auf einer neuen Position im Einsatz, machen sie einen Feldstrategen, der die Lasten (und »den Druck«!) von Hunderttausenden oder Millionen auf seinen Jungmännerschultern zu tragen hat. Sie lösen den einzelnen Spieler aus der Mannschaft heraus, weil es ohne den fokussierten Blick auf eine Einzelerscheinung keine Dramen gibt. Der Hervorgehobene mag noch so oft mitteilen und erklären, dass »nur die Mannschaft« zählt – niemand will gerade das von ihm hören. Er soll herausragen, sich als Star zeigen, Attitüden entwickeln, zum Liebes- oder Hassobjekt werden.

Junge Spieler gehen bei solchen Zumutungen (wenn sie denn »klug« sind) auf Distanz und verschwinden in der Kabine. Ältere Spieler denken sich ein paar Skurrilitäten aus und beschäftigen damit das Nachrichtenbedürfnis. Die besten Spieler aber wissen: Fußball hat meist etwas Umständliches und ist ein Spiel, das noch nicht zu den richtigen Regeln gefunden hat.

Spiele, die 0 : 0 ausgehen dürfen, sind eine Unverschämtheit. Hoch überlegene Mannschaften, die gegen Italien in der letzten Minute verlieren, müssten im Nachhinein als Sieger dastehen (jeder Eckball wäre dann wirklich »ein halbes Tor« etc.). Wieviel Eleganz und Glück sind nötig, um Spiele lebendig und interessant erscheinen zu lassen! Und wer will die anderen Spiele sehen, in denen es wirklich »um

Nichts mehr geht«? Platz Sieben oder Platz 11? 3 : 2 oder 3 : 1? Kaum gespielt, gehen solche Spiele rasch in Vergessenheit über.

Fußball ist in der Tat ein Spiel, dessen Spiele komplett vergessen werden. Kaum noch Erinnerungen an die letzte EM oder die letzte Bundesligasaison! Höchstens ein paar wenige Momente leuchten noch: dieses 7 : 1 gegen Brasilien (aber: Wer schoss die Tore?), Götzes Ballannahme vor dem entscheidenden Tor gegen Argentinien (nie wieder hat er einen Ball so angenommen). In Erinnerung bleiben solche Szenen, weil sie die Ausnahmen sind. Dadurch wirken sie rätselhaft. Wie konnte gerade Götze ein solches Tor schießen? Was war los mit der deutschen Mannschaft, die gegen den Gastgeber Brasilien sieben Tore schießt?

Vor allem wegen dieser absolut rätselhaften, unerklärlichen Momente ist Fußball noch interessant. Schlimm ist nur, wenn Olli Kahn sich dieser Rätsel anzunehmen versucht, um auf die Fragen von Katrin Müller-Hohenstein ausgerechnet auf Usedom zu antworten. Das alles hat mit Fußball nichts zu tun, sondern ist etwas ganz anderes (eben »Usedom«). Man sollte das Unterhaltungsbedürfnis der Katrins und Ollis vom Fußball trennen und etwas Eigenes daraus machen. Eine Show für Kinder, sonntagsmorgens im ZDF, oder Beiträge zur »Sendung mit der Maus«, auch in Französisch, auf Arte.

Den Fußballrätseln ein wenig näherkommen – das können nur sehr wenige. Und sie brauchen Zeit, um so etwas zu schaffen. Erst in diesem Fall verlangt Fußball, was dieses Spiel eigentlich nie verlangt: Vertiefung, Wiederholung, Interpretation. Dafür aber ist das Ganze, wie gesagt, nicht geschaffen. Es ist ein Spiel, in dem zwei Mannschaften »hinausgehen und spielen«. Große Gedanken muss sich im Normalfall da niemand machen. (Von »Taktik« zu reden, ist Teil des seit Jahren anschwellenden Geredes, das den Fußball mit einem Pseudo-Vokabular von Wichtigtuerei überzieht.)

Fußball ist aber nicht wichtigtuerisch. Es ist ein Spiel, das selbst die Beine von Thomas Müller hinbekommen. Also kann es gar so olympisch und grandios, wie die meisten Redner es derzeit auf dem Tablett servieren, nicht sein. Ich sehne mich nach Dorfplätzen. Da findet der Fußball manchmal noch statt.

Fußball, wie in den Anfängen

Als Kind habe ich mir oft sonntagmittags ein Fußballspiel der Amateure auf einem Dorfplatz angeschaut. Es gab nicht einmal richtigen Rasen, sondern ein holpriges, mühsam glattgewalztes Feld, dem man als Zuschauer sehr nahe war. Man stand beinahe auf den Seitenauslinien, und man bekam alles mit: die Rufe und Schreie der Spieler, die Kommentare des Schiedsrichters, die Anweisungen der Trainer, die Anfeuerungen der anderen Zuschauer. Über dem gesamten Platz wucherten diese Wolken der verschiedensten Stimmen, ballten sich zusammen, zerplatzten und führten für einen Moment zu einer seltsamen Stille: Alle hielten »den Atem an«, schauten nur noch, der Ball knallte gegen einen Pfosten oder gegen die Latte, ein Aufstöhnen – und wieder die aufziehenden Stimmwolken, hin und her wabernd, sich über das Spiel legend wie eine Wetterfront, die unglaublich rasch die Richtung wechselt.

Aus solcher Nähe beobachtet, hat Fußball wirklich etwas von einem Kampfspiel. Man sieht in das Gesicht einzelner

Spieler, man hört Knochen krachen und bersten, und man erlebt den Ball als eine massive Kugel, die man selbst auf keinen Fall gegen den Kopf bekommen möchte. Daneben bewirkt die Nähe zum Geschehen, dass man selbst ebenso verwirrt dasteht wie die Nummer Sieben, die gerade den Ball abspielen soll, keineswegs aber erkennt, wohin am besten. In Bruchteilen von Sekunden soll sie sich orientieren, das aber packt sie nicht, sie schlägt ihn fort oder irgendwohin, und wenn alles zufälligerweise stimmt, handelt es sich um einen »idealen Pass«.

Spiele auf solchen Dorfplätzen sind Kicks, in denen der Zufall noch eine bedeutende Rolle spielt. Und es sind Spiele, in denen oft zwei völlig gegensätzliche Mannschaften gegeneinander antreten. Hellas Brummböttel trainiert jede Woche viermal (es sind alles Griechen!), während der Rasensportverein Klopcke nur zweimal in der Woche trainiert (es sind alles Kegelbrüder!). Da ist klar, wer die Partie mit 6:1 am Ende gewinnt.

Solche Spiele machen den Fußball anschaulich (im wirklichen Sinn des Wortes). Es gibt nichts Rätselhaftes mehr, es gibt keine Stars, und die langen Kommentare zum Spiel kann man sich erst recht sparen. Fußballspielen ist wieder da angekommen, wo es entstand: Auf einem rechteckigen Platz einer bestimmten Größe, auf dem zweiundzwanzig Spieler ständig hin und her laufen. Die einen sind schneller, wendiger und halten länger durch, die anderen machen ein paar Pausen mehr, fallen häufiger hin und haben nach sechzig Minuten genug. Die Folgen sind klar und logisch: Ein 6:1.

Es ist schön und beruhigend, so etwas zu erleben. Plötzlich ist Fußball wieder das harmlose, naive Spiel, als das es einmal gedacht war: Zweiundzwanzig Akteure erhalten die Möglichkeit, so oft wie möglich gegen einen Ball zu treten. (»Ball hin, Ball her«, wie es in einer berühmten Radioreportage einmal so treffend hieß.) Man kann seine Bratwurst mit Senf auch während des Spiels essen, denn man verpasst nichts, sondern erlebt »den Lauf der Dinge«. Hinterher trinkt man ein Bier und spricht mit anderen Zuschauern eine Viertelstunde über das Spiel. Molle Dunner war wieder mal der beste Mann auf dem Platz, und Heiner Horchel hat fantastisch gehalten. Prost. Ende. Aus. Nächsten Sonntag stehen wir wieder an der Seitenauslinie.

O-Ton

Wir schalten um zu unserem Reporter Ralf Knechtenbrech. Er steht kurz vor Spielbeginn direkt vor der Kabine des FC Bayern und hat für uns die letzten Neuigkeiten.

Danke, Katrin! Ja, liebe Zuschauer, so ist es. Ich stehe direkt vor der Kabine des FC Bayern, und man erfährt hier kurz vor Spielbeginn gerade die letzten Neuigkeiten. Es wurde alles getan, damit die Spieler sich in Ruhe vorbereiten können. Auch uns hat man nicht – das ist sehr verständlich und dagegen ist auch nichts zu sagen – in die Kabinen gelassen, um dort hautnah zu erfahren, wie der FC Bayern nichts außer Acht lässt, die Spieler bestens vorzubereiten. Der Trainerstab ist jetzt in der Kabine, auch die medizinische Abteilung hält sich dort auf. Dr. Müller-Wohlfahrt lässt die letzten Kleinmassagen durchführen, und es heißt, er habe teilweise sogar selbst Hand angelegt. Es ist wie so oft vor großen Spielen: Man hat beim FC Bayern nichts übersehen, man kümmert sich um jede Kleinigkeit, selbst die Stadionuhren im Kabinenbereich werden alle halbe Stunde daraufhin kontrolliert, ob sie nicht um wenige Sekunden nachgehen. Schon zur Routine ist es geworden, drei Minuten vor Kabinenöffnung Musik einzuspielen, heute soll auf Wunsch des Spielerrats ein ganz besonderes Stück laufen. Was genau, hält man hier noch geheim, aber ich gehe davon aus, dass es sich wirklich um etwas ganz Besonderes handelt. Die Stimmung ist gut, nein, sie ist sehr gut, der Kelleraufgang von der Kabine zum Spielfeld wird gerade noch einmal mit Tannenspray animiert. Um welche Marke es sich handelt, wollte man aus Sicherheitsgründen nicht verraten, aber wir gehen davon aus, dass es sich um eine ganz besondere Marke handelt. Soweit. Noch dreieinhalb Minuten, die Spannung steigt, man glaubt die Spieler schon mit den Schuhen scharren zu hören, ja, wirklich, es ist kaum zum Aushalten. Gut, dass es gleich losgeht. Zurück zu Dir, Katrin!

Ja, danke, Ralf! Das war hautnah und spannend! Wir sind jetzt im Bilde. Gleich werden die Spieler den Gang zum Spielfeld hinaufkommen. Wir warten jetzt auf den besonderen Moment, in dem sie das Spielfeld betreten, und wir gehen davon aus, dass sie es schaffen und den Weg ohne Probleme zurücklegen werden. Eine kurze Unterbrechung, dann sind wir sofort wieder für Sie da!

(Werbung: Krombacher. Mit Felsquellwasser gebraut. Krombacher. Eine Perle der Natur)

Basketball spielen

Als Schüler der Oberstufe war ich größer als die meisten anderen Mitschüler. Entsprechend umständlich und hüftsteif bewegte ich mich. Auch war ich viel zu langsam und lief eher wie ein lahmer Vierbeiner (dromedar- oder kamelähnlich) als ein rascher Zweibeiner herum. Handball kam für mich überhaupt nicht in Frage, Fußball spielte ich ab einem gewissen Alter auch nicht mehr gern (denn ich beherrschte keine »Tricks« und keine einzige Freistoßvariante, geschweige denn, dass ich Eckbälle direkt hätte ins Tor schießen können).

Da lud mich ein Freund zu einem Basketballtraining ein. Vom ersten Moment an war ich erstaunt. Zunächst darüber, dass meine Größe nicht nur akzeptiert wurde, sondern als gute Voraussetzung für das Spiel galt. Danach über die Erfahrung, dass ich von einem Ende des Platzes zum anderen nicht viele Schritte machen musste und daher nur selten atemlos wurde. Und drittens über die Tatsache, dass es gar nicht so schwer war, den Ball in den Korb zu werfen. So etwas konnte ich (mit etwas Übung und Ausdauer) lernen, so etwas war außerdem ein ästhetischer Akt.

Den guten Spielern klebte der Ball an den Fingern. Sie hatten ihn überall, zwischen den Beinen, im Rücken, über dem Kopf. Wenn sie sich dem Korb näherten, tigerten sie noch ein wenig herum, bis die Lücke da war und sich für einen Moment öffnete. Dann hielten sie inne, nahmen den Korb ins Visier, touchierten den Ball von hinten, rollten ihn nach vorn auf die Fingerspitzen und gaben ihm die ideale Flughöhe, damit er wie ein nasser Tropfen in ein enges Gefäß fallen konnte.

Gelang einem das und erzielte man so einen Korb, hatte das (besonders bei Würfen aus großer Entfernung) etwas ungeheuer Elegantes. Man hatte den Ball nicht wie ein Geschoss (direkt und heftig aufs Ziel zu), sondern wie ein Flugobjekt behandelt, das, als hätte man Gott weiß was für komplizierte Berechnungen angestellt, auf idealer Flugbahn sein Ziel fand. So etwas erinnerte an Mathematik oder

Physik, und es war meilenweit entfernt von der Kunst, gegen einen Ball zu treten und ihn »zu verwandeln«.

Beim Basketball verwandelte man nichts, sondern platzierte den Ball im Korb zu einem Treffer. Und das immer wieder, in rascher Folge, unersättlich. Nach einem Korb stand man auch nicht lange in Feierpose herum und tat, als wäre man über den erzielten Treffer geradezu aus dem Häuschen, sondern klatschte kurz den Nebenmann ab, der einem seine Anerkennung so rasch wie möglich zeigte.

Schließlich hatte die Mannschaft eine ganz andere Bedeutung als die Mannschaften beim Fußball oder Handball. Basketballcrews waren Zusammenstellungen von hoch talentierten Zauberern oder Solisten. Sie bewegten sich wie Rockstars auf einer Bühne: immerzu fiebrig, aufs Solo scharf, schweißnass und ohne jede Liebäugelei mit dem Publikum. Einen Typ wie Ronaldo hätten sie als Instrumententräger gerade noch engagiert und jemanden wie Messi hätten sie zum Leiter des Putztrupps ernannt.

Während des Spiels befanden sie sich im Ausnahmezustand. Unmöglich, eine Pause einzulegen und eine Minute lang über den Platz zu schlendern. Völlig abwegig, auf den Ball zu warten, bis einen endlich der ideale Pass erreicht. Basketballspieler spielten miteinander, indem sie sich in eine Art Netzkontakt begaben: mit allen anderen verbunden, unter Strom, äußerst beweglich und unruhig, darauf aus, den Treffer keineswegs nur »zu landen«, sondern ihn »zu kreieren«.

Im Grunde schließt diese Elektrizität der in sich geschlossenen Kreise das Publikum aus. Die Zuschauer sitzen da mit offenem Mund und bekommen die Hintergründe der Zauberei (ganz anders als bei Fußball und Handball) kaum mit. Während des Spiels geraten sie in Trance und werden immer wieder durch ein lautes Hupen nach erfolgtem Treffer ihrer Mannschaft geweckt. Sie spielen aber nicht mit, sie sind nicht »der zwölfte Mann«, nein, sie sind die Menge, die weit unterhalb, unter der Bühne, steht und die Arme zum Himmel streckt.

Dort oben eilen die Götter umher. Für sich, narzisstisch, sehr große Männer, die ihr Dilemma besiegten.

Tennis

Tennis ist gegenwärtig der Sport, den ich am liebsten sehe. Anders als beim Fußball sieht man Tennis am besten im Fernsehen und nicht live, vor Ort. Live bekommt man das Spiel in all seinen Feinheiten nicht mit, es geht alles zu schnell, und man sieht die Reaktionen der Spieler nicht aus der nötigen Nähe.

Eine Ausnahme ist das Turnier von Roland Garros. Für mein Leben gern würde ich einmal eine Woche Roland Garros mitbekommen. Morgens zu den Plätzen schlendern, einen Roland Garros-Hut aufsetzen, in der Morgensonne Platz nehmen und stundenlang auf den rot aufglühenden Platz mit den weißen Linien starren, wo sich zwei Menschen eine »erbitterte« Auseinandersetzung liefern. Mit einem Fernglas Roger Federer genau dabei beobachten, wie er blinzelt, den Kopf hängen lässt, sich wiederaufrichtet, einen ausgelassenen Matchball wegsteckt! Boris Becker in der Trainerlounge erkennen, wie er knallrot anläuft und seine blonden Haare langsam in schütteres Grau übergehen und das Haargel verwelkt!

Roland Garros ist die pure Verheißung des Sommers. Das

schöne Nichtstun als Zuschauer eines sich endlos dahinzie-
henden Spiels. Paris ist ganz nahe, die Spieler schlendern am
Abend erschöpft, aber glücklich durch die Stadt, selbst Mats
Wilander freut sich auf ein Essen mit seiner Interviewpart-
nerin im *La Rotonde*, wo Peter Handke draußen im Freien
sitzt und sich die Tennisregeln noch einmal erklären lässt.

Sonst aber gilt: Keine Anwesenheit auf den Plätzen, sondern fernsehen! Was mich so begeistert, ist, dass Tennis ein
wirkliches Drama zwischen zwei Einzelspielern ist. Keine
Mannschaften, keine komplizierten Regeln (wie beim Polo,
beim Baseball, beim Rugby … – und damit bei allem, was
nicht unbedingt sein muss …), sondern ein Feld, ein Netz
und ein Schläger. Sichtbar, klar voneinander getrennt, stehen sich die beiden Spieler gegenüber. Sie berühren sich
nicht direkt, sondern auf Umwegen, über die Schläge. Mit
den Schlägen treiben sie sich gegenseitig in die letzten
Ecken, fordern einander heraus, entwickeln Strategien, das
Spielfeld optimal zu nutzen.

In keiner Sportart entsteht eine so abartige, an den Nerven zerrende Spannung. Laufend kann das Spiel kippen,
und wer gerade die Chance hat, mit einem einzigen Schlag
bei 40:0 Spiel und Satz zu gewinnen, wird plötzlich nervös,
verschlägt, verschlägt erneut – und verliert das Spiel, um
drei Minuten später noch weiter hinten zu liegen und sich
dann unerwartet wieder aus dem Rückstand zu retten.

Während solcher, stets auf der Kippe stehender Spiel-
verläufe erlebt man die Anspannung wie kurze Eingriffe
ins eigene Gehirn. Langsam beginnt man, mit einem der
beiden Spieler zu sympathisieren. Kleinigkeiten haben
einen auf seine Seite gezogen: dass er den Kopf nach einem
Punktgewinn nicht so triumphierend aufreckt wie sein Ge-

genüber, dass er nicht nach jedem Schlag das Handtuch anfordert, dass er in den kurzen Pausen keine Bananen verschlingt, dass er so tut, als wäre er auf diesem großen Platz, inmitten von lauter intensiven Gaffern ringsum, vollkommen allein und letztlich hilflos.

Und genau das sind die Spieler beim Tennis: vollkommen allein, hilflos, den Blicken (wie heftigen Stichen) ausgesetzt, konfrontiert mit einem Gegner, der sich (obwohl man ihn eigentlich kennt und sonst gut mit ihm auskommt) in einen unbekannten, hässlichen, jähzornigen, fies taktierenden, keine Perfidie auslassenden Menschen verwandelt.

Solchen Situationen (hyperanstrengend, extrem) ist man als Einzelner ausgeliefert. Die Trainercrew ist meilenweit entfernt und kann einem nicht helfen. Mama, Papa und beste Freundin wären besser zu Hause geblieben, man spürt ihre mitleidigen Blicke. Und es gibt keine Chance, sich irgendwie zu verstecken. Bis zum Ende muss man durchhalten, leiden, um den Gegner zu treffen, ihn zu schikanieren, seine offensichtlichen Gemeinheiten durch noch größere Gemeinheiten zu überbieten versuchen. Man legt eine kleine Pause ein und ruft den Physiotherapeuten. Man spricht mit ihm Spanisch, das der Gegner nicht versteht. Man lässt sich ein breites, gelbes Pflaster auf die untere, rechte Hinterbacke pappen, das irritiert und leuchtet auf dem rot glühenden Platz wie ein Warnschild der Post!

Tennis ist also ein Psycho-Spiel, ein Sport, den Hitchcock erfunden haben könnte. Man glaubt, ein harmloses Motel anzulaufen, man unterhält sich mit dem netten Besitzer, der etwas zauberhaft Jungenhaftes hat. Dann geht man auf sein Zimmer, blättert noch kurz in der Zeitung, geht unter die Dusche – und schon ist der zuvor noch so nette Junge mit einem Messerchen in der Hand wieder da, weil er Blut sehen will.

Um dem Psycho-Spielcharakter zu folgen und ihn langsam zu intensivieren, tragen die Spieler zu Beginn meist etwas Nettes, Adrettes. Sie kommen in dunkelblauen Pullöverchen und gelben Blüschen daher und spielen sich ein. Dann verschwinden die Pullöverchen, und die Blüschen werden beiseitegeworfen, damit sie das dunkle Blutrot des Platzes nicht abbekommen. Die Auseinandersetzung geht über in die Phasen des wirklichen Fights. Es wird ungemütlich, die Socken werden bleicher von Schlag zu Schlag, die Hände schwellen an, und der Schweiß schießt wie ein überlaufendes Tränenrinnsal von der hinteren Nackenpartie über den schmerzenden Rücken bis in die Furchen des Anus.

In den Endphasen der großen Matches übergeben sich die Zuschauer reihenweise vor lauter Aufregung. Sie spüren das eigene Herz, den Hochdruck, die Kompression aller Organe! Wenn der große Tscheche da unten jetzt richtig trifft, hat er gewonnen. Der große Tscheche aber hat anderes vor. Er will das Spiel nicht so rasch gewinnen. Er genießt es, den kleineren Portugiesen noch in den Tie-Break zu treiben. Den wird er gewinnen, da ist sich der große Tscheche ganz sicher. Dann aber beginnt es, für drei Minuten zu regnen. Das Spiel wird unterbrochen und danach fortgesetzt. Und von diesem Moment an weiß man genau, wer es gewinnen wird. Der große Tscheche ist es nicht.

O-Ton (Die Sendung mit Mats)

Interviewerin: Mats, Du hast Blomsky seit Monaten beobachtet, warum hat er heute trotz eines Zwei-Satz-Vorsprungs verloren?

Mats: Blomsky hat noch nie nach einem Zwei-Satz-Vorsprung verloren, das ist das erste Mal.

Interviewerin: Er hat keine Regung gezeigt, sondern es einfach hingenommen.

Mats: Blomsky zeigt nie eine Regung, aber er nimmt es selten so hin. Er ist ja ein Fighter, ja, er ist sogar einer der größten Fighter überhaupt. Und dass er so groß ist, beweist er zum Beispiel dadurch, dass er nie eine Regung zeigt.

Interviewerin: Was war heute mit ihm los? Hast Du eine Erklärung?

Mats: Er hat zu Beginn des dritten Satzes dreimal kurz gehustet. Niemand hat es bemerkt, aber mir ist es nicht entgangen. Blomsky hat noch nie derart gehustet, es war ein Signal, Blomsky ist ganz und gar nicht so ein Huster wie zum Beispiel Karnakoff, der ja in einem einzigen Spiel bis zu vierzigmal hustet.

Interviewerin: Karnakoff spielt morgen gegen den Sieger der Partie, die wir gerade gesehen haben.

Mats: Karnakoff wird dieses Match gewinnen, da bin ich ganz sicher.

Interviewerin: Und wieso? Warum bist Du so sicher?

Mats: Karnakoff hat noch nie in einem Viertelfinale verloren. Und er liebt Roland Garros. Außerdem hat er vorgestern geheiratet.

Interviewerin: Vielen Dank, Mats! Wir sehen uns morgen wieder und sind gespannt, ob Deine Vorhersagen stimmen! Bis dann, liebe Zuschauer! (leise, zu Mats: Gehen wir gleich essen, oder gehst Du noch kurz bei Blomsky vorbei? Mats: Lass uns gehen, ich habe einen saumäßigen Hunger! Das Spiel dauerte einfach zu lange.)

Einmal angenommen, ich hätte irgendwann in der Jugend begonnen, ernsthaft Sport zu treiben (leider war mein Körper durch eine andere Art »Sport« besetzt: ich übte täglich Klavier, viele Stunden lang). Welche Sportarten hätten mich locken können? Zunächst: Keine Mannschaftssportart! Dann: Eine Ausdauersportart!

Also, zum Beispiel: Rudern! Allein in einem Boot, über den Rhein zu fliegen, bis zur völligen Erschöpfung! Oder: Marathon! Allein unterwegs, über mehrere Stunden! Ich hätte eine Sportart gewählt, in der ich vorübergehende Schwächen durch Ausdauer hätte wieder ausgleichen können. Darauf, dass ich abgehängt worden wäre, hätte ich nicht viel gegeben. Irgendwann hätten meine Vordermänner ebenfalls eine Schwächeperiode durchstehen müssen, und ich hätte meine Chance erhalten.

Hinter diesem Glauben steckt keine Vernunft und kein Trainingsergebnis. Er beruht vielmehr auf einer tief sitzenden Hoffnung, die mit meinem sonstigen Leben zu tun hat und durch es entstanden ist. Mein ganzes Leben lang habe ich nämlich auf den einzelnen Moment nicht allzu viel gegeben. Meist habe ich vielmehr daran geglaubt, ihn verändern, überwinden und schon bald auf einer anderen Ebene »einholen« zu können.

Schreiben ist das intensivste Einholen des Lebens überhaupt. Immerzu habe ich darauf gehofft, dass das Schreiben noch die schlimmsten Erlebnisse und Rückschläge besiegen und umformen wird: in eine Geschichte, in der ein abgeschlagener Ruderer plötzlich an den anderen Wettkämpfern vorbeifliegt. In eine Erzählung, in der ein kleiner Junge sich das Langlaufen beibringt, ganz allein, nur auf sich selbst gestellt.

Irgendwann tritt dieser Junge nach jahrelangem Training zu seinem ersten Wettkampf an. Er wird von seinen Freunden verhöhnt und ausgelacht, da sie von seinem Training nichts ahnen. Zu Beginn des Wettkampfs liegt er weit hinten und muss sich immer schlimmere Verhöhnungen anhören. Dann aber werden die vorderen Läufer schwach und lassen nach. Gegen Ende legt er los, so schnell wie kein anderer. Er gewinnt den Wettkampf und läuft danach nie wieder. Er wollte kein »Sportler« werden. Er wollte es nur »den anderen wenigstens einmal zeigen«.

Gedicht, aus der Jugend

1966, im Sommer
Ich habe Harald Norpoth
laufen gesehen.
Hätte ich einen so windigen Körper wie er,
fiele mir das Laufen auch leicht.
Ich aber brauche einen stürmischen Körper,
der die mageren Tasten eines Klaviers überläuft.

Schriftstellerleben

Paranoid

Mein Schriftstellerleben ist paranoid und damit sehr anstrengend. Denn als Schriftsteller lebe ich viele Leben zugleich, und sie lassen sich in keiner Sekunde zur Deckung bringen.

Davor war ich ein ehrgeiziger und fleißig übender Pianist, das war nichts dagegen. Als Pianist hatte ich lediglich Musik und die Tasten des Flügels sowie die penetrante Farbe Schwarz im Kopf. Damit diese Mischung nicht gefährlich wird, trinkt man keinen Alkohol, isst weder Fleisch noch Kartoffeln und erst recht keine Pasta, sieht kaum Filme und hört ausschließlich klassische Musik. Nachrichten aus aller Welt interessieren einen nicht, und man hat weder eine enge Freundin (höchstens heimlich) noch einen Freund. (Sex ist eine unbekannte Formel von Alltagsdarstellern, die niemals klassische Musik in den Adern hatten.)

Das Schriftstellerleben aber ist eine ultrapostmoderne Darstellung von vielen Leben, die sich nicht miteinander vertragen. Vormittags soll ich scharfe und in Erinnerung bleibende Interviews über (zum Beispiel) das Problem, wer die Villa Massimo in Rom zusammenhält, geben. Kühl, einfach, aber unerwartet soll ich antworten und meinen Interviewpartner leicht durcheinanderbringen. Man verlangt einen Andy Warhol-Interview-Style von mir, und ich sehe, während ich das Interview angehe, süchtig und kaputt aus wie Warhol, bevor er die Tagebuchtechnik raushatte und keine Interviews mehr gab.

O-Ton Telefon-Interview im Andy Warhol-Style

I: *Hallo, Herr Ortheil! Schön, dass Sie da sind! Wir wollen zusammen über die Villa Massimo sprechen!*

O: *Hallo, ja, fein, ich liebe Interviews.*

I: *Bei der Villa Massimo handelt es sich um die Deutsche Akademie für junge Künstler in Rom. Es gibt diese Akademie jetzt seit hundert Jahren, und sie selbst waren dort auch einmal Stipendiat.*

O: *Ja, es war toll. All diese uralten Zypressen in tiefstem Gründunkel! Und der weiße Kies vor dem Haupthaus, ohne ein Grashälmchen, sauber gekehrt! Und der Akanthus, haben Sie schon mal Akanthus-Blüten gesehen? Ganz zauberhaft!*

I: *Woran haben Sie in der Villa gearbeitet?*

O: *Oh, man arbeitet nicht in der Villa, das ist ein Miss- verständnis. Man schläft lange, hört etwas Musik, brät ein paar Spiegeleier und trinkt die erste Cola des Tages. Bis zum Mittag ist es ein Bobby Fischer-Gedächtnisleben.*

I: *Wieso denn das?*

O: *Bobby Fischer hat immer lang geschlafen, dann ist er auf- gestanden und hat sich acht Spiegeleier gebraten und dazu eine Cola getrunken.*

I: *Hatten Sie in Rom Kontakt zu italienischen Schriftstellern?*

O: *Jede Menge, wir haben uns draußen in Fiumicino am Meer zum Baden getroffen und sehr viel getrunken.*

I: *Sicher gab es interessante Debatten?*

O: *Aber ja, wir waren gut drauf und haben lauter Casting-Spiele gespielt. Ich durfte die Badehose von Gianfranco Torpedono tragen und sah darin fantastisch aus.*

I: *Es gibt immer wieder Kritik an der Villa Massimo. Sie sei zu elitär und das Ganze koste den Steuerzahler zuviel.*

O: *Oh mein Gott, was Sie nicht sagen, davon habe ich noch gar nichts gehört!*

I: *Vor allem der Vorwurf, die Ausrichtung sei einfach zu elitär, wird von Kritikern häufig erhoben …*

O: *Oh ja, das ist es: elitär! Rundum elitär! Nur die Besten kommen nach Rom, und die Steuerzahler dürfen sie einmal im Jahr während eines großen Festes sehen. Das Fest ist herrlich und unbeschreiblich.*

I: *Was passiert denn während so eines Festes?*

O: *Es kommen Tausende von Menschen. Lallo Puntaroggo ist da und Senzia Falmighini. Es gibt winzige Cicchetti, aus Venedig importiert, und besten Champagner, Ruinart Rosé. Alle fühlen sich wunderbar und leicht und beseelt, und der Direktor hält eine humorvolle Rede.*

I: *Auch die Position des Direktors ist nicht unangefochten …*

O: *Der Direktor ist das Beste, er ist sein eigener Redenschreiber, und er beherrscht sogar Auftritte auf größten Bühnen wie etwa im Gropius-Bau in Berlin.*

I: *Wo die jährliche Präsentation der Kunstwerke stattfindet, die in Rom entstanden sein sollen. Was haben Sie präsentiert?*

O: *Oh, ich habe ein paar Videos gezeigt. Meine Küche. Mein Studio. Die alten Zypressen. Der Kies. Und sehr sehr viel Akanthus. Wie sich die Blüten schließen und öffnen, wie sie …*

I: *Herr Ortheil, vielen Dank! Es war faszinierend.*

O: *Danke, ja, schade, dass wir nicht mehr Zeit haben. Ich hätte gerne noch vom Papst erzählt.*

I: Das nächste Mal, lieber Herr Ortheil!

O: In Ordnung, gern, vielleicht zum nächsten Papstjubiläum.

   Es gibt ja immerzu solche Jubiläen.

I: Sie sagen es — und nochmals vielen Dank!

Während ich am Vormittag drei bis vier Stunden schreibe, starre ich hoch konzentriert vor mich hin, auf ein Blatt oder in einen Monitor. Die Hand oder die Finger bewegen sich rasend schnell, fast so schnell wie in pianistischen Zeiten. Ich habe das Gefühl, das Pianistendasein glücklich überwunden zu haben: dieselbe neurotische Konzentrationsstufe (Schmerzfreiheit selbst bei Folterungen), eine Art Bobby Fischer-Rausch, ohne etwas zu essen oder zu trinken.

Bobby Fischer ist mir noch näher als Andy Warhol. Nie gab es einen besseren Schachspieler, und niemand hat der Weltgemeinde des Schachs mehr an Ideen und Genialität gegeben. Während ich hoch konzentriert schreibe, erlebe ich meine Verwandlung in den Bobby Fischer-Zustand: Alle sind dumm, Trottel, im Weg, ich bin das Genie! Wenn niemand mich mag oder lobt, ist das egal: Hauptsache, ich stehe noch zu mir und lobe mich selbst! Schreibt jemand heutzutage ein solches Deutsch wie ich?! Wer von all den anderen Schriftstellerhanseln hat es gewagt, drei Liebesromane mit so eindeutigen Kitschtiteln zu veröffentlichen und dazu zu stehen?! (Es gibt in der Tat gegenwärtig keine besseren.)

Kurz vor der ersten Pause am Tag drehe ich draußen eine Runde, noch weiter im Gestus von Bobby Fischer. Zum Schluss lebte er einsam in Reykjavik und sah seine japanische Frau (natürlich eine Funktionärin des japanischen Schachspielerverbandes) nur, wenn er es ausdrücklich wünschte. Er liebte es, in der Innenstadt von Reykjavik unerkannt und gebückt Runden zu drehen und verbrachte unendlich viel Zeit in einem Antiquariat, wo es Bücher en masse über paranoides Verhalten gab. Damit er nicht erkannt wurde, legte er sich einen massigen, grauen Bart zu und ließ das Gesicht zuwachsen. Mit seinen toten Augen starrte er durch diesen Wuchs auf die mexikanischen Comics, die er so mochte. Er hatte eine große Sammlung davon und zeigte sie manchmal seinem Sohn, den er zusammen mit einer Frau aus den Philippinen gezeugt hatte.

An genau diesen Bobby Fischer, den hohen Gewinner der Partien gegen Boris Spasski im Jahr 1972, denke ich. Damals habe ich alle Spiele live auf einer großen Leinwand gesehen. Ich habe sie recht gut in Erinnerung, und die Züge der weltberühmt gewordenen dritten Partie habe ich noch auswendig im Kopf. Ich habe Bobby Fischer damals bewundert, seine Eleganz, seine Lässigkeit, seine Darstellung der Figur eines multiplen Genies. Ein solches Niveau kann ich natürlich nicht halten, aber ich habe es inzwischen geschafft, beim Schreiben ähnlich konzentriert zu erscheinen wie er bei seinem letzten Zug in Partie Drei: Läufer (schwarz) nach d3, Schach! Und Spasski gibt auf.

Ich schreibe aber nicht gegen einen Gegner, nein, ich schreibe gegen mich selbst. Gegen die Langeweile und die Langsamkeit in mir, gegen das Gewöhnliche, Penetrante, gegen alles Zufällige in und an mir! Schreiben ist: sich erledigen, auseinandernehmen, auf den Kopf stellen, aus dem Zufälligen etwas absolut beständig Erscheinendes machen, von dem ich nie gedacht hätte, dass ich es entdecken und finden kann. Vor Beginn jeden Schreibens zeichnet es sich noch keineswegs ab, nicht einmal ein Komma deutet darauf hin, dann aber erscheinen die Kommata langsam als Zeichen eines Geheimbunds, der mich als seinen Vorsitzenden und Leiter begrüßt. Schlafwandlerisch mache ich meine Züge und starre nur noch aufs Spielfeld, auf dem ich dunkle Signale erkenne, die Zug um Zug zum Schachmatt führen.

Andy Warhol, Bobby Fischer ... – wären es bloß die beiden, denen ich folge, wäre ich 30 kg leichter, schmal, dünn, vielleicht sogar ein Kettenraucher. Es gibt aber auch noch die vielen öffentlichen Auftritte, die Lesungen, die Teilnahme an Festivals. Für die meisten öffentlichen Auftritte und Lesungen benötige ich einen Panzer, den ich mir mit Hilfe von guten Speisen und noch besserem Wein zulege. Ich soll barock und doch geistesgegenwärtig erscheinen und mit mindestens einer begeisterten Leserin nach einer Lesung die Nacht im Hotel *Strotzender Ochs* verbringen. Oder ich soll mit den nächsten Freunden der veranstaltenden Buchhandlung ein Fünf-Gänge-Menü verputzen und dabei natürlich immer weiter barock und geistesgegenwärtig sein.

Meine Rolle ist dann die eines Peter Ustinov oder auch die eines Cary Grant, wie sie von Minute zu Minute gelöster parlieren und die versammelte Gemeinde »köstlich« unterhalten. Dabei wäre ich lieber ein Jean Paul, der von allen anwesenden Frauen verehrt und geliebt wurde und leider kaum ein Wort herausbekam außer dem bekannten, dass er gleich alle auf einmal liebe (er nannte das – furchtbar verunglückt – *Simultan- oder Tutti-Liebe*). Jean Paul besuchte Goethe in Weimar, ließ sich von ihm übersehen und übersah ihn dann selbst ein Leben lang. Ich dagegen würde Martin Walser besuchen, mit ihm im Bodensee schwimmen und ihn sowas von hinter mir lassen, dass er sich zumindest nie mehr in so etwas wie den *Strotzenden Ochs* trauen würde.

All diese Rollen – mein Gott, es ist zuviel, und es ist vor allem auch deshalb zuviel, weil das Rollenspiel ja niemals aufhört. Schauspieler betreten eine Bühne, spielen ein Stück, lassen sich bejubeln, streuen die ihnen gewidmeten Rosen unters Volk und verschwinden danach in einer Hotelbar, wo sie sich langsam erholen und ordentlich gelangweilt abdünsten.

Als multipler Schriftsteller aber ist man immerzu festgenagelt auf seine Rollen. Ich gehe in ein Freibad, streife eine Schwimmbrille über, tarne mich durch skurrile Bademoden und gehe unter Wasser. Kaum tauche ich wieder auf, lacht neben mir schon ein Gesicht: »Herr Ortheil, ich habe Sie gleich erkannt!« Dann nützt es nichts, tapfer zu sagen, dass die Dame sich leider geirrt hat, denn man wird in solchen Fällen ausgekontert, dass es nur so seine Art hat.

O-Ton – Ausgekontert werden

W: Herr Ortheil, ich habe Sie gleich erkannt!

O: Wen meinen Sie, ich bin nicht Herr Ortel!

W: Aber ja doch, Sie sind es, nun tun Sie nicht so.

O: Von wem sprechen Sie?

W: Haben Sie einen Stift dabei? Ich habe eines Ihrer Bücher in meinem Schwimmtäschchen! Bittebitte, ein Autogramm!

O: Welches Buch haben Sie dabei?

W: Der Wicht und das Scharnier, so heißt es doch?

O: So ein Buch gibt es nicht.

W: Ach was, ich meinte: Das Verhängnis der Liebe.

O: Kenne ich auch nicht.

W: Ich habe immer so Probleme mit Titeln. Helfen Sie mir!

O: Der Stift und das Papier! Das Verlangen nach Liebe!

W: Sehen Sie, Sie können es doch. Kommen Sie, wir trinken ein
Schlückchen, ich lade Sie ein, und dann bekomme ich von Ihnen
noch ein hübsches Autogramm! Was für ein Tag! Ich habe
Ortheil beim Schwimmen getroffen!

Damit dieses Leben, währenddessen man ununterbrochen von seinen verschiedenen Schriftstellerrollen verfolgt wird, überhaupt noch Bestand hat, klammere ich mich an ein paar wenige Rituale. Gerade sie aber führen dazu, dass man sich vollkommen von sich entfremdet. Am Ende sehnt man sich nur noch danach, in Schanghai mit sich selbst essen zu gehen.

Rituale des Verschwindens

Sehr früh am Morgen aufstehen und in ganz leichter Kleidung
unerkannt und feierlich durch das Gartengelände spazieren

In ein Museum gehen und sich auf der Toilette vor dem Spiegel
fotografieren

Sonnenbrillen auch bei schlechtem Wetter tragen und dazu
Italienisch sprechen

Taxi fahren und den Taxifahrer danach fragen, wo in der Nähe am
wenigsten los ist

Über Kopfhörer der Firma Bose Musik hören und die Augen dabei
schließen

Ins Kino gehen und sich in eine der vorderen, leeren Reihen setzen

Zur Beichte gehen und dem Beichtvater detailliert alle Sünden
gestehen

Auf einem leichten E-Bike unterwegs sein

Mit einer sehr schönen Frau am Abend durch die brechend volle Stadt gehen

Mit einer Klugheit ausstrahlenden, sonst aber normal aussehenden Frau in ein Geistliches Konzert gehen

Wohnen

Die Urform des Wohnens

Meine Eltern haben fast ihr ganzes Leben lang gleichzeitig an zwei Orten gelebt: in einer Großstadt (wie etwa Köln) und auf dem Land (im Westerwald), wo beide herstammten. Laufend sind sie zwischen diesen beiden sehr verschiedenen Räumen hin und her gereist und motivierten sich dazu durch immer dieselben Erklärungen: »Jetzt habe ich mal genug von der Stadt, wir brauchen unbedingt etwas Ruhe!« (mein Vater), und drei Wochen später, auf dem Land: »Es wird allmählich etwas langweilig, wir sollten zurück in die Stadt.« (meine Mutter)

Manchmal beneidete ich meine Schulfreunde, dass ihnen das dauernde Hin und Her erspart blieb. Anders als meine Eltern konnte ich mich nämlich nur schwer an den gerade wieder aufgesuchten Raum gewöhnen. Ich brauchte eine »Eingewöhnungsphase« von einigen Tagen und träumte noch in Bildern, die sich auf den zurückgelassenen Ort bezogen. Innerlich war ich woanders, und erst langsam kam ich in der Gegenwart an, ohne noch weiter an das Vergangene zu denken.

Ab und zu wurde in unserer Familie über solche Probleme gesprochen. Mein Vater hielt sie für unerheblich, denn er hatte überhaupt keine Mühe, mit allen Sinnen jeweils da zu leben, wo er sich gerade befand. Alles andere, behauptete er, sei »nur Gedöns« und eine Folgeerscheinung meines noch kindlichen Alters. Meine Mutter dagegen konnte durchaus nachvollziehen, was in mir vorging, und tat manchmal so, als habe sie zumindest für ein, zwei Tage ähnliche Probleme wie ich. »Fang bitte nicht auch noch damit an«, sagte mein Vater zu ihr und versuchte, das Thema beiseitezureden: »Wohin wandern wir denn heute Schönes?« (auf dem Land) – »Was machen wir denn heute Schönes?« (in der Stadt). Ich aber hatte weder Lust, gleich wieder loszuwandern oder gleich wieder etwas zu unternehmen. Ich wollte genau da sitzen bleiben, wo ich angekommen war, und nichts anderes tun als: wohnen.

»Wohnen« war und ist noch heute eine große Sehnsucht von mir. Wohnen bedeutet: an einem Ort sein, sich an diesem Ort einnisten, sich nur und ausschließlich um diesen Ort herum bewegen. Wohnen ist also ein Relikt aus den uralten Zeiten, als wir noch Dorfbewohner waren und auf dem Land lebten. Meine Großeltern, sowohl die meiner Mutter als auch die meines Vaters, waren in diesem Sinn sesshafte Menschen. Sie lebten im Westerwald, in einem überschaubaren Dorf, und bewegten sich nur sehr selten aus diesem dörflichen Kosmos hinaus.

So haben die Großeltern meines Vaters den gar nicht so weit entfernten Rhein nur wenige Male in ihrem Leben gesehen, und die Großeltern meiner Mutter machten ab und zu einen Ausflug dorthin und schauten bereits nach einer Stunde auf die Uhr, um den Zeitpunkt der Rückfahrt festzulegen. Sich von zu Hause entfernen, reisen – das brachte nichts als Unruhe und ein deutliches Unbehagen mit sich. Schon nach wenigen Kilometern befand man sich in der Fremde. Man bekam nicht zu essen, was man essen wollte, und man begegnete Menschen, mit denen man nichts anfangen konnte.

All das, was heute als großes Glück und mächtiger Reiz gefeiert wird (Mobilität, Veränderung, Kontakte mit anderen Menschen), fanden meine Großeltern noch völlig überflüssig. Mobilität machte ihnen Angst, Veränderung suchten sie nicht, und Kontakte mit anderen Menschen waren anstrengend und blieben flüchtig. Ganz anders das Leben zu Hause, das sie als beständig, intensiv und (trotz seiner immergleichen Tage) als bereichernd empfanden. Jeden Tag denselben Menschen zu begegnen und von ihnen die kleinen Neuigkeiten des Lebens zu erfahren – das bedeutete Anteilnahme, Sich-Kümmern, den Faden des Lebens geduldig fortspinnen.

Ich habe meine Sehnsucht nach einem derartigen Leben einige Male literarisch zu stillen versucht, und ich habe dafür zwei Bücher gefunden, in denen ich regelmäßig lese. Das eine ist ein Tagebuch, das die jungen und gerade frisch verheirateten Eheleute Sophia und Nathaniel Hawthorne ab dem Sommer 1842 an ihrem ersten gemeinsamen Wohnort (Concord, Massachusetts) geführt haben. Sie hatten dort das alte Pfarrhaus bezogen und dokumentierten ihre Beobachtungen und ihre Erfahrungen mit dem neuen Lebensraum in Aufzeichnungen, die von beiden jeweils einzeln gemacht und im gemeinsamen Tagebuch aneinandergereiht wurden (*Das Paradies der kleinen Dinge*).

Das Haus und seine unmittelbare Umgebung sind das Zentrum dieser Notate und kleinen Erzählungen, in denen die Gegenstände, die Jahreszeiten und die Wege eine Hauptrolle spielen. Dabei geht es nicht darum, Neuigkeiten zu sammeln, sondern, im Gegenteil, die Linien eines Tages auf die Folgetage zu übertragen und sie dadurch auszuziehen: Heute stieß ich im Garten auf dieses oder jenes, ich beobachtete es genau und machte mir meine Gedanken. Am nächsten Tag suchte ich es wieder auf und musste erkennen, dass sich meine Überlegungen nicht bestätigt hatten usw.

Dominierend ist also die Statik der Verhältnisse, in der sich winzige, kaum merkliche Veränderungen ergeben. Sie haben den Charakter langsamen Wachstums, Verblühens und Sterbens und folgen so dem Kreislauf der allgegenwärtigen Natur. An jedem Tag gilt die Anstrengung dem Versuch, sich in ihren vorgegebenen Bedingungen zu bewegen, beizutragen zu ihrer Entwicklung und daraus dann Kraft zu schöpfen. Ein Blick darüber hinaus erscheint nicht notwendig, ja, sogar abwegig. Nicht die großen Veränderungen des Lebens (das soziale Leben, die politischen Diskurse etc.) sind von Interesse, sondern der Experimentalraum der Natur, in dem die beiden Tagebuchschreiber ihren Dienst tun.

Ein ganz ähnliches, aber noch etwas älteres (und noch um einiges poetischeres) Tagebuch stammt von Dorothy Wordsworth. Mit ihrem Bruder, dem Dichter William Wordsworth, bezog sie Ende 1799 ein ehemaliges altes Gasthaus des kleinen Orts Grasmere im Lake District. Im Mai 1800 beginnt Dorothy mit ihren Aufzeichnungen, die immer wieder um das gerade bezogene Haus, den nahen See und die Spaziergänge während der ruhigen Tage kreisen. Nachbarn und Menschen auf den wenigen Straßen treten ins Bild, die knappen Unterhaltungen werden fixiert, im Vordergrund aber stehen geduldige und hoch aufmerksame Naturbeobachtungen von immenser sprachlicher Schönheit (*Das Grasmere Journal*).

Dabei geht es Dorothy Wordsworth keineswegs darum, mit ihrem Bruder um den treffenden sprachlichen Ausdruck zu wetteifern (das fand eher umgekehrt statt, indem William Partien ihrer Tagebücher für seine eigenen Arbeiten verwendete). Die Schönheit ihrer Aufzeichnungen ergibt sich vielmehr daraus, dass sie ganz unangestrengt, wie spontan skizziert, wirken. Gerade dadurch wird eine Überhöhung vermieden.

Das Beobachtete ist nicht gleich wieder Material für Vergleiche, Metaphern und literarische Deutung, sondern steht in seiner rohen Materialität direkt und unkommentiert vor Augen: *Die kleinen Vögel beschäftigt mit ihrem Liebesspiel, picken an den Blumen & holen sich Stückchen Moos von den Bäumen; sie flattern hin und her & fädeln sich durch die Bäume, während ich darunter liege.* (S. 21) Oder: *Ein schöner klarer frostig kalter Morgen. Aus den Dachrinnen tropft es wegen der Sonnenerwärmung den ganzen Tag lang. Der Boden noch dünn mit Schnee bedeckt – die Straße schwarz, Felsen schwarz – Vor dem Abend war die Insel schon ganz grün, die Sonne hatte den ganzen Schnee darauf weggeschmolzen.* (S. 115)

Solche Notate zielen darauf, den Kontakt mit der Umgebung so eng und unbelastet wie möglich zu erhalten und fortzuführen. Die minimalen Bewegungen vor Ort werden gekennzeichnet, sodass die Welt direkt vor Augen wie ein mächtiger Inspirationsraum wirkt, auf den die Echostimmen des Textes antworten. Das *Journal* ist in dieser Form zunächst ein Spiegel der Außenwelt und ihrer Bilder. Sie werden hingetuscht und ihnen wird so gefolgt, dass ihre emotionalen Wirkungen erscheinen. Was lösen sie aus? Wie verarbeitet man sie (durch ein Glas Tee? Durch die Lektüre von Balladen? Durch eine in der Küche zubereitete Speise?)?

Das Leben des Geschwisterpaares in Grasmere, zu dem sich später noch ganz in der Nähe der Dichter S. T. Coleridge gesellen wird, ist dergestalt eine Art von Labor. Der Naturraum um den See bildet das begrenzte Panorama, in dem man alle nur erdenklichen Spuren verfolgt, um ihnen möglichst viele emotionalen Färbungen abzugewinnen und diese von Tag zu Tag zu vergleichen.

Ein einziger Raum wird so zu einer dichten Zelle unterschiedlichster Wahrnehmungen, die sich die drei begeisterten Naturbeschwörer zuspielen. Genau diese Konstellation – die einer inspirierten kleinen Gemeinschaft mit dem Blick auf einen für ihre poetischen Belange ausgewählten und konturierten Raum – führt hin zu dem, was man später »englische Romantik« genannt hat. Grasmere im Lake District ist dafür gleichsam ein Testgelände, und das Journal der Dorothy Wordsworth ist so etwas wie eine Gründungsurkunde.

Sie erforscht die verborgenen Gesetze und Regeln eines intensiven Lebens, das sich durch die entfernteren Welten ringsum nicht ablenken lassen will. Dem liegt die Annahme zugrunde, dass die Aufnahmefähigkeit eines Menschen durch Raum und Zeit begrenzt wird und dass nur solche Wahrnehmungen tief wirken und damit einen Wert erhalten, die sich mit eigenen Augen in einem bestimmten Terrain und in einem bestimmten Zeitrahmen verfolgen und ausbauen lassen.

Sowohl Sophia und Nathaniel Hawthorne als auch Dorothy Wordsworth und ihre Begleiter haben nur einige Zeit auf diese Weise gelebt. Das jeweils kleine Haus, die nähere Umgebung, die Arbeiten im Garten, die Spaziergänge ringsum – sie waren Teil einer bewusst gewählten und auf lange Zeit nicht ausdehnbaren Versuchsanordnung.

Genau in diesem Sinne begreife ich sie noch heute und

ziehe mich manchmal für einige Tage oder auch Wochen zurück. Der Begriff dafür lautet: Klausur. Ich gehe in Klausur, um Kontakte jeder Art stark zu reduzieren, täglich mit nur wenigen Menschen (und meist mit überhaupt keinem) zu sprechen, mich in dem Gartengelände um ein kleines Wohnhaus herum aufzuhalten, spazieren zu gehen, »Balladen« zu lesen, Tee zu trinken und abends an einem Küchentisch zu sitzen, um (bei einem Glas Wein) laute Monologe (nur für mich selbst) zu halten. Das Ganze nenne ich »wohnen«.

Performance

25. Juli, früher Nachmittag. Bog hinter dem Tor nach rechts ab und nahm den Weg bis zum Panoramablick. Herr P. stand im Vorgarten und schaute nach den Rhododendren. Wir grüßten uns, und er fragte, ob ich schon Heizöl für den Winter »gebunkert« habe. Wir sprachen kurz über das Thema, er lud mich zum »Waldfest« ein, das in zwei Wochen stattfindet. Der Männergesangverein freue sich »über jeden Besuch«. Fünfzig Meter weiter endet das Waldgelände zur Linken. Ich blieb stehen, schaute noch einmal zurück und sagte (wie ich es an dieser Stelle oft tue): »Schattig und ernst, aber nicht düster«. (Prompt hatte ich den Anfang des »Parsifal« wieder im Kopf und musste heftig auf mich einreden, sofort an etwas anderes zu denken und keineswegs den »Parsifal« anzustimmen.)

Die grünen Maisstangen stehen schon hoch und unglaublich dicht hintereinander (oft nur mit zwei, drei Zentimetern Abstand). Geht man an dieser Militärparade vorbei, stehen sie besonders stramm, kein Blatt rührt sich, und die meisten sind unwirklich groß, fast wie Blätter von Bananenstauden. K. kam mir mit ihrem Hund entgegen, wir grüßten uns, und sie lud mich zum »Waldfest« des Männer-

gesangvereins ein. Ich war sehr höflich und fragte nach, was es Gutes zu essen gebe, da sagte sie, sie werde einen Kuchen backen, den ich unbedingt probieren müsse. Ich versprach zu kommen.

Der Feldweg (warum hat Heidegger dieses schöne Wort bloß so massiv mit seinem kleinen, theatralischen Text besetzt?) war trocken, nur in der Mitte schwache Wasserrinnen und Spuren von Öl. Auf den Wiesen zur Rechten einige Hunde, die um die Wette liefen. Ich erreichte die Straße und ging links weiter, an der Reihe der drei alten Kirschbäume vorbei. Eine Wolke von Krähen hob von dem mächtigen Kastanienbaum ab und taumelte hinüber zu dem Waldstreifen, an dessen Ränder sich eine Kuhherde zurückgezogen hatte. Selbst hier, im abgelegensten Westerwald, überholen einen in fünf Minuten sechs Autos, meist mit jugendlichen Fahrern, in »überhöhter Geschwindigkeit«. Fluchte laut und erinnerte mich kurz an meine Mutter, die immer gesagt hatte, es sei doch zum Heulen, dass solche Leute es einfach nicht schafften, »mit dem Arsch zu Hause zu bleiben«. (Nie hat sie das Wort »Arsch« sonst in den Mund genommen, es war in unserer Familie ein Fremdwort, in diesem Zusammenhang aber tauchte es immer wieder auf, als eine Reaktion auf äußerste Empörung und Wut.)

Erreichte die alte, dreihundertjährige Eiche und setzte mich für wenige Minuten gegenüber auf eine Bank. Die starken Blitzeinschläge haben dem mächtigen Baum schwer zugesetzt, das Grün ist viel schwächer als sonst und bedrohlich nahe am völligen Verschwinden. F. kam, auf einen Stock gestützt, vorbei. Wir grüßten uns, und ich fragte, ob er sich verletzt habe. In der Tat war ihm ein Traktor über den rechten Fuß gerollt, der Sohn war rückwärtsgefahren und hatte F. übersehen. Ich erwähnte das »Waldfest«, aber F. sagte, dass er nicht hingehe, wenn er den Stock noch nicht los sei. Ich erwiderte,

er solle kommen, sonst werde ich auch nicht hingehen. Er lachte und
schlug mit dem Stock wie aus Übermut auf den Asphalt.

Ging noch einige Schritte in Richtung der uralten Heimat und Zeu-
gungsstätte. Überlegte, ob ich mir den Blick ins Tal wirklich antun
sollte (die Rührung ist jedes Mal anormal stark), und tat so, als ob
ein Blick auf die Uhr mir bei diesem Entschluss helfen könne. Legte
dann doch den schrägen Weg durch den Tannenwald zurück und
kam an die bekannte Stelle, von wo aus ich den Hof und die Gast-
wirtschaft sehen kann. Dieses kleine Ensemble: Fachwerk, der Fluss,
ein Anbau, Scheunen, dort unten habe ich sprechen gelernt. Ich ver-
suchte, mich abzulenken, doch als ich einen Fischreiher auf die nahe
Wiese herabgleiten sah, war es aus. (»Ich möchte einmal ein Fisch-
reiher sein, aber ich bin noch kein Fischreiher ...« – die alten Er-
innerungssätze stiegen in mir hoch, als hätte ich seit dem Kindesalter
keine nennenswerten Schritte getan.)

Rasch zurück. An der Straße, die hinauf zum Tor führt, standen
kleine Tafeln, die zum »Waldfest« einluden. Es wird Schwenkbraten
und selbst gemachte Salate, selbst gemachten Kuchen und selbst ge-
machten Kaffee sowie selbst gemachte Musik und selbst gemachten
Tanz geben. Der Männergesangverein wird mehrmals singen.

Der Garten

Auf dem Land hatten wir keine Nachbarn, in der Stadt dagegen wohnten wir auf Miete in Wohnungen, von denen
keine einzige meinen Eltern je so richtig gefiel. Mein Vater hatte generell etwas gegen Wohnungen in Miethäusern,
und meine Mutter sagte mehrmals in der Woche, dass sie
einen Garten (wie auf dem Land) sehr vermisse.

Der Garten war aber kein übersichtlicher, sorgfältig beharkter und durchforsteter Garten, wie man ihn vielleicht in Schrebergärten oder als Vorgarten von Reihenhäusern antreffen kann. Er war vielmehr ein großes Gartengelände mit einem langen Treppenaufgang in Serpentinen, Aussichtsplateaus, Rhododendreninseln und allmählichen Übergängen (Lichtungen) in ein stattliches Waldgelände. Ein solches Gelände konnte man unmöglich so pflegen, wie man einen Rabatten- oder Gemüsegarten gepflegt hätte. Und doch begann meine Mutter jedes Mal sofort nach unserer Ankunft auf dem Land, im Garten zu arbeiten. Sie zog das Unkraut aus dem Boden und warf es in eine Schubkarre, und sie harkte zwischen den Azaleen herum, damit sie wieder etwas Luft bekamen.

Mein Vater aber tat so, als bekäme er das alles nicht mit. Er zog sich um und machte erst mal »einen weiten Gang« durch das Gelände. Der weite Gang bestand aus einem unablässigen Kreisen, Stehenbleiben und Schauen und aus immer derselben, mehrmals zurückgelegten Runde. Das konnte dauern, und manchmal machte ich zumindest eine einzige Runde mit, um zu hören, was meinem Vater aufgefallen war. Die Nistkästen mussten kontrolliert werden, die Fingerhutinseln sahen nicht gut aus, der Ginster hatte sich »zu zahlreich vermehrt«, die Buchsbaumreihen mussten beschnitten werden, die Farne standen zu dicht und ließen den Spätblühern zu wenig Platz.

Was mein Vater sammelte, war eine Liste mit Arbeitsaufgaben für die nächsten Tage. Dann würde er nicht am Stück, wohl aber Tag für Tag etwas auf dem Gartengelände tun. Er würde frühmorgens (kurz nach Sechs) schon einmal anfangen (für höchstens zwei Stunden), und er würde am frühen Abend bis zur Dunkelheit weitermachen. In den Stunden dazwischen aber würde er sich mit etwas anderem beschäftigen. Er würde andere »weite Gänge« (durch die Umgebung) machen, und er würde nach der Rückkehr von diesen Gängen zu meiner Mutter (die dann wiederum im Garten bei der Arbeit wäre), nur sagen: »Ach lass doch! Ich mache das schon!«

Einen bestimmten Teil des Tages im Garten zu verbringen, war also für meine Eltern selbstverständlich. Hätte es dort kein Unkraut und keine anderen kleinen Missstände gegeben, so hätten sie trotzdem dort »gearbeitet«. Denn das Arbeiten im Garten war keine harte, unfreiwillige oder lästige Arbeit, sondern ein Teil des Lebens, wie meine Eltern es unbedingt führen wollten. Dieser Teil musste im Freien verbracht werden, aber nicht passiv oder auf Stühlen beim Nachmittagstee (ich kann mich nicht daran erinnern, dass mein Vater jemals Tee getrunken oder irgendeinen Gefallen an einer nachmittäglichen Erfrischung in Gartenstühlen oder Korbsesseln gefunden hätte ... – schon »Sitzkissen« waren bereits ein Anlass für Spott: »lachhaft«, »wer braucht denn sowas?«, »ja, mein Gott, wo leben wir denn?«) Stattdessen musste man sich bewegen, die Pfade durch das Gelände entlanggehen, und das immer wieder, als begrüßte man jedes Gewächs und jedes Tier einzeln, das sich in den Sträuchern und Büschen aufhielt.

Genauso aber war es dann auch: Das Umhergehen, immer von vorn und von Neuem, war eine Kontaktaufnahme und eine Kontaktvertiefung. Tiere, Pflanzen und Bäume gehörten zu einem wie lebendige Wesen mit ausführlichen, langen Geschichten. Jeder Aufenthalt belebte und erweiterte das Wissen um sie und erforderte ihre Fortsetzung durch eine Praxis, die andere einfach nur »Gartenarbeit« nannten. Richtige Gartenarbeit aber war etwas anderes: Es war der Eintritt in ein sich gewöhnlich entziehendes Reich fremder Lebewesen, die man gepflegt und am Leben erhalten hatte.

Dabei ging es am wenigsten darum, dieses Leben wieder dekorativ und schmuckvoll aussehen zu lassen, nein, es kam eher darauf an, sich alten und vertrauten Zöglingen zu widmen, denen man ein möglichst langes Leben wünschte. Gemeinsam mit diesen Zöglingen wollte man existieren, nicht allein, und gemeinsam mit ihnen wollte man sich den Jahreszeiten stellen, um ihnen möglichst viel Schönes abzugewinnen.

In der Stadt aber war das nur beschränkt möglich, weshalb sie im Leben meiner Eltern auch nie die Hauptrolle spielte. Die Stadt war von Bedeutung, weil man Abwechslung brauchte, »frische Ideen« (meine Mutter) und »intelligente Unterhaltung« (mein Vater). Auf Dauer oder über einen längeren Zeitraum ließ sie sich nur ertragen, wenn man »weite Gänge« machte oder so tat, als befände man sich zumindest für einige Minuten auf dem Land. Dann öffnete mein Vater das Fenster unseres Wohnzimmers, schaute hinaus auf den großen Platz vor unserem Haus, blickte sich um und sagte Sätze wie etwa: »Die Hainbuche hat schon Blüten« oder »Die beiden kleinen Birken werden eingehen, sie stehen viel zu dicht an der Straße«. Solche Anfälle von Gartensehnsucht bewiesen, dass meine Eltern letztlich das ganze Jahr in ihrem Gartengelände unterwegs waren, manchmal durchgängig real und die übrige Zeit sporadisch und in ihren Träumen.

Und ich? Wie war das mit mir? Lange Zeit waren die Pflanzen keineswegs mit mir verwandt oder gar meine Zöglinge.

Ich kannte sie nicht genau, sondern höchstens beim Namen, und mit ihnen etwas erlebt hatte ich erst recht nicht. Anders war es schon mit den Tieren, deren Aufenthaltsorte im Wald oder auf dem Gelände ich genau nennen konnte. Und ganz anders war es schließlich mit den Bäumen, zu denen ich die besten Kontakte unterhielt. Bäume konnte man besteigen, man konnte auf ihnen wohnen, man konnte ihre toten Äste abschneiden, und man konnte all das sammeln, was sie auf den Boden warfen (Eicheln, Bucheckern).

Am schönsten aber waren die mächtigen Pappeln, die an Höhe und mächtigem Wuchs alles übertrafen, was sich in unserem Wald sonst noch befand. Die Pappeln waren hohe Fürsten, die in langen Reihen an Bächen oder Flüssen standen, unbeweglich und anscheinend ohne dickere Äste, mit im Wind flatterndem, aufgeregtem Blattwerk. Wie keine anderen Bäume leuchteten Pappeln im Sonnenlicht – und das besonders glänzend im Herbst. Lang gestreckt (und trotz ihrer enormen Größe doch schlank) reckten und dehnten sie sich in der Sonne.

Pappeln, Buchen und Eichen hatte ich zu zeichnen versucht, war jedoch damit gescheitert. Meine Bäume suchten keine zeichnerische oder künstlerische Nähe (das war etwas für die Impressionisten, wie ich später erfuhr), sie wollten vielmehr nur bestiegen oder am besten bewohnt werden. Auf einer großen Buche gab es nur für mich einen kleinen Bretterverschlag, in dem ich selbst bei starkem Regen sitzen konnte. Ich konnte hinabschauen auf unser Gartengelände, und ich konnte meinem Vater dabei zuschauen, wie er trotz des Regens weiterarbeitete, mit seinem alten (und in den Augen meiner Mutter hässlichen) Hut auf dem Kopf. Mein Vater tat so, als regnete es nicht, er beschleunigte nicht einmal das Tempo der Arbeit. Von oben bis unten nass schob er die Schubkarre durchs Gelände oder harkte eine Gartenpartie mit Hortensien. Manchmal hatte er nicht mitbekommen, dass ich im Buchenverschlag hockte und ihn beobachtete. Entdeckte er mich, rief er immer dasselbe: »Was für ein schönes, trockenes Plätzchen! Gute Verrichtung, Herr Bürovorsteher!«

Gedicht aus der Kinderzeit

1962, im Sommer
Auch der Ginster
ist jetzt verblüht.
Überall nur noch
fettes, wucherndes Grün.
Ich sage: Es ist genug,
ein paar Farben mehr könnte es schon noch geben.

1963, im Sommer
Die Pappeln neben dem Eingang zum Waldschwimmbad
Toben ausgelassen im Wind.
Sie locken Stürme, Blitze und Donner an,
die alle Badegäste in Windeseile vertreiben.
Ich aber bin im Freibad geblieben und sah,
wie auch die Pappeln sich duckten.

Die Übernahme

Meine Eltern leben nicht mehr, und ich bin frei, ihnen weiter zu folgen oder auch nicht. Seltsamerweise aber lebe ich wie sie in einer Großstadt und auf dem Land, und zwar genau da, wo auch sie gelebt haben und später gestorben sind. Ihr großes Gartengelände wird jetzt von mir »bearbeitet«, und wenn ich dort ankomme, mache ich wie mein Vater zunächst »einen weiten Gang« und versuche im Kopf zu behalten, was als Nächstes alles zu tun ist. Ich behalte es aber nicht so gut im Kopf wie mein Vater, deshalb muss ich es zur Sicherheit notieren.

Für diese Notate verwende ich in jedem Jahr den Gartenkalender einer Firma, deren Kalender mein Vater auch früher bereits benutzt hat. Seit Jahrzehnten gibt es den immergleichen dunkelblauen Kalender mit relativ viel Platz für die einzelnen Tage und mit reichlich Angaben und Hinweisen dazu, was während des Jahres zu tun ist. Eigentlich wusste mein Vater so etwas und bedurfte keiner Belehrungen, als wäre er ein Laie oder ein Schwärmer, der sich das Gartendasein erst beibringen muss.

Er hat in seinem Gartenkalender dann auch nicht länger gelesen, und wenn er überhaupt einmal einige Zeilen zur Kenntnis genommen hat, so hat er sie korrigiert oder ergänzt. Die Texte des Gartenkalenders behandelte er wie Empfehlungen einer Zentrale, die ihren unmündigen Untergebenen Verpflichtungen auferlegt. So etwas ließ er nicht mit sich machen, er strich vieles durch, schmückte die Ränder mit Ausrufe- oder Fragezeichen und notierte an manchen Stellen sogar deftige Kommentare (»Kompostieren, kompostieren! Gärten sind doch keine Toiletten!«)

Dass er überhaupt jedes Jahr einen Kalender bestellte, hatte nur einen einzigen Grund. Normalerweise wäre mein Vater nie auf den Gedanken gekommen, einen Kalender oder gar ein Tagebuch oder Journal zu führen. Wenn er etwas notierte, dann nur Berufliches (er war Vermessungsingenieur). Sonst aber schrieb er nie etwas auf, selbst Einkaufszettel (wie meine Mutter sie verwendete) waren ihm ein Graus, auch wenn es vorkam, dass er in einem Käseladen stand und vergessen hatte, was er einkaufen wollte. (Zur Verkäu*ferin:* »Na, sagen Sie schon! Wie heißt er, dieser Schimmlige, Zerlaufene? Blauweiß!«)

Der Grund, warum mein Vater in einen Gartenkalender notierte, hatte vielmehr mit Goethe zu tun. Dabei war Goethe meinem Vater mindestens so fremd wie Gartenkalender, die Laiengärtner durch das Gartenjahr führten und ihnen eintrichterten, wie sie ein Maximum an Komposterde erzielten. Mein Vater war auch nicht aus eigener Initiative auf Goethe und das Thema Kalender gestoßen. (Er las Goethe nicht, sondern hatte es nach einem Versuch, die Gartenpassagen der *Wahlverwandtschaften* zu lesen, aufgegeben. »So viele Fehler auf so wenigen Seiten!« war sein Kommentar gewesen.)

Sein erneutes Interesse an Goethe hatte also einer Vermittlung bedurft, und genau die hatte eine seiner Schwestern nichtsahnend übernommen, als sie ihm ein Buch über *Goethe und seine Gärten* geschenkt hatte. Wie erwartet hatte er nach ihrem Verschwinden gleich über das Buch gelästert, ohne einen Blick hineingeworfen zu haben. Er hatte spöttisch darin geblättert und ein Zypressengedicht entdeckt (*Ach, Zypresse, hoch zu schauen,/mögest Du Dich zu mir neigen …*). »Was für ein Unsinn!« hatte er gesagt, »ausgerechnet eine Zypresse! Wie soll so ein Baum sich denn neigen? Tut er niemals! Aber mit Birken, die so etwas tun, will er natürlich nichts zu tun haben! Eine Zypresse muss es mindestens sein!«

Nach einigen Tagen Pause aber hatte er sich noch einmal

für ein paar Minuten seinem Geschenk gewidmet und war auf einige Tagebuch-Passagen Goethes gestoßen. Sie waren recht kurz, und wider alle Erwartung kamen sie ohne jede Ausschmückung aus, etwa in der Art: *Im Garten. Viel Arbeit im Garten. Linden gepflanzt* – mehr hatte Goethe nicht über seine Gartentätigkeiten verlauten lassen. Anscheinend hatte er nur festhalten wollen, wann und wieviel und woran er gerade im Garten gearbeitet hatte. Sein Garten-Tagebuch war also eine Bestandsaufnahme der Arbeit und keineswegs eine auf literarische Überhöhung zielende Frühfassung zum Beispiel von Gedichten.

Nach dieser Lektüre hatte mein Vater sich seinen ersten Gartenkalender gekauft und von da an mit knappen Bemerkungen gefüllt: *Im Garten. Die Eiben zurückgeschnitten. Viel Arbeit beim Beseitigen des Mooses auf den Bruchsteinen unten. Das Gartentor gereinigt und abgeschmirgelt. Viel Laub aus den Abwasserrinnen der Zufahrt entfernt.* All diese Eintragungen hatte er mit seiner schönen Handschrift und einem Füller gemacht, ja, er hatte sich sogar dazu durchgerungen, vorn auf das Titelblatt einige Zeilen eines Goethe-Gedichts zu schreiben, als gäbe er seinem eigenen Schreiben damit ein charakteristisches Motto: *Wo ich wohne, / Zeigt die Melone ...* hatte er geschrieben, und in einem anderen Kalender: *Gott gibt die Nüsse, aber er beißt sie nicht auf.*

Es ist nicht richtig zu erkennen, ob er Zitate suchte, über die er sich insgeheim lustig machte, ich vermute so etwas aber schon. Seine eigenen Texte dagegen wirken vollkommen ernst und sachlich, halten sich an den trockenen Ton des Berichterstattens und schießen nur in seltenen Fällen über das Ziel hinaus: *Das Wespennest in der Frühe entfernt. Es am Nachmittag erneut entfernt. Am Abend über ein weiteres er-*

staunt und ohne Erklärung. Was hätte Goethe dazu gesagt? Oder: *Torf mit Kompost vermischt und auf den Gemüsebeeten vorsichtig verteilt. Wie verwendete Goethe den Torf? Wahrscheinlich für die Aufzucht von (mindestens!) Artischocken.*

An die zwanzig Gartenkalender hat mein Vater Jahr für Jahr bis zu seinem Tod mit solchen Aufzeichnungen gefüllt. Es gibt in ihnen keinen einzigen Satz, der von den Freuden oder gar Mühen der Arbeit berichtet. Anfänglich habe ich mich nicht getraut, meine eigenen Aufzeichnungen anders zu gestalten als er. Ich habe mächtig angegeben und übertrieben und so getan, als arbeitete ich nicht allein in unserem Gartengelände, sondern als arbeitete der Garten gleichsam auch mit: *Die Buchen spendieren ihre Bucheckern, als wollten sie einen drängen, wunderbare Pfannkuchen daraus zu machen.* Oder: *Wenn ich alte Eicheln zermahle, erscheint ihr Staub wie zerbröselte Marzipan.*

Mitten in meinem dritten Gartenkalender habe ich den väterlich-Goetheschen Ton dann aber endgültig aufgegeben. Ich habe die Übernahme meiner Pflichten als dramatischen Bruch mit meinen Vorgängern und seinen Ambitionen gestaltet und bin in die Offensive gegangen: *Ein halber Tag (sechs Stunden immerhin) im oberen Waldstück. Die toten Äste aufgelesen und ihnen den Scheiterhaufen bereitet. Ein gewaltiges Feuer von einigen weiteren Stunden, monströs und festlich, wie in altorientalischen Zeiten am Nil.* Was war geschehen? Ich hatte vielleicht zehn Ästchen in kaum einer halben Stunde gesammelt und ein Feuerchen entzündet, das nach kaum zehn Minuten erloschen war.

Die Diskrepanz zwischen meinen Ansätzen und der Wirklichkeit lässt sich nur dadurch erklären, dass ich zwar ein Gartenbewunderer, aber kein eigentlicher Gartenarbeiter bin. Nur jemand wie Goethe hat es geschafft, beides zu sein, ich aber muss zugeben, dass ich die Bewunderung der Gartendetails der regelmäßigen Arbeit im Garten vorziehe.

Nach wie vor mache ich »weite Gänge«, wenn ich auf unserem Gartengelände eingetroffen bin. Und danach notiere ich fleißig: *Direkt nach der Ankunft Kartoffeln geerntet. Im Keller gleich von der Erde befreit, später gekocht und dann mit Münsterländer Speck angebraten. Dazu der frische Spargel aus Schwetzingen, mitgebracht. Wunderbare Mahlzeit mit pfälzischem Rosé. Im Hochgefühl des Genusses mit K telefoniert, der morgen vorbeikommen wird, um das Kartoffelbeet wieder zu richten.*

Vögel im Garten

Ich liebe fast alle Vögel, die ich im Garten erkenne, nur die Eichelhäher finde ich wegen ihres aufdringlichen Krächzens oft etwas lästig. Sehr gemocht habe ich früher den Dompfaff, der so aussah, als hätte er Federn aus Samt und träte bei irgendwelchen Bühnenfestspielen im Fränkischen scharenweise im Chor auf. Leider zeigt er sich seit einiger Zeit seltener, vielleicht hat er einfach zu viele Verpflichtungen, mag sein.

Sehr froh bin ich aber auch, wenn ich zum Beispiel einen Pirol sehe. Sein Erscheinen adelt den Wald, denn in welchen Wäldern halten sich schon solche Vögel auf, denen man zutrauen könnte, geradewegs aus den Tropen eingeflogen zu sein. Das Rotkehlchen gehört auch zu dieser Spezies, nur dass es im Gegensatz zum Pirol durchaus um seine Besonderheit weiß.

Zu Zaunkönigen habe ich ein besonderes Verhältnis, denn Zaunkönige und ich – wir sind auf dunkle Weise verwandt. Vor langen Zeiten könnten wir einmal gemeinsame Vorfahren gehabt haben, Naturgeister, die sich aufopferungsvoll und mit hohem ästhetischem Sinn um ihre Nester kümmern, oder auch Waldsänger, die Bäume in ihrer Nähe als Publikum verstehen und jeden einzelnen anschwirren, um von seinen Ästen aus mit enormer Kraft einige Sekunden zu singen.

Bekomme ich einen Vogel zu sehen, wechseln wir für kurze Zeit zwar keine direkten Blicke, zeigen aber doch, dass wir uns in unserer Nachbarschaft wohlfühlen. Deshalb fliegen Vögel auch nicht vor mir davon, sondern bleiben auf der Stelle sitzen, mustern mit mir zusammen die nahe Umgebung, baden sich in einem Vogelpool oder tun so, als wären sie zur Abfassung einer Magisterarbeit mit der Erforschung des Bodens beschäftigt.

Wir gehören also sehr eng zusammen, wir bewohnen denselben Kosmos, obwohl wir ganz unterschiedliche Interessen mit ihm verbinden. Das Schöne an Vögeln aber ist, dass sie einen mit ihren Interessen (ganz anders als Haustiere) nicht nerven. Sie zeigen sich, wir haben viele Kontakte, aber sie ziehen sich danach auch wieder in Regionen zurück, die ich nicht genau kenne. Sie bleiben also durchaus auf Distanz, und sie leben ihr eigenes Leben, ohne sich ununterbrochen an einen Menschen zu wenden, um von ihm Zuneigung oder die nächste Schale Milch zu erbetteln.

Einige Vögel haben im Wald bestimmte Funktionen, wie zum Beispiel der Grünspecht, der jeden Baum abklopft und auf seinen Gesundheitszustand hin kontrolliert. Solche Expertisen gibt er an die Amseln weiter, die als Nachrichtensender angestellt sind. Einige wenige Vögel leben aber auch so extrem nur für sich, dass sie in diesem Kosmos der Lebensgemeinschaften höchstens durch Blödsinn oder Spott auffallen. Solche Vögel sind Elstern und auch der Kuckuck, dessen Rufe nur von Menschen verstanden, von anderen Vögeln jedoch als Schreie aus den hintersten Kammern der Psychiatrie verstanden werden. »Ku- kuck, Ku- kuck« – Spatzen halten so etwas für total verrückt, und Meisen behaupten, es handle sich um autistische Weckrufe.

An schönen Tagen nehme ich dann und wann Vogelrufe auf und trage sie später auf meinem Smartphone mit mir herum. Es ist sehr wohltuend, während einer ICE-Fahrt (allein in einem Abteil) plötzlich den Ruf des heimischen und mit mir eng befreundeten Neuntöters zu hören. Ich schaue zum Fenster heraus, draußen fliegt die fremde Landschaft vorbei. Doch: Ich wohne ein wenig, ja, ich bin für Sekundenbruchteile dort, von wo ich eigentlich gar nie mehr in die Fremde aufbrechen wollte.

Ein Stück Land

Seit über dreißig Jahren besitze ich ein merkwürdiges Stück Land. Es liegt an einer Eisenbahnstrecke, die in die Schweiz und weiter nach Italien führt. Früher wurde es von einem Bahnwärter und seiner Familie bewirtschaftet, die in dem Bahnwärterhaus, zu dem das Stück Land gehört, wohnte. Durch seine Fenster kann ich heute als Bewohner dieses Hauses auf die grüne Zone schauen, die sich in erheblicher Länge und geringer Breite bis zu einem verwilderten Waldstück vor einem Tunnel hinstreckt.

Beinahe jeden Morgen gehe ich kurz nach dem Aufstehen hinaus und durchwandere diese Landschaft. Es ist kein Garten, nein, obwohl diese Landschaft doch Bäume (Apfel,

Kirsche, Birne) und Sträucher (Johannisbeere, Himbeere) besitzt, die in einen Garten zu gehören scheinen. Sie passen aber nicht richtig zusammen, sondern stehen vereinzelt herum, als hätte der Zufall ihre Samen dorthin geweht. Auch Feigen gibt es und Hibiskus, und ganz am Ende ist der Zaun von wildem Wein zugewachsen.

Ein paar Pfade führen hindurch, man kommt in fünf Minuten geradewegs ans andere Ende, kann aber auch zehn oder fünfzehn Minuten gehen, indem man einen weiteren Weg (ich nenne ihn den »Wanderweg«) geht. Das Gras, die Bäume, die Sträucher und die mitten auf diesem Stück Land stehenden alten Gartenhäuser aus Holz kommen mir oft so vor, als wären sie ein fremdes, fernes Territorium. Sie scheinen nicht zu einer bestimmten deutschen Region, sondern zu weiteren, vielleicht sogar globalen Zusammenhängen zu gehören. Dieser Eindruck kommt wohl daher, dass es sich um ein Eisenbahngrundstück handelt. Die benachbarten Schienen und der Schotter färben ab. Sie stecken es an und bevölkern es mit Pflanzen, wie es sie nur an Eisenbahnstrecken gibt.

Schachtelhalm, Königskerzen, Kamille, Huflattich, Ranunkel, Spitzwegerich, Weidenröschen und Klee – das alles findet sich auf dem Gehweg, der an den Gleisen entlangführt, und all diese Pflanzen überspringen mit ihren Samen leicht die hilflosen Zäune, um sich auf meinem Stück Land auszubreiten. Jahr für Jahr geben sie ab dem Frühjahr den Ton an, vermehren sich schnell und locken noch fremdere (und darunter auch seltene) Pflanzen an. Dann blicke ich durch das Fenster meines Arbeitszimmers auf ein international oder multikulturell erscheinendes Stück Land, als befände ich mich in Nord- oder Süd-Amerika und in Europa zugleich.

Es ist schön, das alles blühen zu sehen und zu erleben, wie sich diese wilden Pflanzen, Bäume und Sträucher letztlich doch zu einem Ensemble verbinden. Es neigt sich den Zügen und ihrem Tempo zu, es begrüßt und verabschiedet sie in die Ferne. Es ist kein eingezäunter, enger Garten, sondern wahrhaftig ein Stück weites Land mit einer uralten Geschichte.

Auf kuriose Weise ist es mit meiner eigenen Geschichte aber ebenfalls eng und direkt verbunden. Meine väterlichen Großeltern waren Landwirte. Und mein Vater arbeitete für die Deutsche Bundesbahn. Und ich?! Als Besitzer und Bewohner des Stück Lands an der Bahn bin ich von Berufs wegen ein Eisenbahner-Landwirt. So lautet wahrhaftig die offizielle Bezeichnung für mich, und so ist der Name der Fachzeitschrift, die ich jeden Monat in meinem Briefkasten finde.

Ich bin sehr stolz darauf, ein Eisenbahner-Landwirt zu sein. Irgendwann, wenn ich all meine anderen Berufe aus Altersgründen aufgegeben habe, werde ich nur noch ein Klavier spielender, schreibender Eisenbahner-Landwirt sein. Ich werde meine exotischen Pflanzen betreuen und die Äste meiner Bäume im Herbst beschneiden. Große Feuer werde ich machen und das Holz meines Landstücks regelmäßig verbrennen. Und ich werde aus dem Fenster meines Arbeitszimmers schauen und das Gefühl haben, mein zweites Herz (uralt, viel älter als mein erstes) leben und schlagen zu sehen.

Oasen

Ein Platz in Köln

Oasen sind Räume oder Schutzzonen, die ich während eines Jahres oft mehrmals aufsuche. Mit ihnen verbinde ich lange zurückliegende Erlebnisse, an die ich mich gern erinnere. Es sind daher Räume, denen ich nicht nur vertraue, sondern die ich auch liebe. Sehe ich sie wieder, erlebe ich die vielen Vergangenheiten, die ich mit ihnen teile, von Neuem. So erscheinen sie wie intensive Zeitspeicher, die mir bestimmte Phasen meines Lebens vor Augen führen.

Oasen sind nicht groß, sondern überschaubar. Meist haben sie deutliche Grenzen, die nur für mich gelten und in meinen inneren Landkarten eine Rolle spielen. Nach außen hin sind sie abgeschirmt, nicht immer durch reale Zäune oder Mauern, wohl aber durch bestimmte Markierungen, die den jeweiligen Raum abstecken. Meist gibt es auch Übergangszonen, bei deren Betreten ich spüre, dass ich den Schutzraum der Oase allmählich verlasse. Halte ich mich innerhalb dieses Schutzraums auf, werde ich ruhiger und habe das Gefühl, dass niemand und nichts mir noch etwas anhaben kann. In Oasen bin ich (mehr oder weniger) zu Hause, deshalb haben sie etwas Intimes, das sich anderen Menschen kaum mitteilt.

Meine beiden Wohnsitze in Stuttgart (Großstadt) und

dem Westerwald (Land) sind die Primäroasen. Sie haben von der Anlage und der Größe her erstaunliche Parallelen. Beide liegen darüber hinaus sehr einsam und sind von größeren Garten- und Waldregionen gerahmt. Nachbarn gibt es nicht in der unmittelbaren Umgebung, sondern erst in größerer Entfernung.

Das Grundmodell der Oase ist der westerwäldische Wohnsitz, den ich in Stuttgart kopiert habe. Das Konzept und die Idee stammen nicht von mir, sondern von meinen Eltern, die etwa zehn Jahre nach Ende des Zweiten Weltkriegs das Oasenprojekt geplant und verwirklicht haben. Sie suchten sich ein einsam, aber hoch gelegenes Waldgelände mit weiter Aussicht, rodeten in diesem Wald eine Lichtung, platzierten auf diese Lichtung ein Haus und ließen den Wald ringsum weiter so wachsen, dass ein nach außen abgedichteter und geschlossener Lebensraum entstand.

Mit dieser Strategie reagierten sie auf die inneren Verwundungen durch die Kriegs- und Nachkriegszeit, in denen meine Eltern vier Söhne verloren hatten. Im Schutzraum der Oase rückten sie wie in einem nur gen Himmel offenen Naturensemble zusammen. Sie wollten für sich sein, nicht leicht zu entdecken, unauffällig lebend. Daher zogen sie sich auf einen versteckten Raum zurück, den sie dann ganz nach ihrem Belieben und für ihre Zwecke einrichten konnten, ohne sich mit anderen Menschen darüber verständigen zu müssen.

Damals, als sie ihre Landoase bauten, wohnten sie mit mir, dem Nachgeborenen, außerdem noch im Norden Kölns, an einem relativ großen Platz, der ringsum von Häusern umgeben war. Dadurch wirkte er geschlossen und wie ein Fluchtpunkt für all die, die von den verschiedensten, eher unruhigen Zonen der Stadt auf ihm eintrafen. Dort konnten sie durchatmen, sich auf eine Bank setzen oder den spielenden Kindern zuschauen, die (und das geht bis heute) einen Spielplatz aufsuchten.

Wenn ich in Köln bin, fahre ich fast immer zu diesem Platz, setze mich ein wenig ins Freie oder gehe in eines der Lokale in seiner unmittelbaren Umgebung. Ich bin zurück in den Ländereien der Kindheit, ich sehe unsere frühere Wohnung im ersten Stock eines Mietshauses, zufällig haben die Bewohner die Gardine etwas zur Seite gestreift, sodass ich sogar hineinschauen kann.

Plötzlich ist es sehr still. Meine Mutter befindet sich in der Küche, von der aus man nach hinten, in den kleinen Innenhof, sehen konnte. Französische Chansons aus dem Radio? Richtig, die hörte sie gern. Mein Vater ist noch bei der Arbeit und wird erst am frühen Abend heimkommen. Und wer spielt da Klavier? Richtig, das bin wohl ich, ich übe eine Partie aus den *Papillons* von Robert Schumann, die letzte, in der eine Glocke zu schlagen beginnt ...

Die Kölner Oase eines Platzes im Norden ist eine Traumoase. Jedes Geräusch verwandelt sich in ein Geräusch der Vergangenheit. Ich sitze und stehe, als hätte mich eine Zeitmaschine zurück in die Fünfzigerjahre versetzt. Solche Träume eliminieren die Zeit und ihr besonderes Gepräge. Sie abstrahieren und machen aus jedem gehörten oder gesehenen Detail etwas Zeitloses. Ein Klavier ist dann immer nur ein Klavier, und die Stücke von Robert Schumann sind über die Jahrzehnte dieselben. Würde ich sie jetzt wieder spielen, spielte ich sie so, wie ich sie als Kind gespielt habe. Würde ich jetzt in eine Birne beißen, wäre es eine Birne der Kindheit.

Solche Erlebnisse beruhigen mich. Was ist die Zeit? Auf dem Oasenplatz in Köln ist sie ein Nichts, ein Anflug, ein Wehen. Ich *existiere* – das sagt mir dieser Platz. Ich *existiere* und *lebe* – und ich empfinde beides nirgends so heftig wie auf genau diesem Grund. Es ist der, den die Eltern sich zum Zeitpunkt meiner Geburt ausgesucht hatten, es ist der städtische Schutzraum der frühsten Tage, es ist die Oase meiner ersten Blicke und der ersten Geräusche, die ich zu hören bekam.

Eine Abtei im Westerwald

Die Abtei Marienstatt (in der Nähe von Hachenburg) kenne ich ebenfalls seit meiner Kindheit. Sie liegt in einem Tal, durch das sich genau jener Fluss schlängelt, der während seines späteren Verlaufs am Hof meiner väterlichen Großeltern vorbeifließt. Mit dem Wagen nähert man sich der Abtei also von den Höhen her, man rollt langsam zu ihr hinab und kommt dann in der Nähe des heutigen Brauhauses zum Stehen.

Es gibt einen großen, barocken Klosterbau, eine Abteikirche und einen Klostergarten. Alle drei Komponenten gehören eng zusammen und bilden ein ausdrucksstarkes Ensemble. Der Garten überbrückt und richtet die Wege aus, die zur Kirche hinführen. Auf den schmal wirkenden mittelalterlichen Bau führt eine Allee alter Bäume zu, die Gläubige, Spaziergänger oder auch Pilger einfängt und zur Ruhe kommen lässt. Das Kloster schließlich bietet mit einem Gästehaus die Möglichkeit an, sich über mehrere Tage in die konzentrierte Stille und Ruhe des Raums zurückzuziehen.

So gesehen, ist diese Zisterzienserabtei eine Oase der Einkehr. Sie empfängt einen mit einem Bild geformter und in ihren Pflanzen und Sträuchern auf die heiligen Texte bezogenen Natur. Sie spricht von diesen Texten in Gestalt der Kirche und ihrer reichen Ausstattung, und sie bietet den Heimgeholten eine Unterkunft an für möglicherweise längere Zeit.

Das Angebot der Einkehr ist unmittelbar spürbar wie ein Akkord oder ein Sog, der durch die starke Ausrichtung aller Elemente auf etwas Zentrales entsteht. Ohne sich aufzuspielen oder gar Gebote zu verkünden, lockt das Abteiensemble damit, das Leben mit dem Betreten dieser Abtei zur Ruhe kommen zu lassen.

Die Voraussetzung wäre, dass man ernst machte mit dem entscheidenden Schritt: sich nicht länger von den Bildern des Draußen bestimmen, sondern sich heimholen zu lassen. Das wäre möglich, wenn der Heimkehrer eine Zelle beziehen, sich den Ordensregeln unterwerfen und mehrmals am Tag in einer Kutte erscheinen würde, um an den regelmäßigen Gebetszeiten der Mönche in der Kirche teilzunehmen.

Lockt die Abtei also letztlich mit dem Angebot, ein Mönch zu werden? Genauso habe ich es in der Kindheit immer empfunden. Natürlich kannte ich bereits Gotteshäuser, in denen Gottesdienste stattfanden, die von einem Priester oder von mehreren Priestern zelebriert wurden. Solche Gottesdienste dauerten meist eine Stunde, und man verließ sie mit dem Gefühl, Gott begegnet zu sein und der Kirche (sowie ihren Priestern) einen Besuch abgestattet zu haben.

Man ging wieder zurück nach Hause, während die Priester etwas ganz Ähnliches taten. Es war eine Begegnung innerhalb eines bestimmten Rahmens und für eine bestimmte

Dauer. Niemand wäre auf den Gedanken gekommen, ganze Tage oder Nächte in der Kirche zu verbringen oder gar auf Dauer in ihr zu leben.

Wenn ich als Kind in die Abteikirche kam, erschien ich dagegen meist nicht zu einem Gottesdienst, sondern viel häufiger zu einer Gebetszeit, in der sich die Mönche im Chorgestühl versammelten. Fünf Minuten vor Beginn kamen die ersten (aber woher kamen sie eigentlich? Aus dem Kloster? Ja, wirklich? Aber was hatten sie dort getan?). Sie nahmen im Chorgestühl Platz und blätterten in den dicken Lederfolianten, in denen die gregorianischen Notationen und die Texte für die Gebetszeit standen.

Der Auftritt der Schar, ihr allmähliches Erscheinen, ihr Platznehmen, Blättern und zur Ruhe Kommen, beeindruckten mich jedes Mal stark. Diese Mönche kamen nicht für ein paar Minuten oder eine Stunde hierher, sondern verbrachten ihr ganzes Leben in dieser Kirche und dem sich anschließenden Kloster! Oft versuchte ich, mir das konkret vorzustellen: Sie erwachten also morgens sehr früh und machten sich vielleicht schon vor dem Frühstück auf den Weg in die Kirche. Mittags und nachmittags hielten sie sich wieder einige Zeit in ihr auf, und am Abend blieben und beteten sie fast eine Stunde.

Das abendliche Gebet war das geheimnisvollste von allen. Wie ein nicht aufhören wollender Reigen zog sich der Wechselgesang hin, als spielte die Zeit keine Rolle mehr. Der Tag war an sein Ende gelangt, jetzt hatten die Stunden kaum noch Gewicht. Gebete, Anrufungen, Lektüre von biblischen Texten, schließlich (und die Zeit hatte sich wirklich endlos gestreckt) ertönte dreimal eine Glocke und markierte mit ihrem Klang das Erlöschen des Lichts. Im Chor wurde (als ob es wahrhaftig dunkel geworden wäre …, was es zum Beispiel im Sommer aber noch keineswegs war) eine Kerze zur Nacht entzündet und ganz zum Schluss kam das Weihrauchfass zum Einsatz und entließ die Mönche mit seinen fein gestreuten Wolken und ihrem Duft in die Zellen.

Der Abt ging ihnen voraus, und sie folgten langsam. Dann aber drehte er sich (als hätte er es sich noch einmal überlegt) nach ihnen um, blieb stehen und segnete jeden einzeln mit Weihwasser. Das Gerät, mit dem das geschah, war eine silbern glänzende Kugel mit vielen Löchern am Ende eines Schafts. Es hieß (wiederum geheimnisvoll genug) *Aspergill* und wurde vom Abt nach der Segnung an einen jüngeren Mönch oder Gehilfen weitergereicht. Die Mönche waren nacheinander durch eine Tür ins Kloster verschwunden, der Abt durchschritt sie als letzter. Und was geschah dann?

Gingen die Mönche jetzt gleich zu Bett (es war erst 20 Uhr)? Wahrscheinlich. Oder unterhielten sie sich noch eine Weile in einem Gemeinschaftsraum? Nein, sicher nicht. Aber wieso war ich da so sicher? Sicher war ich, weil ich den letzten Akt der Zeremonie (die stille, wortlose Segnung mit Weihwasser) als den eigentlichen Abschluss des Tages empfand. Nach dieser starken und einen beruhigenden Schlussstrich ziehenden Geste begann man keine Unterhaltungen mehr und kam auch sonst nicht mehr zusammen. Fernsehen?! Ausgeschlossen. Wer mochte nach einem solchen Abschluss zur »Tagesordnung« zurückkehren?! Jetzt galt nur das Zeremonielle: der Tag war beendet, vielleicht beteten viele noch allein in ihren Zellen »zur Nacht«.

Solche Rituale der Einkehr waren extrem. Als Kind empfand ich ihre Wirkung wahrhaftig wie eine Aufforderung, es den Mönchen gleichzutun und mich ebenfalls zur Ruhe zu begeben. Konnte man nach einer solchen Abendzeremonie noch pfeifend und feixend irgendwo ankommen oder auftreten? Ich wünschte mir, ebenfalls den Weihwassersegen erhalten zu haben. Das wäre der sichtbarste Ausdruck dafür gewesen, dass man auch von mir den »Gang in die Nacht« erwartete. Nichts anderes gehörte sich mehr, denn außerhalb dieses unbedingten Ernstes wirkte die Welt fahl und beliebig.

Wenn ich heute die Abtei besuche, ist das Moment der stillen Einkehr noch immer beherrschend. Es ist der spürbare und unbedingte Ernst, der mir unmissverständlich zeigt, wohin ich als gläubiger Christ eigentlich gehörte: in eine stille Zelle, in der ich mich murmelnd (und endlich dann: schweigend, wortlos) vom Tag verabschieden würde.

Marktszenen in Stuttgart

Neben meinem Wohnsitz gibt es in Stuttgart noch eine weitere Oase, die ich an den Wochenenden häufig aufsuche. Dabei handelt es sich um die Gegend um den heutigen Markt– und den alten Schillerplatz, beide nahe der großen Markthalle. In diesem Raum kaufe ich ein und bewege mich nach den Einkäufen meist noch stundenlang.

Auf dem Schillerplatz, der zentral von dem großen Schillerdenkmal Thorvaldsens überragt wird, befinden sich einige Verkaufsstände mit Gemüse und Obst, vor allem aber Stände mit Blumen und allerhand Eingemachtem. Auf dem benachbarten Marktplatz präsentieren sich viele weitere Anbieter aus der Region, natürlich gibt es auch hier Gemüse und Obst, Pilze, Marmeladen, Konfitüren und Wein – und das alles in einer üppigen Fülle, die einen, während man an den Ständen entlanggeht, laufend auf die ausgestellten Waren blicken lässt.

In der Markthalle schließlich gibt es die Stände der fremdländischen Händler aus Italien, Griechenland, Spanien, Ungarn oder Frankreich. Sie bieten die Produkte ihrer Heimatländer an, die man mit denen aus der nahen Region in der eigenen Küche kreuzt und verbindet. Auf diese Weise ist der Einkauf (den ich meist so lange wie möglich zu strecken versuche) eine Art Wanderung durch Stationen vieler unterschiedlicher Kulturen.

Die Verlockung besteht darin, an diesen Stationen den unterschiedlichsten Menschen mehr oder minder ausführlich zu begegnen. Jede Kultur ringt einem ein bestimmtes Zeitmaß für einen Aufenthalt oder ein Gespräch ab und verwickelt einen in spezifische Formen der Unterhaltung. Der Einkauf bei einem italienischen Stand ist zum Beispiel kein kurzes Bestellen, sondern kreist eher unaufhörlich und sehr detailreich darum, welche Produkte am jeweiligen Tag besonders gut, frisch oder attraktiv sind. Befindet man sich einmal in einem solchen Verkaufsgespräch, ufert es bald weiter aus. Man spricht über Italien, eine bestimmte Stadt, eine Region, man unterhält sich, während die Verkäuferin ein Produkt nach dem andern auspackt, einen kosten lässt und die verschiedensten Speisen in ihre einhüllende Suada packt.

Am griechischen Stand verläuft der Einkauf ganz anders. Meist erkennt mich der Besitzer bereits von Weitem, lacht mich an, kommt auf mich zu und vermittelt mich zu einem Verkäufer, der fast immer ein Mitglied seiner Familie ist. Ich wähle nicht lange aus, sondern kaufe genau das, was ich fast jedes Mal kaufe. Traumwandlerisch verläuft die Bestellung, und wenn ich einen Moment unachtsam bin, packt der Verkäufer ein, was ich noch gar nicht bestellt habe. So herrscht ein stillschweigendes Einverständnis, das keine vielen Worte braucht und mit der Hälfte der Zeit auskommt, die ich am italienischen Stand verbringe.

Habe ich die Einkäufe zu meinem Wagen geschleppt, kann ich die Wanderwege befreit gehen. Ich trinke einen Kaffee, verschwinde zu einem Glas Sekt in einer Tapas-Bar, finde mich in einer schwäbischen Weinhandlung ein und unterhalte mich mit der türkischen Zeitungsverkäuferin, die zu einer Zeitung immer auch einen Espresso serviert. Der wortgewaltige Verkäufer des Obdachenlosenblättchens will fotografiert werden, und die nahe Stiftskirche hat ihren Turm für Besucher geöffnet, sodass ich meine Marktoase der Lust auch von oben betrachten kann: die bunten Schirme, die sich über die Auslagen breiten, die langsam daherschlendernden, auf die Ware fixierten Menschen, Schillers andächtiges und todernstes Haupt.

All das zusammen bildet einen einzigen, großen Markt, mit Menschen, die auf ganz verschiedene Weise und immer wieder in ein mehr oder minder prägnantes Deutsch zurückfinden. Die Oase der Lust ist also auch eine Oase der Sprachen und ihrer Musik. Jedes Mal, wenn ich dort Zeit (an den besten Tagen von der Frühe bis zum Mittag, wenn der Zauber sich auflöst) verbringe, erscheint sie mir gerade deshalb als eine Oase des großen Romans. Grundieren würde ihn ein schwäbischer Bass aus Raunen und Grummeln, darüber aber würden sich die vielen fremden Stimmen bewegen: ekstatisch, lebensfroh und mit jener Anteilnahme am Nächsten, wie sie nur auf Märkten zu finden ist.

Nahe dem Ort Hasselbach im Westerwald gibt es ein etwa zehn Hektar großes Tal, aus dem mein Künstlerfreund Erwin Wortelkamp ein großes Naturgelände für Pilger der Kunst gemacht hat. Von seinem Wohnhaus, einem alten Schulgebäude am Rande des Tals, überblickt und dirigiert er die Landschaft, die eine typische Westerwaldlandschaft ist: leicht hügelig, vom Tal aus zu den höheren Rändern ansteigend, mit einem Bach, der das Gelände in der Längsrichtung durchfließt. Auf den Wiesen könnten Kühe weiden (früher haben sie es auch getan), und es gibt kleine, verschlossene Wäldchen, jedes anders und sich trotzig gegen die weiten Wiesen behauptend.

Im gesamten Gelände sind Arbeiten sehr unterschiedlicher Künstler verteilt, die Erwin Wortelkamp eingeladen hat, sich auf die Umgebung des Tals einzulassen. Von Weitem sind diese Arbeiten kaum zu sehen, höchstens einzelne ragen aus den Grüntönen dieser Oase heraus. Durchwandert man aber als Besucher geduldig das gesamte Ensemble (was einige Stunden oder besser noch einen halben Tag dauert), begegnet man auf seinen Wegen (die man frei wählen kann, sodass sich jedes Mal eine neue Wegkomposition ergibt) den Arbeiten gleichsam von Angesicht zu Angesicht.

Man bleibt stehen, umgeht ein Kunstwerk, bringt es in Verbindung zu der nächsten (aber auch der weiteren) Umgebung, bleibt wieder stehen und verankert sich so an einer Station der insgesamt fünfzig Stationen und Aufenthaltsräume, die man wie Raumkommentare erlebt. Manche breiten sich mit schweren Lasten aus, andere verstecken sich mit winzigen gestischen Gebärden, als wollten sie auf keinen Fall auffallen.

Wortelkamps Tal verwandelt Kunstwerke auf solche Weise in Charaktere, die Sprechformen ausbilden, sich gegenseitig unterhalten, Kontakt mit Bäumen und Sträuchern aufnehmen und jeden spröden Museumscharakter verlieren. Stattdessen begegnet man Lebewesen mit unterschiedlichem Alter und Launen, die eine geheimnisvolle, längst abgereiste Mannschaft von Magiern hinterlassen zu haben scheint.

Wo befindet man sich eigentlich? Ist das noch der Westerwald? Wie man weiß, gibt es »den« Westerwald eigentlich nicht. Er ist eine Behauptung und als Behauptung höchstens die Strophe eines dämlichen Soldatenschlagers. Sollte man sich darauf festlegen, welche Städte, Regionen oder Räume den Westerwald ausmachen, käme es selbst zwischen Westerwäldern zu keiner Einigung. Nicht einmal Personen, die zum Westerwald gehören und ihn vielleicht einmal geprägt haben oder prägen, könnte man fürs Erste nennen.

Es ist, als hätte der westerwäldische Naturraum (den ich zu jeder Zeit und in jedem Winkel dieses Mittelgebirges als solchen wiedererkenne) die Erinnerung an Dörfer, Städte und Menschen verdrängt. Was für eine seltsame Gegend: in unseren Vorstellungen und Fantasien »existiert« sie fast ausschließlich als Landschaft. Deren Details und einzelne Elemente fügt Wortelkamps Tal wie ein Puzzle zusammen. Hier besteht der Westerwald nicht nur aus diesen Zaunformationen oder jenen Hochsitzen, aus dem bleichen Grün dieser Weiden oder dem dunklen, sich schräg an einen Hügel anlehnenden Tannenwald, sondern aus all diesen Raumformationen zusammen.

Die Genialität der Komposition besteht in der Zusammenführung der Details zu einem weiten Bildensemble, das sich aus jeder Perspektive anders darstellt und mit jedem Schritt des Besuchers einen anderen Charakter erhält. Aber auch darin, dass Wortelkamp diesen (gleichsam zum Ideal hin gestalteten) Naturraum vielen fremden Sprachen ausliefert. Die westerwäldische Landschaft soll nicht länger schweigen und Besucher durch ihr Schweigen zur Anpassung nötigen. Die Arbeiten der Künstler bringen sie vielmehr zum Sprechen und machen sie endlich »beredt«.

An der berührendsten Station begegne ich einigen Fotografien des mit dieser Region so eng verbundenen Fotografen August Sander. Die alten Westerwälder Familien oder auch Einzelgänger sitzen oder stehen vor ihren Häusern oder auf ihren Äckern. Sie schauen einen vorsichtig und verhalten an: Kommt heraus ins Freie, möchte man ihnen zurufen, bewegt Euch, geht durch dieses Tal, es gehört Euch, ihr sollt es annehmen und Euch in ihm zu Hause fühlen, indem ihr die Fremdsprachen der Kunstwerke auch zu Euren eigenen macht!

Erwin Wortelkamps Tal ist eine Oase der Befreiung jener Region, aus der meine Familie und ich stammen. Wovon werden wir denn befreit? Von den Vorurteilen, den falschen und verdrehten, die der Westerwald hervorbringt oder die von ihm handeln. Und was erhalten wir stattdessen? Die Überführung des Westerwaldes in ein unglaublich treues, aber schamhaftes, sich erst nach vielen Anläufen öffnendes und schließlich (gerade noch rechtzeitig, im letzten Moment) befreit aufatmendes Gelände.

O-Ton: Gespräch mit Erwin Wortelkamp

W: Und – wie?!

O: Was meinst Du?

W: Wie gefällt Dir die neue Arbeit von Fassnitz, oben neben den
   Schwegler-Pilzen?

O: Großartig.

W: Hast Du gesehen, dass Fassnitz die Erde mit Netzen durch-
   zogen hat, die je nach Sonnenstand unterschiedlich reflektieren?

O: Ach was! Nein, das …

W: Und hast Du die gelungene Färbung der Netzstruktur durch
   die kleinen Basaltsplitter bemerkt?

O: Ich glaube ja … Du meinst …

W: Das Grau sticht von dem tiefen Braun des Ackers ab.

O: Das habe ich bemerkt, gleich, sofort.

W: Na gut, und das Grau verbindet sich natürlich mit dem
   helleren Grau der Kiesel unten im Bach …

O: Ja, genau, das ist genial.

W: … und das alles spiegelt ja letztlich das Wolkenbasaltgrau,
   das Du hier an vielen Tagen mitbekommst, wenn Du die Augen
   aufmachst.

O: Richtig, das bekommt man dann mit.

W: Wenn man die Augen aufmacht, nur dann! Sonst kann man
   gleich zu Hause bleiben und sich sein Einheitsgrau malen. Das
   Fernsehen ist ja zum Glück voll davon!

O: (laut lachend) Da hast Du recht.

W: Na endlich sagst Du es mal, jetzt habe ich drei Stunden auf
   ein Wort der Zustimmung gewartet.

Von allen meinen Oasen ist die römische Villa Massimo am deutlichsten als Oase erkennbar. Eine hohe Mauer umgibt sie, und das Gelände, das diese Mauer umkreist, ist ein in sich geschlossener Kunst- und Naturraum. Anfang der Neunzigerjahre war ich dort zweimal als Stipendiat, und in späteren Jahren habe ich die *Deutsche Akademie Villa Massimo* mehrmals als Gast besucht.

Ich habe Rom recht gut gekannt, bevor ich als Stipendiat auf dem unglaublich schönen Gelände im Norden Roms einzog. Gerade das hat mir die Chance gegeben, dieses Gelände zu nutzen und auch zu genießen. Ich war weder unruhig (auf Rom und alles, was ich noch hätte sehen müssen, fixiert) noch zu sehr mit meinen Arbeiten beschäftigt (wie es manche Stipendiaten sind, die Rom kaum zur Kenntnis nehmen). Ich konnte mich vielmehr tagelang einschließen und schreiben, um dann wiederum viele Tage durch die bekannten Quartiere zu streunen, alte Freunde zu treffen oder hinaus aufs Land oder ans Meer zu fahren, um dort Rom und alles Weitere zu vergessen.

Anfang der Neunzigerjahre bin ich jedoch in einem sehr schlechten Zustand in Rom angekommen. Krampfhaft habe ich zunächst versucht, mich in die Arbeit zu retten. Das wunderbare Ambiente des Villengeländes mit seinen alten Zypressen und Pinien habe ich nicht gleich an mich herangelassen, sondern für eine eitle Täuschung gehalten. Ein solches Terrain konnte es eigentlich nicht geben, es war eine Provokation, und das vor allem für jene, die mit dem gewaltigen inneren Jubel, den dieses Gelände in einem auslöst, nichts anfangen konnten.

Die »deutsche Misere« – sie bestand für viele Stipendiaten darin, die Villa Massimo verdächtig schön zu finden und gleich mit harscher Kritik zu beginnen: elitär, kitschverdächtig, poliert, größenwahnsinnig, weltfremd! Solche Stimmen waren auf dem Gelände eigentlich täglich und manchmal auch unablässig zu hören. Es handelte sich um die Fortsetzung des in Deutschland gängigen Eifers, alles und jedes mit einer angestrengt sozialökonomischen Perspektive zu kontrollieren. Das rundum Schöne darf einfach nicht sein. Kunst ist Fremdeln und entsteht durch Abscheu und Konfrontation. Harmonische oder gar leuchtende Momente in der Umgebung sind Zugeständnisse an die italienische Elitenkultur, die sich bekanntlich gerne und ausgiebig kunstfern in künstlich arrangiertem Gelände zu trüb belanglosen Festen tummelt.

Anfang der Neunzigerjahre bin ich vor diesen Kommentaren immer häufiger in die Stadt Rom geflohen. Tief in der Nacht kam ich von meinen Wanderungen zurück und saß dann oft noch Stunden allein im Freien: auf einer Bank vor dem großen Hauptgebäude oder auf der Terrasse, die zu meinem Studio gehörte. Die vielen Wanderungen, zunächst notgedrungen, dann aber immer leidenschaftlicher absolviert, machten mich allmählich gesund. Die Tage erhielten wieder Kontur, ich legte die verkrampfte deutsche Textarbeit beiseite und bewegte mich immer souveräner in einem guten Rhythmus außerhalb und innerhalb des Villengeländes, aus dem römischen Kessel emportauchend in die Oase des inneren Jubels und wieder zurückgleitend in das Dampfbad der Ewigen Stadt (die ich seltsamerweise nie als unruhig, hektisch oder auch laut empfunden habe).

Es hat keine einzige Stunde gegeben, in der ich mich

in der Villa nicht wohlgefühlt hätte, und doch war dieses Wohlbefinden immer ein anderes. Es war Ankommen nach starker Erschöpfung durch lange Wege, es war Konzentration während vieler Lektüren (und während des heimlichen Klavierspielens in einem Keller), es war aber auch ein Aufleuchten der heimatlichen Bilder in ganz unvertrautem, von der Ferne gesteuertem Sinn (so erinnerte ich mich plötzlich häufig an die römischen Mosaike in Köln: Roms frühe Gegenwart in einem Land, das den Römern unbegreiflich und absolut fremd vorgekommen sein musste – und das im Vergleich mit den Bildern des frühen Christentums in den römischen Katakomben).

Mit ihrer Geschlossenheit, ihren Mauern und ihrem lodernden Bildenthusiasmus war (und ist) die Villa Massimo eine Oase, die mir geradezu auf ideale Weise entspricht. Wenn ich jetzt noch einmal einige Tage dort bin, habe ich das Gefühl, in einer zweiten Heimat zu sein. Sie besteht aus Sphären elternloser Geborgenheit in einem Leben, dem es (spät genug) gelungen ist, sich neu und selbstständig zu erfinden.

O-Ton: Ein Stipendiat (Künstler, aus Herne 2)

Ich sag mal, es ist gar nicht so leicht, sich hier zu behaupten. Das fängt ja schon mit der Hitze am Morgen an. Früh um zehn ist die Sonne einfach überall, und das musst du erst mal ertragen. Und dann die Grillen. Die zirpen dich seit Sonnenaufgang komplett zu, dass du wahnsinnig wirst. Heide kommt damit auch nicht gut klar, und den Kindern stecken wir Ohropax in die Ohren. Wir frühstücken meist so gegen elf, und dann sage ich: raus, jetzt zieht mal Leine, ich arbeite jetzt, und da kommt mir keiner hier in die Quere! Heide mault im-

mer herum, das ist gar nicht in Ordnung, denn sie steckt die Kinder an, die sowieso den halben Tag maulen. Mal ist es zu heiß, mal zu laut, mal wissen sie nicht, was sie spielen oder anfangen sollen. Das ist echt ein Problem: dass außer mir niemand aus der Familie so genau weiß, was er hier anfangen soll. Du kannst nicht den ganzen Tag auf dem Gelände verbringen, das geht nicht, da wirst du rammdösig von. Du kannst aber auch nicht den ganzen Tag durch Rom ziehen, das bringt es auch nicht, weil es dich komplett verrückt macht. Der Lärm, die fremde Sprache und dann das italienische Essen, von dem alle schwärmen. Schwachsinn! Jedes Mal, wenn wir ausgehen, sind wir in eine Falle gelaufen und bekommen ein Zeug serviert, dass du dich schämst, diesen Betrügern aufgesessen zu sein. Für wie doof halten die einen eigentlich? Eine Pizza sieht aus wie ein löchriger Schuhabtreter mit Ölflecken, und die Nudeln sind so verpappt und verklebt, als hätten sie Klebemittel in die Sauce getan. Wir haben es aufgegeben, draußen zu essen, die Kinder haben ja auch laufend gespuckt und gespien und gesagt, in Herne ist es viel besser, da gibt es wenigstens anständige Pizzen, schön dick, wie Omas Kuchen, nur salzig statt süß, und mit großen roten Tomaten aus der Dose ganz obendrauf …

Glauben

Die subtilen Formen des Glaubens

Als Kind bin ich mit dem christlichen Glauben rheinisch-katholischer Prägung nicht durch Dogmen und Gebote, sondern auf viel subtilere Weise vertraut gemacht worden. Im Grunde habe ich die Macht und die Eingriffe des Glaubens in unser familiäres Leben nicht einmal als etwas Besonderes oder Fremdes wahrgenommen. Lange Zeit dachte ich zum Beispiel, es sei selbstverständlich, morgens und abends ein Gebet zu sprechen, an Sonn- und Feiertagen in die Kirche zu gehen, dann und wann die Sünden zu beichten und das Neue Testament sowie viele Kirchenlieder gut zu kennen.

Diese Texte gaben den Ton des Lebens an, auf sie konzentrierte man sich, und man erfuhr in den Gottesdiensten mehr oder minder überzeugend, wie man sie zu verstehen und zu deuten hatte. Angewandt und auf unser Leben bezogen, vermittelten sie einige Grundregeln des Verhaltens, die in der Kindheit noch etwas Einfaches und Elementares hatten: Man sollte den Eltern gehorchen, man sollte sich nicht mit anderen prügeln, man sollte nicht die Unwahrheit sagen und man sollte weder stehlen noch eifersüchtig auf den Nächsten sein, der manches erheblich besser konnte als man selbst. (Dass man den Nächsten sogar lieben solle, war eine extreme Empfehlung, die äußerste Anstrengung erforderte und meist nicht zu bewältigen war).

Die Glaubensgrundsätze, die der Herr Jesus einem im Neuen Testament wie ein Vermittler zwischen Himmel und Erde nahebrachte, waren keineswegs kompliziert. Ein Kind konnte sie gut verstehen und sogar für vernünftig halten. In Fragen des Glaubens schien es außerdem raffinierte Aufteilungen zu geben, die einem den Zugang zu den Texten und den Lebensregeln zusätzlich erleichterten.

Ganz oben im Himmel, unendlich weit und unerreichbar entfernt, thronte Gottvater, mit dem nicht zu scherzen war. In der kindlichen Vorstellung hatte er etwas Strenges und Beharrliches und war daher eher eine konservative Instanz. Das war im Fall des Herrn Jesus schon etwas anders. Er wusste um die Strenge des Vaters, und er versuchte, sie für die Menschen erträglich zu machen. Die Zehn (strengen) Gebote stammten schließlich nicht von ihm, vielmehr hatte er seine eigenen Gebote in viel vorsichtigere Formulierungen gepackt.

Es gab kein »Du sollst/Du sollst nicht«, sondern (im *Vater unser*) eine Anrufung Gottvaters, die ein Schuldgeständnis enthielt. Die Menschen hatten Schuld auf sich geladen, und der Herr Jesus legte ihnen die Formulierung nahe, um die Vergebung dieser Schuld zu bitten (... *und vergib uns unsere* Schuld – so hieß es). War diese Schuld aber vergeben, sollten auch die Menschen all jenen die Schuld vergeben, die wiederum an ihnen schuldig geworden waren (*wie auch wir vergeben unseren Schuldigern*).

Solche raffiniert formulierten (und geradezu spitzfindigen) Abgleichungen zwischen der Schuld der Menschen gegenüber Gott und der Schuld, die Menschen anderen

Menschen gegenüber auf sich geladen hatten, gehörten eindeutig nicht mehr zum Alten Testament der Zehn Gebote. Sie stammten vielmehr aus dem Geist des Neuen Testaments der freundlich-friedfertigen Verhandlungen zwischen dem strengen Gottvater und der Menschheit, in die sich der Herr Jesus wie ein Diplomat einschaltete. Ganz zu schweigen von der Gottesmutter Maria und den vielen Heiligen, die ihr Leben ebenfalls solch schwierigen Verhandlungen gewidmet und dafür viele einleuchtende oder auch interessante Wege gefunden hatten.

Als Kind machte ich mir darüber Gedanken, der Glaube beschäftigte mich, aber, wie gesagt, er beschäftigte mich nicht deshalb, weil ich unter den strengen Geboten litt, sondern weil ich hinter die Geheimnisse kommen wollte, die in den biblischen Texten oft nur umkreist und dann mit Hilfe viel zu vieler Gebete beiseitegemurmelt wurden. Gegenüber meinen Eltern äußerte ich mich darüber nicht. Es war mir wohl ein wenig peinlich, den theologischen Grübler zu spielen, während für sie doch alles feststand und sie in keinem Moment daran dachten, sich länger über ihren Glauben Gedanken zu machen.

Als mir trotzdem einmal die Frage herausrutschte, warum Gott eigentlich die Welt geschaffen habe, quittierte mein Vater sie mit der Bemerkung, so etwas wüssten wir nicht und es gehe uns auch nichts an. Wohl aber wüssten wir, *dass* Gott die Welt geschaffen habe, und dieses Wissen genüge vollauf. Auch im Religionsunterricht waren solche Antworten beliebt: Wir Menschen wussten das meiste nicht, und es ging uns auch nicht das Geringste an. Schließlich hatten wir mit den vielen Texten, die Gott uns hinterlassen und zum Studium aufgegeben hatte, genug zu tun. Amen, setzen.

In gewissen Momenten der Kindheit war ich über solche Vertröstungen (die manchmal auch etwas von einer rigiden Abfuhr hatten) verärgert. Anscheinend wollten viele Erwachsene sich über bestimmte schwierige Fragen weiter keine Gedanken machen. Sie waren faul und stellten sich dumm. Einem ernsthaft gläubigen Christen aber konnte das nicht genügen. Und was folgte konsequenterweise daraus? Ich hätte mich später dem Studium der Theologie widmen und Priester werden müssen. Damit hätte ich den Weg hin zu einer ernsthaften Beschäftigung mit diesen schwierigen Fragen eingeschlagen. Ich hätte sie nicht ignoriert, sondern mich ihrer angenommen.

Dass es nicht dazu gekommen ist, lag zum einen daran, dass ich eine Passion (das Klavierspielen) entwickelte, die mich vom Theologiestudium abhielt. Hätte ich eine solche Passion nicht gehabt, wäre ich aber wohl auch kein Theologe geworden, und zwar deshalb nicht, weil ich insgeheim meinem Vater doch recht gab: Der Glaube war nichts zum Zergrübeln, und die Personen, die damit begannen und ein Leben lang nicht davon loskamen, hielten sich oft für unangemessen wichtig, begründeten neue Kirchen und zogen Anhänger an sich, die Andersgläubige malträtierten oder sogar totschlugen.

Glaubenskriege zu entfachen – daran war mir aber am wenigsten gelegen, denn sie waren nichts als mörderisch und der schlimmste Verstoß gegen alles, was Gottvater und sein Sohn gepredigt und miteinander verhandelt hatten. Statt ein streitbarer, jedes Komma der heiligen Schriften durchforstender Theologe zu werden, hätte es vielleicht noch die Alternative gegeben, ein frommer, bescheidener und meist stillschweigender Mönch zu werden. Diesen Lebensplan behielt ich im Hinterkopf, als letzte Alternative, wenn meine Passionen alle gescheitert wären. (Seltsamerweise steckt dieser Plan noch immer in dieser Kopfregion, ich habe ihn aufbewahrt, was viel über mein Leben verrät.)

All diese merkwürdigen Überlegungen, die in meiner Kindheit begannen und sich bis heute fortgesetzt haben, beweisen mir, wie subtil der Glaube in mich eingedrungen ist. Er beschäftigte mich ein Leben lang. Mal werde ich zu einem grübelnden Frager, dann wieder zu einem selbstlos betenden, frommen Mönch, schließlich setze ich mich an eine Orgel, und zum Schluss dirigiere ich begleitend zum Orgelspiel noch einen Chor, der das Loblied der Engel anstimmt. Manchmal kommt mir der Glaube daher unheimlich vor. Er ist so tief in mich eingedrungen und hat mein Leben so sehr bestimmt wie kaum etwas anderes sonst. Seine Texte sind die Urtexte meines Lebens geblieben, und seine Empfehlungen sind die, denen ich, so gut es ging, gefolgt bin.

Das Gotteshaus

Ich gebe mir oft Mühe, diese subtile Unterwanderung meines Lebens durch den Glauben aufzuklären und hinter seine Geheimnisse zu kommen. Dem werde ich weiter und anderswo genauer nachgehen. Immerhin habe ich aber bereits einen bestimmten Komplex des Glaubens etwas erhellt, und dieser Komplex hat mit der Gestalt der christlichen Gotteshäuser und ihrer Wirkung auf mich als Kind zu tun.

Nehme ich es genau, sind Kirchen die ersten mehr oder minder großen, fremden Wohnungen gewesen, die ich in meinem Leben besucht habe. So jedenfalls wurden sie mir seit Kindestagen erklärt: es handle sich um Wohnungen Gottes, in denen er die Menschen (bei sich zu Hause) zu einem kurzen Besuch oder zu längeren Aufenthalten empfange. Dabei handelte es sich aber nicht um Wohnungen gewöhnlicher Art, wie ich sie bei Freunden meiner Eltern oder bei Nachbarn kennenlernte. Es waren vielmehr Behausungen, die in einem geradezu verschwenderischen Maß geplant und organisiert waren.

Man betrat sie meist nicht durch eine einfache Haustür, sondern durch ein Tor und stand dann oft in einer dunklen Vorhalle, in der einige Kerzen vor einem Marienbild brannten. Die Vorhalle war durch ein hohes Gitter vom Hauptschiff getrennt und machte als Empfangsraum bereits einen so starken Eindruck auf mich, dass ich meine Mütze von allein auszog und all meine Gedanken auf den vor mir liegenden Raum konzentrierte.

Mit anderen Überlegungen oder Fantasien, die mir draußen durch den Kopf gegangen waren, war es nun vorbei. Das Betreten einer Kirche machte mich nicht nur stumm, sondern verdrängte das Sammelsurium, das ich im Kopf hatte, auf einen Schlag. Ich war nicht in irgendeine Wohnung oder eine Hütte oder ein Zelt eingetreten, in das man sein voriges Leben mit hineinnahm, sondern ich stand von einer Minute auf die andere in einer ganz anderen Welt.

Wie diese Welt beschaffen war, konnte ich schon dadurch begreifen, dass in ihr nicht mehr laut gesprochen, sondern höchstens geflüstert wurde. Lautes, aber auch leiseres Lachen oder gar Kichern gab es in ihr überhaupt nicht. Die andere Welt war vielmehr die Welt eines einzigen, jede Bewegung bestimmenden Ernstes. Hier, in einer Kirche, ging es nämlich nicht mehr darum, ob man zu Mittag Blumen- oder

Rosenkohl essen oder später mit der Straßenbahn oder dem Bus fahren würde, nein, hier ging es um die Lebensfragen schlechthin: Gut oder Böse? Gott oder der Satan? Ewiges Leben oder Verdammnis?

Das Gewicht und die Schwierigkeit dieser Fragen waren es also, die mich kleinlaut oder stumm machten. Selbst die Nähe von Vater oder Mutter half nicht weiter und machte nicht wie sonst in schwer zu meisternden Lebenssituationen etwas Mut. Die Eltern standen vielmehr vor demselben Problem, vor dem auch ich stand. Jeder musste sich, ganz auf sich allein gestellt, vor Gott bewähren, denn Gott schaute auf jeden Einzelnen und nahm sich seiner so an, dass er ihn nicht mehr aus dem Blick ließ.

Unablässig angeschaut, nicht mehr aus dem Blick gelassen und damit durch die gesamte Kirche mit Blicken verfolgt zu werden – das war nichts Leichtes, sondern gehörte zum Schwierigsten überhaupt. Man bewältigte einen so anspruchsvollen Parcours nur dann, wenn man wusste, wie man sich in einer Kirche zu benehmen hatte. Kirchen waren nicht irgendwelche Rumpelkammern, in denen man ein paar Siebensachen verstaute. Und Kirchen ähnelten auch nicht Privatwohnungen, in denen die einzelnen Zimmer mehr oder minder aufgeräumt waren und man über etwas stolpern konnte, das an dem jeweiligen Ort gar nichts zu suchen hatte.

Stattdessen waren Kirchen die aufgeräumtesten Wohnungen überhaupt und darüber hinaus Wohnungen, in denen jedes einzelne Detail, jeder Gegenstand, jeder Raumausschnitt etwas zu bedeuten hatte. Nichts war hier noch zufällig oder beliebig, alles war durchdacht und hatte einen oft auch verborgenen Sinn, den man entweder kennen oder durch Nachdenken erschließen musste.

Was tat man zum Beispiel, wenn man die Vorhalle glücklich betreten und weiter durch eine Tür im hohen Gitter ins Hauptschiff wollte? Man ging vorsichtig und langsam, die Mütze in der Hand, hindurch und näherte sich dem Weihwasserbecken ganz rechts am großen ersten Pfeiler im Hauptschiff. Dann streckte man Zeige- und Mittelfinger der rechten Hand aus und führte sie (wieder: vorsichtig und laaang-saam) in das geweihte Wasser. Das geschah nicht zu tief, sondern so, dass man das Wasser höchstens streifte und die beiden Finger damit benetzte. Danach führte man sie zunächst an die Stirn und machte dann mit ihnen das Kreuzzeichen, indem man sie gegen die Brust und die Schultern rechts und links führte.

Nicht zu schnell das alles, laaang-saam (in einem Gotteshaus gingen auch die Uhren anders, sie tickten nicht, sondern standen still)! Und danach nicht gleich weitergegangen oder gar forsch durch das Hauptschiff, nein, jetzt ging es darum, sich andächtig zu zeigen. Die Andacht bestand in einem längeren Verweilen, still, auf der Stelle. Ich konnte dazu auch eine Bank aufsuchen und mich niederknien (auf keinen Fall hätte ich mich jedoch sofort auf die Bank setzen dürfen, als wäre ich zu matt oder zu lustlos, den Parcours fortzusetzen). Hätte ich eine Bank aufgesucht und niedergekniet, hätte das die Andacht um einige Minuten verlängert, denn schließlich kniete man sich nicht in eine Bank, um sie nach kurzem Niederknien rasch wieder zu verlassen.

Andächtig zu werden, bedeutete: sich in ein Gebet zu vertiefen. Im Stehen dauerte das nicht allzu lange, im Niederknien brauchte es etwas mehr Zeit. Ich kniete also nicht nieder, sondern betete im Stehen, während zum Beispiel meine Mutter immer niederkniete und dann sogar viele Minuten so verharrte. Nur mein Vater benahm sich (wieder einmal) anders als die meisten Gläubigen, die eine Kirche betraten. Er blieb nämlich weder betend stehen noch kniete er in einer Bank nieder, sondern betrachtete nur einen Moment den Hut, den er in der rechten Hand hielt. Was war denn mit diesem Hut? Nichts, es erschien ihm anscheinend nur merkwürdig, dass er ihn in der Vorhalle ausgezogen hatte und nun in der Hand hielt. War mit dem Hut alles in Ordnung? War er auch sauber?

Oft machte mein Vater eine kurze Bügelbewegung mit der rechten Hand über eine Hutkante, als stimmte etwas nicht. Diese Bewegung ersetzte im Ablauf seiner sehr besonderen Rituale das Gebet. Vater betete nach Betreten einer Kirche nicht richtig, sondern bügelte stattdessen kurz seinen Hut und brachte ihn damit wieder in Form. Das alles dauerte nicht länger als etwa zwanzig Sekunden, dann ging er weiter, durch das Hauptschiff, auf den Altar im Chor zu.

Hatten wir die Kirche betreten, um an einem Gottesdienst teilzunehmen, ging man jetzt nicht zielstrebig, sondern zögernd voran, bis man einen guten Platz in einer der vielen Bänke gefunden hatte. Wollten wir keinen Gottesdienst besuchen, schlugen wir eine Besichtigungsgangart ein. Sie bestand darin, mit hin und her gewendetem Kopf, mal nach rechts, mal nach links und immer wieder geradeaus schauend, wahrzunehmen, wie die Kirche aufgebaut war und was sich alles in ihr befand.

Aha, sie hatte im Hauptschiff also sechs dicke Pfeiler rechts und sechs dicke links. Vor jedem Pfeiler befand sich auf halber Höhe eine Figur, und da es nach Adam Riese insgesamt zwölf Figuren waren, konnte man wetten, es mit den zwölf Jüngern zu tun zu haben. Vermutete man das, musste man nur noch eine Figur herauspicken und nachsehen, ob man sie als Jünger identifizieren konnte. Lag einer solchen Figur ein Löwe zu Füßen, war die Aufgabe rasch gelöst, man hatte den Apostel Matthäus erkannt. Sind es dann also die Jünger?

Laaangsaam, nicht zu schnell weitergehen! Jede Figur wollte beachtet und angeschaut werden, deshalb hatte man sie schließlich vor den dicken Pfeilern postiert. Sie waren hohe Gefolgsleute Jesu und damit Gestalten, die im Leben der Kirche eine große Bedeutung hatten. An ihnen lief man nicht achtlos vorbei, sondern widmete jedem von ihnen etwas Aufmerksamkeit. Aha, das war der heilige Andreas – und der da, das war wohl Lukas – und dieser etwas Verlegene und abwehrend Wegschauende war bestimmt (ich hätte wetten können, weil ich mit ihm so meine Erfahrungen gemacht hatte) der heilige Thomas!

So ging oder schritt (oder »wandelte«) man durch das Hauptschiff. Keineswegs aber schlenderte oder spazierte oder flanierte man. Und erst recht machte man nicht (wie es längst üblich geworden ist) von jeder Figur ein Foto. (Man hätte das Foto entwickeln und später in ein Album kleben müssen, auch das hielt einen stark davon ab, ein solches Foto zu machen. Heutzutage gibt es keine Abzüge und Fotoalben mehr, deshalb macht fast jeder von fast allem ein Foto, speichert es auf seinem Handy und übergibt es damit dem endgültigen Vergessen.)

Ein Foto zu machen, unterließ man aber nicht nur, weil man sich später mit Abzügen und Einkleben in ein Album hätte beschäftigen müssen. Man machte es vor allem deshalb nicht, weil man das fotografierte Objekt nicht auf einem Foto festhalten, sondern im Kopf behalten wollte.

Darin nun wiederum war ich ein großer Meister. Verließen wir später die Kirche, spielte ich mit meinen Eltern oft das Spiel, das meine Meisterschaft bewies, ohne dass noch jemand daran hätte zweifeln können. Ich fragte nach den Figuren, die meine Eltern noch im Kopf hatten, und ich fragte (höherer Schwierigkeitsgrad) nach der Reihenfolge, in der die Jünger rechts und links vor den Pfeilern in Erscheinung traten.

»Am ersten Pfeiler rechts steht der heilige Lukas«, begann mein Vater, und meine Mutter sagte (etwas zu rasch): »Nein, der heilige Andreas!« Worauf ich (nicht zu rasch) sagen konnte: »Am ersten Pfeiler rechts steht der heilige Thomas, dann folgt Lukas, dann Bartholomäus, dann …« »Ist ja schon gut«, beendete mein Vater dieses Strebertum und wandte sich (oft leicht gekränkt) ab, um einige Minuten schweigend davonzugehen. Mutter und ich folgten, und Mutter fragte jedes Mal: »Wie machst du das nur?« Und ich antwortete: »Ich merke mir nicht die Figuren, sondern die Attribute der Apostel.« »Welche Attribute?« »Löwe, Stier, Engel …« »Die könnte ich mir auch nicht merken«, sagte meine Mutter. »Wenn man es raushat, ist es ganz einfach«, sagte ich.

Nun gut, vorerst befanden wir uns noch zu dritt in der Kirche und kamen dann in die Nähe des Chores an. Meist stießen wir hier auf die Kanzel, auf die der Pfarrer stieg, um von dort herab zu predigen. Möglich war auch, dass die Kirche in Kreuzform gebaut war, dann waren rechts und links Querschiffe zu erkennen. Sie machten alles noch eine Nuance schwieriger, denn nun mussten wir uns diesen Querschiffen zuwenden, um zunächst das rechte, dann das linke genauer in Augenschein zu nehmen. Befanden sich auch hier einige Figuren von Aposteln oder Heiligen? Gab es Altarbilder? Was war darauf zu erkennen?

Hatte man dieses Studium beendet, konnte man ins Hauptschiff zurückkehren und stand nun vor dem Chor. Weit hinten, in der Apsis, befand sich ein großer, kostbar geschmückter Altar. Und genau dort befand sich auch ein meist goldener Tabernakel, in dem die Hostien in einem ebenfalls goldenen Kelch aufbewahrt wurden. Die Apsis war daher die Zone des Allerheiligsten. Man näherte sich ihr nicht weiter, sondern blieb eine Weile andächtig stehen, nachdem man sich kurz verneigt hatte.

Danach ging man in eine Bank, um längere Gebete zu sprechen (mein Vater verweigerte sich wiederum). So kniete ich mich neben meine Mutter, schloss die Augen und begann zu beten. Damit war ich im Zentrum des Ernstes angekommen, den das ganze Gebäude ausstrahlte und einforderte. Nun kam es auf mich an, nun war ich dran: Ich sollte mit Gott sprechen, der mich empfangen und begrüßt hatte, ich sollte ihm danken und ihm von mir erzählen.

Oft hatte ich genau vor diesem entscheidenden Moment, auf den alles zulief, etwas Angst. Sie entstand aus meiner Befürchtung, ich könnte Gott langweilen. Was hatte ich ihm schon Besonderes zu erzählen? Und mit welchen Worten oder Gebeten sollte ich ihm danken, wenn ich es nicht so tun wollte, wie es wiederum fast alle anderen Kinder taten? Genügten jetzt ein *Vater unser* oder ein *Gegrüßet seist Du, Maria*? Höchstens in Notfällen, wenn ich sehr müde war oder mir absolut nichts mehr einfiel. Was aber sonst?

Ich hatte eine besondere Methode entwickelt, um mich aus der Verlegenheit zu befreien. Auf sie war ich gekommen, als uns ein Priester im Religionsunterricht der Schule auf meine Frage, wie wir zu Gott beten sollten, geantwortet hatte: »Erzählt ihm einfach etwas Schönes, das euch Freude gemacht hat. Das macht auch ihm Freude, und damit ist alles gut.« Und so begann ich einfach zu erzählen und sprach drauflos.

O-Ton: Kindesbeten (im Hintergrund spielt leise eine Orgel, der Organist probt für den Gottesdienst am kommenden Sonntag)

Lieber Gott, ich habe mir Mühe gegeben und im Turnunterricht einige Fortschritte gemacht. Die Rolle rückwärts beherrsche ich jetzt einigermaßen, obwohl es doch blöd ist, rückwärts und nicht vorwärts zu rollen. Kein Tier kommt auf eine solche Idee, aber die Turnlehrer denken sich so etwas aus, und das nur, weil es schwieriger ist als das Vorwärtsrollen. Über den großen Kasten springen kann ich noch nicht. Ich laufe immerhin an und habe den Kasten im Blick. Während ich anlaufe, wird er aber größer und größer und ist in dem Moment, in dem ich bei ihm ankomme und springen sollte, so hoch wie eine Wand. Ich bremse ab und knalle mit den Knien gegen das blöde Ding, alle Mitschüler lachen, und auch der fiese Turnlehrer lacht. Hahaha! »Dein Pferd hat den Absprung verweigert!« ruft er und lacht noch mehr, und ich bekomme eine furchtbare Wut, darf aber nichts sagen, weil er sonst noch fieser wird und mir vielleicht sogar eins drüber gibt. Ich versuche, die Wut zu mäßigen und aus ihr einen normalen Zorn zu machen, das geht aber nicht. Stattdessen denke ich an Dich, lieber Herr Jesus, wie sie Dich verhöhnt und ausgelacht haben, dann geht es mir besser, und ich tue so, als wäre mir all das Lachen vollkommen egal. Und weißt Du, wie ich das mache? Indem ich selber lache, ja, indem ich laut mitlache, jaja, indem ich so laut mitlache, dass alle aufhören mit dem Lachen: Indem ich am längsten und lautesten von allen lache! ...

Hatte ich ein ordentliches Gebet dieser Art hinbekommen, fühlte ich mich am Ziel unseres Ganges angekommen. Gott hatte mich durch seine Wohnung mit Blicken begleitet und wohl nichts an mir auszusetzen gehabt. Ich wiederum hatte seine Wohnung genau angeschaut, bis ich schließlich, ganz vorn, in der Nähe des Chors, sehr direkt mit ihm zu tun bekommen hatte. Mein Gebet war der Abschluss und der Höhepunkt des Besuchs. Gott und der kleine Besucher standen einander gegenüber und hörten einander zu. Ich beendete mein Gebet mit einem *Vater unser*, schlug das Kreuzzeichen und ging langsam (durch das Mittelschiff) wieder zurück zum Eingang.

Schon während des Rückwegs spürte ich eine gewisse Erleichterung und eine deutliche Stärkung. Ich hatte mich nicht nur richtig verhalten, sondern war anscheinend von Gott aufgenommen worden. Vielleicht hatte er sich sogar über meine kleine Erzählung gefreut. Viel hatte ich ihm natürlich nicht zu bieten gehabt, aber immerhin doch etwas Frisches, Neues aus meinem Leben. Ich hatte das Gefühl, dass er alles »mit Wohlgefallen« zur Kenntnis genommen habe. »Mit Wohlgefallen«, ja, so lautete die Formel für sein anerkennendes Entgegenkommen. Die Priester benutzten sie häufig, und sie war ausschließlich für Gott reserviert. Kein Mensch betrachtete etwas »mit Wohlgefallen«, nur Gott tat so etwas in schönen Momenten. Seltsamerweise konnte ich sein Wohlgefallen auch spüren, es meldete sich, wenn ich die Kirche nicht nur ruhig, sondern auch zufrieden verließ. Gottes Wohlgefallen bewirkte des Menschen Zufriedenheit — so war das, und es war jedes Mal ein aufregendes, großes Erlebnis.

Bis heute habe ich unzählig viele Gotteshäuser besucht. An der Art und Weise, wie ich sie besucht, studiert und meinen Gang zum Abschluss gebracht habe, hat sich nicht das Geringste geändert. Längst habe ich begriffen, dass es sich dabei nicht nur um einen Kirchenbesuch handelt, sondern dass diese besonderen Aufenthalte und Rundgänge eine Urerfahrung meines Lebens sind. Diese Erfahrung habe ich auf viele andere Lebensprozesse übertragen, zunächst ohne es zu wissen, später mit wachsendem Erstaunen.

Der Gang durch ein Gotteshaus ist nämlich kein gewöhnliches Gehen und Sich-Umschauen. Ich eigne mir dabei ein Gebäude an, das bis in jedes Detail auf ein Zentrum hin ausgerichtet ist. Die einzelnen Glieder des Baus und seine gesamte Ausstattung beziehen sich aufeinander und ergeben eine dichte Erzählung, die ein Besucher zu lesen verstehen sollte. Die Einzelheiten studieren, sie mit anderen verbinden, ein Ganzes herstellen – das sind die meist schwierigen Aufgaben, mit denen es der Besucher zu tun bekommt. Mit dem Eintritt in eine Kirche löst er die Verbindung zu seinem Alltag, in dem die Dinge ihm in beliebiger Folge und meist ohne Bezug zueinander begegnen. Er braucht sie nicht »zu verstehen« oder »zu deuten«, sie sind ihm durch seine Alltagserfahrung bekannt.

In einer Kirche aber ist das ganz anders. Sie präsentiert keine Säulen, Figuren oder Altäre, mit denen einen von vornherein etwas verbindet. Vielmehr befindet man sich in einer anderen Welt, die von den ernsten Dingen des Lebens (Tod, Auferstehung, Leben im Jenseits) handelt. Man begreift das gesamte Kircheninnere nur, indem man es durchschreitet und auslegt. Auf diese Weise wird man ein Teil des großen christlichen Kosmos, von dem die biblischen Texte erzählen und den sie zusammenhalten. Das Gebet am Schluss des Weges soll besiegeln, dass man den Gang zufriedenstellend absolviert hat. Man hat ein Puzzle zusammengefügt, die Architektur des Baus hat die Architektur eines Gangs bestimmt und im Denken und Erleben eine dritte Architektur hinterlassen: die einer kosmisch geordneten Welt.

Genau diese Form einer architektonischen, spirituellen Erfahrung habe ich später, ohne es zu ahnen, auf andere Erkenntnisprozesse übertragen. So habe ich Texte und Bücher gelesen, indem ich versucht habe, ihre »Architektur« und damit den Zusammenhang ihrer einzelnen Momente zu ergründen. Und so habe ich selbst Texte und Bücher geschrieben, denen ich eine innere Architektur verlieh.

Anscheinend habe ich Lesen und Schreiben als einen Gedankengang von der Art der Kirchgänge verstanden. Einen Text vorsichtig betreten, die Mütze ablegen, kurz innehalten – so beginnen die Parallelen. Dann den Text Zeile für Zeile ergründen, sich umschauen nach Bezügen, die Bezüge benennen, die Details ergründen und deuten und endlich (vor dem Zentrum) zu einem Abschluss kommen – so setzen sich die Parallelen fort. In der Kirche habe ich mich als »umsichtiger« Diener Gottes zu bewähren. Lesend und schreibend bin ich ein umsichtiger Diener des Textes und seiner Schrift.

Solche Parallelen spielen aber nicht nur im Blick auf Texte und ihre Deutungen eine Rolle. Sie sind auch in meinem täglichen Leben erkennbar. So werde ich unruhig, wenn ein Tag »keine Ordnung« hat. So ärgert es mich, längere Zeit einem rigiden (und damit nicht Bedeutung vermittelnden) Alltag ausgesetzt zu sein. So bestelle ich selbst eine einfache Mahlzeit (mit Suppe, Hauptgang und Dessert), als käme es darauf an, ihr eine »Architektur« zu verleihen.

Spirituelle Erfahrungen sind Erfahrungen einer anderen, zweiten, hochgradig konstruierten und mit Bedeutung durchtränkten Welt. Als Kind habe ich sie in den Gotteshäusern kennengelernt und war von ihnen danach so fasziniert, dass ich sie immer wieder gesucht habe. Alles und jedes sollte eine »Bedeutung« haben, selbst der Alltag sollte davon erstrahlen. So dachte ich (vor allem während einer bestimmten Zeit meines Studiums) darüber. Selbst »die Liebe« war in diesen Studienjahren nur interessant, wenn ich in ihr eine Architektur wittern und erkennen konnte.

So spürte ich als junger Mann den geheimen Zusammenhängen und Hintergründen des Lebens nach. Ich fühlte mich wie ein Nachfahre des jüdischen Schriftstellers Walter Benjamin, der zu einem Vorbild durch seine unablässige Suche nach den spirituellen Zentren von Texten, Städten und Leben geworden war. Die Welt ergründen, ihrem Schein nicht erliegen – das verlangte ich von meinen Lehrern. Der große französische Zeichendeuter und Schriftsteller Roland Barthes löste Walter Benjamin in der Reihe meiner Lehrer ab. Ich ging bei ihm in die Schule, um noch tiefere Schwingungen hinter den alltäglichen Dingen wahrzunehmen.

Inzwischen hat sich diese fast hysterische Spurensuche und der Wille, alles in einen Kosmos (einen Zusammenhang, ein System) zu zwingen, beruhigt. Sie ist aber keineswegs verschwunden, sondern nur gelassener geworden. Dieses Buch, *Was ich liebe und was nicht*, ist die Fortsetzung der Suche und ein Versuch, ihre Geschichten zu ergründen.

So gesehen, bin ich in diesem Buch zu einem Architekten geworden: Ich schreibe und baue an der »Kirche meines Lebens«. Sie steht in Köln (nahe St. Ursula) und hat eine Innenausstattung, die sich an italienische Kirchen der Renaissance und des Barock anlehnt. Statt eines großen Geläuts hat sie nur eine einzige Glocke. Es ist die Glocke der Dorfkirche meiner elterlichen, westerwäldischen Heimat.

Zeiten

Die innere Landkarte

Schon bald werde ich viele Verpflichtungen, die mein Leben bisher mitbestimmten, weniger haben. Ich werde die Zeiten eines Jahres freier planen und gestalten können. Längst träume ich von einem idealen Verlauf eines Jahres und frage mich, wie ein solches Jahr aussehen könnte, obwohl ich natürlich weiß, dass es so etwas niemals geben wird. Darauf kommt es aber nicht an. Vom idealen Jahr zu träumen, reicht vielleicht schon, denn dieses Träumen bedarf bestimmter Fragen, Strukturen und Antworten – und genau sie sind das Interessante an der ganzen Träumerei.

Also los! Womit würde ich anfangen? Als Erstes würde ich mich fragen, wann ich in welcher Jahreszeit zu Hause bleiben oder verreisen, wohin ich eventuell reisen und was ich konkret zu Hause oder unterwegs erleben würde. Dabei würde ich mich auf jene Orte und Räume konzentrieren, die ich gut kenne.

Miteinander verbunden, bilden sie eine innere Landkarte, auf der jene Gegenden und Regionen abgebildet sind, in denen ich mich bisher nicht nur aufgehalten, sondern gerne gelebt habe. Es geht daher nicht um Städte oder Landschaften, die ich einmal flüchtig durchfahren habe oder in denen ich nur für ein paar Tage gewesen bin, nein, ich meine bestimmte »Herzensorte« und damit Räume, die ich oft aufgesucht habe. Viele von ihnen haben sich dadurch den Status einer »zweiten Heimat« erworben.

In »zweiten Heimaten« habe ich gute Freunde und bin daher nicht nur zu Gast. Freunde und Bekannte erwarten mich vielmehr bei jeder Anreise und begrüßen mich, wenn ich erscheine, mit derselben Formel: »Na, da bist Du ja wieder! Trinken wir ein Glas zusammen?« Wir trinken ein Glas zusammen, und während wir das tun, resümieren wir in zwei, drei Stunden, was seit unserer letzten Begegnung alles passiert ist. Wir gehen den zurückliegenden Zeitraum rasch durch, bringen etwas Ordnung hinein und kommen schließlich in der Gegenwart an: »Salute! Was hast Du heute vor? Unternehmen wir etwas zusammen?«

Wollte ich meine innere Landkarte skizzieren, käme ich zu verblüffenden Ergebnissen. So habe ich mich, was den Norden betrifft, nie über die deutsch-dänische Grenze hinausbewegt. Niebüll und Seebüll in Schleswig-Holstein (mit Emil Noldes Haus und Garten) waren das Äußerste, was ich an Norden lieben und kennengelernt habe. Norwegen, Schweden und Finnland dagegen sind nie betretene, weiße Ländereien, mit denen mich nicht einmal einige konkrete Fantasien, sondern höchstens Klischees verbinden. Das einsame Holzhaus an einem einsamen finnischen See, auf dem einsame Menschen rudern und in dem sie schwimmen, habe ich als verlockend empfunden, aber nie aufgesucht.

Auch von Großbritannien habe ich mich (aus mir völlig unverständlichen Gründen) bis auf London ein Leben lang ferngehalten. London dagegen hat mich während vieler Aufenthalte ungeheuer elektrisiert. Die großen Konzerthallen, die wunderbaren Museen, die weiten Parks, in denen man sich unter vielen Menschen, die alle dasselbe tun, doch gut verlieren (und damit für sich bleiben) kann, haben mich angezogen.

London würde ich also immer wieder aufsuchen, bevorzugt im Herbst und (aus sentimentalen Gründen) in der Adventszeit. Sie fand ich (in einer Großstadt) fast nie erträglich, weil mich der überall vorhandene Adventsrummel stark abstieß. Natürlich gibt es diesen Rummel auch in London, es ist aber ein anderer als der, der mir zum Beispiel in deutschen Großstädten begegnet. Es handelt sich um einen gelassenen und doch übermütig britischen Rummel. Die Weihnachtsmänner nehmen ihr Amt nicht so wichtig und hängen lieber in den Pubs bei einem *pint of bitter* ab, und in den großen Warenhäusern herrscht eine Stimmung wie in einem Musical von – sagen wir – Elton John. Hier ein Chor, dort eine Tanzeinlage, die Verkäufer singen gewitzte Balladen, und irgendwann erscheint ein Orchester und zieht von der Spielwarenabteilung hinab in den Keller, wo man die Feinkost lieber im Advent als zum Fest in gewaltigen Mengen verzehrt.

Schaue ich nach Westen, so käme in den Niederlanden Amsterdam und in Belgien Brüssel infrage. Amsterdam wäre etwas für späte Herbsttage, die ich ausschließlich Rembrandts Werk widmen würde, und in Brüssel ginge es ebenso ausschließlich um das Werk von René Magritte.

In Frankreich könnte ich mich, wenn ich es darauf anlegte, ein halbes Jahr aufhalten. Ich würde (mit vielen Stationen unterwegs) an der Seine entlang aufs Meer zu fahren, die Schlösser an der Loire aufsuchen, von Bordeaux aus an den Atlantik reisen, in Arles und Aix-en-Provence einige

Zeit im Frühherbst verbringen und von dort (über Lyon) Paris ansteuern.

Paris! Die französische Hauptstadt wäre etwas für das Frühjahr und den gesamten Herbst und das Zentrum meiner Frankreich-Obsessionen, während niemand mich länger nach Spanien bringen würde, höchstens im späten Frühjahr einige Tage nach Madrid, aber keineswegs auf bestimmte Inseln im Mittelmeer. In Portugal würde ich Lissabon im Frühsommer, sonst aber keine weitere Stadt oder Landschaft bereisen, selbst Porto nicht und auch nicht Coimbra.

Führe ich von Deutschland aus in den Süden, kämen Wien für ein paar Tage im Frühjahr (aber nicht länger) infrage, in der Schweiz unbedingt Bern und Zürich (in dieser Reihenfolge) sowie (im Winter) ausführlich das Engadin, mit Sils-Maria als zentralem Ort für viele Ausflüge (ohne Ski!) in die Berge.

Italien! Hätte ich einen radikalen Anfall, würde ich alle anderen Länder komplett streichen und das ganze Jahr in Italien verbringen, und zwar in Florenz, der Toskana und Umbrien, in Siena, Rom und Neapel, an der Adria (mehrere Wochen im Sommer) und schließlich auch in Sizilien (im März). Venedig und seine Lagune wären ebenfalls etwas für die Monate März und April, keineswegs aber für die nachfolgenden, erst im späten Oktober würde ich wieder hinreisen und dann bis in den späten November bleiben.

Und was ist mit dem Osten? Mit Slowenien, Tschechien, der Slowakei, mit Ungarn oder Polen? Nein, da würde ich passen, ich kenne mich dort einfach nicht aus. Nun gut, das ist jämmerlich, das Jahreszeiten-Leben des idealen Jahres beschränkt sich bis hierher auf ein erschreckend kleines europäisches Territorium im Westen und Süden Europas, mit der Ausnahme London. Ja, das stimmt, es ist erschreckend und jämmerlich. Und wie steht es mit Griechenland und der Türkei? Ich komme gleich auf diese beiden Länder zu sprechen.

Dann sollten wir, damit es nicht peinlich wird, doch ein paar weitere Sprünge auf dieser Erde hinzufügen, also Russland, China und Japan zum Beispiel, Israel und Ägypten, Kongo und Senegal, die arabischen Staaten, Australien sowie Mexiko, Brasilien und die USA. Nein danke, abgelehnt. Abgelehnt, alles? Im Falle von Israel und Ägypten bin ich nicht sicher, sonst aber schon. Ich bin in den genannten, anderen Ländern zu selten oder gar nicht gewesen, und die restliche Zeit meines Lebens reicht nicht aus, um diese Länder in meine innere Landkarte aufzunehmen.

Gibt es denn keine Traumstädte, die ich durch letzte, verzweifelte und bemühte Anläufe (und mit einer gewissen Ausnahmeregelung, weil ich entweder zu kurz oder niemals in ihnen gewesen bin) in mein Repertoire aufnehmen könnte? Ja, doch, zwei große Städte gäbe es. Und welche? New York natürlich und: Buenos Aires. New York versteht sich von selbst, aber Buenos Aires? Wieso ausgerechnet dorthin? Wegen Martha Argerich und Daniel Barenboim, wegen Bruno Leonardo Gelber und Borges, wegen des Tangos und der vielen Buchhandlungen, wegen der italienischen Viertel und wegen … Gut, das wäre dann ausnahmsweise genehmigt.

Trotz dieser Erweiterungen des Radius muss festgehalten werden: Meine innere Landkarte der Jahreszeitenzyklen hat etwas Verstocktes und ist auf die alten Traditionsstätten Westeuropas fixiert. Nähme man es genau, könnte man sogar behaupten, mir sei nur noch die Sehnsucht nach dem alten Weströmischen Reich (mit der Ausnahme Nordafrika, über das man aber noch mit mir reden könnte) geblieben. Stimmt das? Mein Gott, ja, erst jetzt erkenne und begreife ich es ganz. Innerlich und damit von meiner inneren Landkarte her bin ich ein Bewohner des um 395 nach Christus entstandenen Weströmischen Reiches unter dem weströmischen Kaiser Theodosius. Im Ernst? Anscheinend ja.

Zu diesem Weströmischen Reich gehören Italien und Spanien, Frankreich und Belgien, Britannien, das heutige Österreich und die heutige Schweiz, das heutige Slowenien und Kroatien (sowie eben Nordafrika) – das heutige Deutschland aber nur zu einem verschwindend geringen Teil (Bayern und das Rheinland, natürlich mit Köln als Zentrum).

Als Bewohner des Weströmischen Reiches um 395 nach Christus habe ich gewisse Vorbehalte gegenüber dem Oströmischen Reich – und damit gegenüber Griechenland und der Türkei. Athen und Byzanz sind mir unheimlich, doch ich habe sie laufend im Blick. Natürlich lese ich die griechischen Klassiker und beschäftige mich mit der griechischen Philosophie. Eigens für diesen Zweck habe ich Altgriechisch gelernt und mich in die kulturellen Ursprünge Westeuropas vertieft. Nach Griechenland gereist bin ich dagegen sehr selten, und weder eine Stadt noch eine Region ist mir dort zur Heimat geworden. Meine Uralt-Heimat ist eben Rom und nochmals Rom mitsamt seiner klugen Adaption des Griechischen und seiner Verwandlung von Philosophie in Religion.

Diese Vorlieben haben etwas stark Irritierendes. Irritierender wird es noch, wenn ich bedenke, dass das weströmische Kaisertum kaum achtzig Jahre bestand und Westrom von da an immer weiter zu schrumpfen begann, bis lediglich die Kernprovinz Italien (zusammen mit den Alpenstaaten) übrig blieb.

Die radikalen Anfälle, die mich ausschließlich nach Italien führen würden, könnten also auf einer posttraumatischen, Jahrtausende zurückreichenden, jedoch anscheinend noch immer in mir vorhandenen historischen Erfahrung und Kränkung beruhen: dem Zusammenbruch des Weströmischen Reiches und seiner Zurückführung auf das italienische Mutterland mitsamt der Alpen.

Das ist allerhand. Meine weströmische innere Landkarte wird von Köln, meiner Geburtsstadt, aus strukturiert und erlaubt letztlich nur Fahrten durch Österreich und die Schweiz in den Süden. Schon in Niedersachsen habe ich eigentlich gar nichts verloren, aber auch nicht in Hessen und erst recht nicht in Schleswig-Holstein (was das Ende Niebülls und Seebülls für meine weitere Vita bedeutet).

An meinem weströmischen Kaiserhof in Köln würde ununterbrochen ein einziges Drama gespielt. Es heißt *Romulus der Große* und handelt von den späten Tagen des letzten weströmischen Kaisers Romulus Augustulus. Und wer hat dieses Drama eigens für mich geschrieben? Der Schweizer Dramatiker Friedrich Dürrenmatt. Und weiter?!

Mehr als jedes andere Dürrenmatt-Drama habe ich genau dieses geliebt und häufiger als jedes andere gesehen. Eine Zeitlang schaute ich, ohne es mir erklären zu können, mindestens zwei- oder dreimal im Jahr *Romulus der Große* an und fuhr während dieser Jahre immer wieder nach Zürich, um dort in dem herrlichen Restaurant *Kronenhalle* (das Dürrenmatt sehr häufig besucht und in dem er Max Frisch in mehreren legendären Trinkrunden immer wieder unter den Tisch getrunken hat) auf Friedrich Dürrenmatt anzustoßen.

Unter den Schweizer Autoren ist er mir seit Ewigkeiten der liebste (über Max Frisch kein einziges Wort!). Alle Dokumentationen, die über ihn gedreht wurden, habe ich mehrmals gesehen und viele Male die Szenen wiederholt, in denen er mit mehreren Flaschen allerbesten Rotweins aus seinem Weinkeller nach oben steigt. Hätte ich bloß ein einziges Mal mit ihm getafelt! Wir hätten mit Spargelwein auf sein Drama und sein mächtiges Lebenswerk angestoßen, und er hätte sich bestimmt mächtig gefreut, einem Uraltbewohner des Weströmischen Reiches unter Romulus Augustulus endlich leibhaftig zu begegnen.

Unterwegs mit der Mutter

Irgendwann wird es aber auch mit den Fahrten durch das Weströmische Reich vorbei sein, und ich werde sogar von meiner Kernprovinz Italien (»aus Altersgründen«) Abschied nehmen für immer. Auch die Alpenstaaten werde ich nicht mehr aufsuchen, sondern mich zuletzt auf Deutschland beschränken. Ich werde lange nachdenken, welches Auto für Fahrten durch Deutschland taugt, und ich werde ein kleines, wendiges, aber schickes kaufen, um mit ihm über Land zu fahren. Die weiteren Strecken jedoch werde ich wie seit meiner Kindheit mit dem Zug zurücklegen. Auto und Zug werden sich ergänzen, und ich werde Deutschland noch intensiver und genauer kennenlernen als bis jetzt bereits.

In welche Städte wird es denn auf jeden Fall gehen? Im Süden auf jeden Fall jährlich nach Freiburg und an den Bodensee sowie nach München und Regensburg. In der Mitte nach Mainz und Frankfurt, nach Würzburg und Bamberg sowie nach Bayreuth (Jean Pauls wegen). Westlich nach Aachen und von Köln (dem Zentrum all meiner Reisen) aus nach Düsseldorf, Duisburg und Xanten. Im Norden würde ich Bremen, die Nordsee (mit all ihren Inseln) und natürlich Hamburg besuchen, weiter östlich Kiel und Lübeck. Von dort aus führe ich an der Ostseeküste entlang (Rostock, Stralsund, Greifswald) und würde auf Rügen und Hiddensee stranden.

Durch Mecklenburg ginge es dann jeweils für lange Zeit nach Berlin, und ich würde es (in diesen späten Jahren) schaffen, auch Berlin endlich zu lieben. Leipzig, Dresden, Erfurt und Weimar ständen außerdem in jedem Jahr an, und über Fulda würde ich zurückfinden zum Rhein, um wieder von Mainz aus (und unbedingt durch den Rheingau) in die Mittelrheingegend und schließlich nach Köln zu gelangen.

In den Kinderjahren bin ich mit meinem Vater gereist, er hat mir das Reisen beigebracht. Danach habe ich mich jahrzehntelang selbstständig und meist allein in meinem westeuropäischen Reich umgesehen. Nach dem Tod meines Vaters aber äußerte meine Mutter plötzlich den Wunsch, auch einmal mit mir zu verreisen. Das ging nur mit dem Wagen, und wir haben es zu zweit dann auch wirklich versucht.

Mutter und Sohn unterwegs … Unsere Testfahrt hat uns durch die Alpen nach Rom und wieder zurück geführt. Dadurch hatten wir an solchen Unternehmungen so viel Gefallen gefunden, dass wir jedes Jahr mindestens zweimal eine bestimmte Region ansteuerten. Wir fuhren durch das Münsterland und den deutschen Norden, und wir fuhren durchs Rheinland, den Schwarzwald oder die Bodenseegegend und Bayern.

Meine Mutter saß neben mir und sprach über alles, was sie doch in Wahrheit zum ersten Mal sah, als hätte sie es schon viele Male gesehen. Immer wieder sagte sie »schau einmal an!«, und wenn ich nicht reagierte, erklärte sie mir, was ich gerade übersah. Sie hatte eine ganz andere Freude als früher mein Vater an dem, was wir sahen, denn sie wollte nichts ergründen oder begreifen, sondern alles Gesehene in ihre eigene Erzählung verwandeln und übersetzen.

Diese Erzählung bestand aus dem Netz ihrer sehr eigenen Begriffe und Wahrnehmungen sowie aus den Namen der Menschen, die sie gut kannte. Freiburg war in diesem Sinn nicht die Hochburg des Schwarzwaldes, sondern jene schöne Stadt, in der ihr ältester Bruder Theologie studiert und im Münster seine ersten Messen als Priester zelebriert hatte. Am Bodensee hatte Hermann Hesse gewohnt, und genau aus diesem Grund war der Bodensee interessant, denn als junges Mädchen hatte sie in ihrem kleinen westerwäldischen Ort seine Bücher gelesen.

Nahe Münster sowie am Bodensee hatte Annette von Droste-Hülshoff gelebt, über die sie so sprach, als wäre diese Dichterin ihre Großtante (mit bestimmten Nöten und Leiden) gewesen. Und in Regensburg hatten wiederum Freunde ihrer Eltern viel Zeit verbracht und die Fürstin von Thurn und Taxis sowie den Kardinal Josef Ratzinger recht gut gekannt.

Meine Mutter besaß also eine ganz andere innere Landkarte als ich. Sie bestand nicht aus Städten oder Regionen, in denen sie sich während ihres Lebens länger aufgehalten hatte. Stattdessen hatte sie die Zentren ihres Lebens (Köln und den Westerwald) immer als Erstes im Blick. Diese Zentren hatte sie nie in nennenswerter Weise verlassen, sie war ihnen treu geblieben und hatte sie auch unterwegs immer vor Augen.

Köln und der Westerwald wurden aber von einigen innig geliebten Menschen bewohnt, mit denen sie vor allem zusammensein wollte. Und diese innig geliebten Menschen hatten wiederum Verwandte, Freunde und Bekannte, die sich von diesen Zentren irgendwann verabschiedet und sich in anderen Städten und Regionen Deutschlands niedergelassen hatten. Aus dem Netz dieser vielen Namen und der mit diesen Namen verknüpften Liebes-, Ehe-, Familien- und Sterbegeschichten bestand die Deutschlandkarte meiner Mutter. Während ich in den letzten Jahren ihres Lebens mit ihr unterwegs war, lernte ich diese Karte der familiären Erzählungen bis in alle Einzelheiten kennen.

Ganz am Ende unseres zweisamen Lebens fuhr ich in einer schwierigen Nacht mit dem Wagen in höchster Eile durch Deutschland, um sie kurz vor ihrem überraschenden, aber unweigerlich bevorstehenden Tod noch einmal zu sehen. Als ich das Sterbezimmer weit nach Mitternacht betrat, schaute sie auf und sagte: »Da bist Du ja! Verreisen wir bald wieder zusammen?«

Natürlich verreisen wir bald wieder zusammen, auf weiten, planetarischen Wegen. Und wir werden allem wieder begegnen: Deinen Karten und meinen, ganz zu schweigen von den vielen, die Papa für uns alle, für die lebenden und toten Mitglieder unserer Familie, angelegt hat. Er hat sie mit der Geduld und der Akribie eines Menschen gezeichnet, der in seinem Leben auf eine so liebende Weise für uns alle da war, wie es sich kein Mensch auch nur annähernd vorstellen kann.

Papa also wird uns auf unseren planetarischen Wegen vorausfahren: geduldig, nachsichtig, immer mit einem Blick nach hinten zu uns. An der nächsten Kreuzung wird er uns winken: »Du nach rechts! Und Du fährst geradeaus!« Ohne jedes Murren werden wir tun, was er vorschlägt. Und während jeder von uns, Mama und ich, eine Weile allein eine gewisse Strecke fahren, werden wir hoffen, einander bald wieder zu begegnen.

Spätestens an der übernächsten planetarischen Kreuzung wird das geschehen. Wir werden fast zur selben Sekunde an ihr auftauchen und einen Moment zögern. Und dann werden wir Papa an der Kreuzung erkennen und hören, was wir tausende Male von ihm gehört haben: »Da seid Ihr ja endlich! Euch kann man aber auch keine fünf Minuten allein lassen!«

Lesen Schreiben Lehren

Lesen

Am intensiven Lesen habe ich erst sehr viel später als andere Kinder Vergnügen gefunden. Das Schreiben dagegen machte mir von Anfang an großen Spaß, und ich betrieb es mit einer Leidenschaft, die bis heute nicht nachgelassen hat (von der Schreibschule meines Vaters habe ich in dem Roman *Der Stift und das Papier* erzählt). Vielleicht habe ich wegen dieser frühen Fixierung auf das Schreiben das Lesen immer mit einer gewissen Skepsis betrachtet und lange darüber nachgedacht, wie ich eigentlich lese und warum ich ganz anders lese als viele andere Menschen.

Weil ich verspätet Lesen gelernt habe, las ich zunächst langsam. Zudem empfand ich das Lesen als eine Bevormundung. Schon mit dem ersten Satz sollte ich mich auf einen Text einlassen, den ich eigentlich nur verdauen und zu dem ich selbst wenig beitragen konnte. Eine andere, sehr fremde Welt öffnete mit diesem ersten Satz ihre Pforten, und ich sollte freudig hindurchspazieren und mich in dieser Welt umsehen.

Wenn es nur ein wirkliches, freies Sich-Umsehen gewesen wäre! Dann hätte ich mir Zeit für manche Einzelheit nehmen, hier und da stehen bleiben, das Tempo des Gangs selbst bestimmen und vielleicht auch Umwege wählen und einschlagen können. Das jedoch war beim Lesen nicht vorgesehen. Auf den ersten Satz folgten viele weitere Sätze, die einen mehr oder minder stark zwangen, einen ganz bestimmten Weg mitzugehen. Kein Ausweichen oder Abweichen war möglich, und erst recht gab es keine Möglichkeit, eigene Wege zu gehen.

Dass beim Lesen alles wie ein Dirigat erschien, das einem genau vorschrieb, wie man zu folgen und mitzumachen hatte, wurde vollends deutlich, wenn im Schulunterricht über das Gelesene gesprochen wurde. Dann sollten wir Schüler »wiedergeben«, was wir gerade gelesen hatten. Letztlich lief das darauf hinaus, wie eine Kuh auf der Weide wiederzukäuen, was wir gerade erst mühsam in uns hineingefressen hatten: *Peter kommt an seinem letzten Ferientag wieder nach Hause. Er ist traurig, dass die Ferien schon zu Ende sind. Nun wird er lange Zeit warten müssen, denn die nächsten Ferien beginnen erst wieder in zwei Monaten. Abends geht er früher ins Bett als sonst und träumt von allem, was er in den Ferien erlebt hat. Am nächsten Morgen weckt ihn seine Mutter: »Peter, Du Schlafmütze, steh auf! Die Schule beginnt!« Da wacht Peter auf, schüttelt sich kräftig und freut sich auf das Frühstück zu Haus. Die Ferien hat er schon ein wenig vergessen.*

Großes Lob erntete jeder Schüler, der die Geschichte fast mit denselben Worten erzählte. Kleinere Abweichungen wurden vom Lehrer meist mit einem kurzen Kopfschütteln korrigiert. Fand ein Schüler nicht den richtigen Einstieg in die Geschichte (*Peter mag sein Zuhause nicht mehr, weil es in den Ferien viel schöner war als in seinem doofen Zuhause …*), wurde er zurückkommandiert und musste von vorne beginnen. Wir lasen Texte, als wären sie heilig und mit einer Feuerschrift in Felsen gebrannt, damit sie niemand auch nur um einen Buchstaben verändern würde.

Kein Schüler wehrte sich gegen die strenge Diktatur des Fixierten, vielmehr kam es allen so vor, als gäbe es nur ein einzig richtiges Lesen: stupide Unterwerfung und Übernahme dessen, was sich irgendein Autor ausgedacht und mit heißen Drähten (Kommata, Semikola, Punkte und Anführungszeichen) zusammengestrickt hatte.

In späteren Schuljahren wurde das Ganze noch schlimmer. Die pure Wiedergabe genügte nicht mehr, man hatte sich vielmehr um den Text so zu kümmern, als wäre er in einer Fremdsprache verfasst. Die Methode, sich seiner anzunehmen, hieß »Interpretation« und bestand darin, sich zu fragen, was ein Satz, ein Absatz, ein Kapitel eigentlich »beinhalte« und »bedeute« und was all diese Textteile mit dem Leser »machten«. Solche Fragen führten zu einem geradezu uferlosen Interpretieren mit fremden und künstlichen Begriffen, während ich mit Beobachtungen dazu, wie ein Text aufgebaut war und die einzelnen Textpartien aufeinander bezogen waren, ausgekommen wäre.

Schüler, die in der anspruchsvollen Kunst der Interpretation gut waren, beherrschten das dafür vorgesehene Vokabular und verwendeten so schräge Begriffe wie »lyrisches Ich«, »personaler Erzähler« oder »Konfliktaufbau«. Kaum, dass sie einige Seiten eines Textes gelesen hatten, wussten sie auch schon, dass sie einen solchen Konfliktaufbau (und zwar primärer Ordnung) im Hinblick auf eine amorphe Hauptfigur gelesen hatten, der für die subamorphen Nebenfiguren diese oder jene neutralisierenden Konsequenzen haben würde. Sollte man, fragte ich mich in solchen Fällen, wahrhaftig noch gerne lesen, wenn man nach der Lektüre eine so abstoßende und dem Text peinlich zusetzende Suada auszuscheiden hatte?

Bis heute habe ich dadurch ein sehr kritisches Verhältnis zu Textinterpretationen. Den meisten jungen Lesern verderben sie das Lesen und führen zu Begriffsexzessen, die nur noch komisch sind. Kaum jemand aber scheint das zu bemerken oder sich gar daran zu stören. Vielmehr kommt es den meisten Lesern ganz selbstverständlich vor, auf einen Text mit einem Vokabular zu reagieren, das dessen gesamtes Leben beschneidet, abtötet und schließlich einfriert.

Der Text erhält eine Plastikfolie – die wird mit ein paar Begriffen beschriftet (»auktoriale Erzählhaltung im Präsens – Implantierung des Lesers in das Geschehen – dramatischer Aufbau nach dem 5 Akte-Modell« etcetc.) und schließlich wird alles ins Kühlfach geschoben. Warum und wozu? Und wieso geht man mit Texten, die sich wunderbare Schriftsteller zum Vergnügen der Leser ausgedacht haben, so um, als führten sie notwendigerweise zu interpretatorischen Strafarbeiten, die in Begriffsgefängnissen mit Sicherheitstrakten erledigt werden müssen?

Ich habe den starken Verdacht, dass diese Sicherheitstrakte mit einer Furcht vor dem Text zu tun haben. Und wovor fürchtet man sich? Dass man den Text nicht richtig, nur halb oder auch falsch verstehen könnte. Es ist, als wäre jeder Text von Gottvater diktiert und als müsste man Buße tun, wenn man Gottvaters Ideen und Konzepten nicht bis ins letzte Detail als Diener folgt. Das aber verleugnet die Liebe zu einem Text und die Freude daran, die doch zusammen erst die Grundlage und der Impuls des Lesens sein sollten.

Mein Widerstand gegen das eingepferchte Lesen auf Kommando des Rudelführers regte sich früh. Im Grunde begann es schon damit, dass ich Texte nicht gerne auf einmal und damit in einem Zug las. Ich machte Pausen, träumte ein wenig, dachte mir etwas aus (Wie alt war Peter? Wo wohnte er? Wie alt war seine Mutter? Was war sein Vater von Beruf? Hatte er Geschwister?) und begann beinahe zwangsläufig, etwas aufzuschreiben, was die Lektüre befragte und auf sie antwortete.

Dass Lesen keine bloße Aufnahme und kein andächtiger Nachvollzug eines Textes sein sollte, sondern durch Schreiben erwidert werden müsse, war (und ist bis heute) das Grundprinzip meines Lesens. Ohne Schreiben kein Lesen – so könnte ich es knapp zusammenfassen, um dann genauer zu erklären, um welches Schreiben es sich handeln sollte. Denn es geht ja nicht um das erklärende, zusammenfassende oder deutende Schreiben, sondern um eines, das Ergänzungen, Umschreibungen oder Fortsetzungen der Lektüre erprobt und variiert: *Peter ist aus seinen Ferien mit einem Schnupfen nach Hause gekommen. Er freut sich darauf, einige Tage im Bett zu verbringen und nicht sofort in die Schule gehen zu müssen. Leider ist sein Vater aber ein guter Arzt. Der gibt Peter Tabletten und sagt: »Schluck heute drei Stück davon, dann bist Du morgen wieder gesund und kannst zur Schule gehen.« Peter aber tut nur so, als hätte er die Tabletten geschluckt. In Wahrheit wirft er sie alle ins Klo. Daher hat er am ersten Schultag nach den Ferien noch viel mehr Schnupfen und darf bis zum Wochenende im Bett liegen bleiben.*

Eine solche »Arbeit am Text« ist natürlich auch eine Interpretation, aber keine nur dienende und ausschließlich begrifflich deutende. Sie schreibt den Text vielmehr um, wird aber, bevor sie das tut, den Text sehr genau lesen müssen, damit seine Über- oder Umschreibung wirklich etwas Neues, Anderes aus ihm macht. Man könnte sagen: Das Variieren »spielt« mit dem Text, indem es ihn (zunächst im

Kopf) in seinen Bestandteilen auseinandernimmt und diese Bestandteile dann schreibend, auf dem Papier, neu und anders zusammensetzt.

Solche Variationen sind die einfachste, erhebliches Vergnügen machende Antwort auf einen Text. Die Freude am Text schlägt um in ein Vergnügen am Schreiben. Die fremde Geschichte verliert ihre Starre und Unzugänglichkeit und verwandelt sich in eine eigene Geschichte, die gleichwohl von den Impulsen der fremden lebt.

So habe ich bis heute gelesen. Fast jeder gelesene Text hat eine mehr oder minder kurze Erwiderung oder Antwort erfahren. Es gibt unendlich viele Formen solcher Antworten, und ich kenne keine, die nicht große Lust auf noch weitere Varianten machen würde. Man sollte sie alle in den Schulen erproben und die Schüler außerdem noch mit vielen weiteren Übungen dazu verführen, täglich zu schreiben. Gelänge das, wäre die Welt (ich wette, ich bin vollkommen sicher, mein Schriftglaube ist groß) eine andere.

Schreiben

Außer Klavierspielen kenne ich keine schönere, interessantere und befriedigendere Tätigkeit als das Schreiben. Etwa vom siebten Lebensjahr an bin ich zu einem täglichen Schreiber geworden, und immer hatte die Freude am Schreiben mit einem einzigen, unerklärlich starken Moment zu tun.

Es ist der Moment des Einstiegs in einen Text. Ich sitze an einem Tisch, blicke auf ein Blatt Papier, schließe kurz die Augen und beginne zu schreiben. In wenigen Sekunden tut sich das neue und andere Universum auf. Es hat etwas stark Verlockendes, weil ich nur ahne, aber nie sicher weiß, woraus es besteht und was es verbirgt. Und es meldet sich in meinem Hirn, als fegte ein belebender Wind durch es hindurch und rüttelte an jeder Zelle.

Diese vitale, plötzliche Belebung des Hirns entsteht durch äußerste Konzentration. Sie ist so stark und unbedingt, dass jede Faser des starr wirkenden, angespannten Körpers beteiligt ist. Für diesen seltsamen, kostbaren Moment habe ich bisher nur wenige Vergleiche gefunden.

Ein szenischer besteht in der Art und Weise, wie Pferde beim Galoppsport kurz vor Beginn eines Rennens in schmale Boxen geführt (oder auch mit Gewalt gedrängt) werden. Sie sind äußerst nervös und sträuben sich, sie treten wie von Sinnen auf der Stelle und werfen den Körper gegen die beiden Seiten der Box. Aber es hilft alles nichts, sie werden in diesem Moment präpariert für den Start, vor dem sie sich letztlich fürchten. Dann aber ertönt das Startsignal – und gerade weil sie sich vorher extrem fürchteten, rennen und rasen sie danach los.

Das Beispiel lehrt, dass dem Schreiben eine immense Nervosität und Anspannung vorausgeht. Beides resultiert aus der Furcht, den Start zu verpassen, von anderen Startern überrannt oder direkt nach dem Start ins Aus gedrängt zu werden. Man will unbedingt in die Spur finden und sein eigenes Rennen machen, unabhängig von den anderen. Verlaufen die ersten hundert Meter gut, ist man erstmal gerettet. Man rennt und rennt und findet allmählich zu seiner Form. Alles andere ist dann eine Frage des Trainings.

Ein anderer Vergleich kommt aus dem Schach und hat ebenfalls mit dem Anfang des Schreibens und daher mit dem zu tun, was man beim Schach Eröffnung nennt. Man weiß, dass selbst die großen Schachspieler eine Partie nicht einmal auf diese und dann wieder auf andere Weise eröffnen. Meist spielen sie denselben ersten Zug, und gerade er ist alles andere als originell.

Auch hier spielt die Furcht eine immense Rolle. Zunächst will der Spieler hineinfinden in die Partie, danach will er langsam in Fahrt kommen, dann die ersten außergewöhnlichen und verblüffenden Manöver riskieren und nach vielen Zügen die Partie mit ein paar völlig unerwarteten Zügen im Endspiel für sich entscheiden.

Während des Spiels wird er das Schachbrett nicht aus den Augen lassen (es gibt Ausnahmen und damit auch Spieler, die sich gelegentlich vom Spiel entfernen oder sich demonstrativ desinteressiert zeigen – davon sei jetzt nicht die Rede). Mit starrem Blick wird der Spieler immer wieder das Brett scannen und alle nur möglichen Varianten im Kopf durchgehen und mit sich selbst diskutieren. Jeder Zuschauer sieht ihm das Übermaß an Konzentration an: Die Augen fixieren die Figuren, die leicht gewölbte Hand vor der Stirn schirmt den Gegner ab, und die Füße unter dem Tisch wippen ein wenig auf der Stelle und kommen erst wieder zur Ruhe, wenn der nächste Zug getan wurde.

Das Schreiben verläuft ganz ähnlich. Man versucht, wenig originell zu beginnen und mit einem einfachen Satz Land zu gewinnen (*Ilsebill salzte nach ... / Die Jefferson Street ist eine stille Straße in Providence ... / An einem Vorfrühlingsabend kehrte der junge Fermer nicht mehr in die Kaserne zurück ...*). Dann wird man versuchen, sich langsam an seine Figuren zu gewöhnen. Man begleitet sie, schaut ihnen zu und entwickelt eine gewisse Sicherheit und Geduld. Danach führt man sie vom erwarteten Weg ab. Man wird immer übermütiger und lässt die Puppen tanzen. Und schließlich beendet man den täglichen Schreibanlauf mit ein paar hyperkühnen Einfällen, die einem geradezu fantastisch gelungen erscheinen. (Am nächsten Morgen wird einem der erste Blick auf das Manuskript sagen, dass man genau diese Einfälle sofort wieder zu tilgen und stattdessen ruhig und besonnen weiterzumachen hat: *Über dem Atlantik befand sich ein barometrisches Minimum …*)

Was passiert also beim Schreiben? Vor seinem Beginn konzentriert sich der Körper und ruft ein Höchstmaß an erregenden Stoffen ab. Man ist nervös, fiebrig und ungeduldig. Dann das Startsignal – und man will unbedingt los, um dem unruhigen Pferd die Sporen zu geben. Gerade das, weiß man inzwischen, wird danebengehen, es wird sich vergaloppieren. Also muss man trotz äußerster Anspannung ruhiger werden und gegen die Unruhe angehen. Man darf sie nicht verlieren, um Gottes willen nicht! Aber man muss es schaffen, sie zu bändigen und in die rechten Bahnen zu lenken.

Die volle Gehirnemphase verlangt nach konzentrierter Gehirnsteuerung. Und diese Steuerung verlangt wiederum nach weiterer Zufuhr von Erregungsmitteln in feinster Dosierung, damit das Schreiben einige Stunden (drei oder vier, mehr geht meistens nicht) anhält. Innerhalb dieser Stunden will man von niemandem gestört oder belästigt werden. Würde einem jemand eine große Summe anbieten, die man aber gleich abzuholen und in Empfang zu nehmen hätte, würde man ihn überhören oder des Feldes verweisen. Gäbe es ein Angebot, mit Mariel Hemingway einen Morgenritt, verteilt auf zwei Schimmel, entlang der italienischen Riviera zu machen, würde man die rechte Faust vor Schmerz ballen, aber ablehnen und weiterschreiben.

Denn die drei, vier Stunden an einem Stück sind ein Lust-gewinn ersten Ranges. Das Seltsame ist, dass diese Lust mit dem Thema oder dem Inhalt des Schreibens nicht das Geringste zu tun hat. Sie stellt sich ein, wenn man an einem Roman arbeitet, sie tut das aber auch, wenn man einen mehrseitigen Brief an Großtante Claudia schreibt.

Alles hat vielleicht damit zu tun, dass man sich während des Schreibens als ein Schöpfer empfindet, der die Welt neu erschafft. Niemand anderes als man selbst gibt ihr ein Gesicht, und keine Kunst macht das so komplett und absolut wie das Schreiben (die Künstler dürfen diese Welt mit ihren Werken schmücken oder verzieren, die Musiker dürfen etwas Musik dazu machen, und die Schauspieler dürfen (meinetwegen) dazu über die Bühne hüpfen, während die Filmleute die Schreiber beim Schreiben porträtieren).

Die Vermutung, der Lustgewinn beim Schreiben resultiere aus diesem geradezu größenwahnsinnigen Anspruch, hat vieles für sich. Befriedigend finde ich diese Vermutung nicht. Letztlich reizt es mich aber auch nicht, genauer zu wissen, was eigentlich hinter der großen Lust steckt. Vielleicht ist es etwas Trübes oder Perverses, das mich abschrecken und ewig vom Schreiben abbringen würde. Also: besser an dieser Stelle nicht länger bohren und lieber weiterschreiben.

Schließlich sollte es mir reichen, genau zu wissen: Morgen früh, zwischen sechs und sieben Uhr, werde ich wieder diese Unruhe spüren. Ich werde mich abzulenken versuchen und das Arbeitszimmer nervös und angstvoll durchkreisen, als wäre irgendwo ein gefährlicher Tiger versteckt. Dann werde ich mich an den Tisch setzen und durch das Fenster ins Freie schauen. Draußen wird ein dämmriges Grau scheinbar beruhigend lauern. Oder aber ein blitzendes Sonnenlicht wird mich verhöhnen und reizen. Egal. Ich habe weder mit dem Grau noch dem Gold etwas zu schaffen. Meine Welt befindet sich woanders, nämlich dort, vor mir, auf diesem Papier. Ich spitze einen Bleistift, ich fahre mir noch einmal durch die Haare.

Dann geht es los – und ich bin für Stunden verloren …, während der Tiger hinter meinem Rücken unermüdlich durch den Raum schleicht, bis ich ihn nach drei, vier Stunden zumindest für diesen Tag einfangen und mit den besten Bissen frisch geschlachteten, blutüberströmten Fleischs belohnen kann.

Lehren

Die alten Griechen haben für jene seltsamen Veränderungen, die man beim Schreiben erlebt, einen Begriff gefunden. Sie glaubten, beobachtet zu haben, dass der Schreiber von etwas ergriffen und mitgerissen werde. War es ein Gott, der sich seiner bemächtigte? Oder wovon war er plötzlich und auf rätselhafte Weise besessen?

In der griechischen Philosophie lautet der Begriff für diese orgiastischen Zustände »Enthousiasmós«. Damit ist nicht das gemeint, was wir heute als »Enthusiasmus« bezeichnen, womit wir idealistische Schwärmereien benennen. Der »Enthousiasmós« der Griechen ist ein viel heftigerer und packenderer Zustand. Wer ihn erlebt, ist von etwas durchdrungen und wird zu einem Medium, das ausspricht und benennt, was ihm in klarem Zustand nicht zugänglich gewesen wäre. Begeisterung (im Sinne von »be-geistert« sein) und Besessenheit zeigen sich in der Abwendung von der Normalität und in der Hingabe an ein fremdes und neues Sprechen. Indem der Schreiber verwandelt wird, taucht er in eine andere Welt ein, die er mit allen Mitteln und unter höchstem Einsatz zu erforschen und kennenzulernen sucht.

Dies wird er zunächst allein tun, um am eigenen Körper Erfahrungen mit dieser Verwandlung zu machen. Der schöne und intensive Zustand ist aber so mächtig, dass er nach Vermehrung und Ausbreitung drängt. So wird sich der Enthusiasmierte bald Gedanken darüber machen, wie sich seine Begeisterung auf andere Schreiber übertragen ließe. Ein mehrfacher Enthusiasmus könnte noch viel weitere Welten eröffnen und das Neue in noch vielfältigeren Facetten spiegeln.

Macht sich ein Enthusiasmierter solche Zusammenhänge klar und denkt er darüber nach, wie er andere Schreiber anregen und verwandeln könnte, wird er zum Lehrer. Einem solchen Lehrer geht es nicht zuerst darum, Themen oder Inhalte zu vermitteln und aufzuarbeiten. Mit Belehrung im konventionellen Sinn hat sein Unterricht nicht das Geringste zu tun. Der eigentliche Kern dieses Unterrichts ist vielmehr eine Übertragung oder ein Infizieren.

Vielleicht wird der Lehrer mit dem Lesen beginnen. Dann wird er zusammen mit seinen Schülern nicht das lesen, was ihnen irgendein Kanon oder eine Behörde vorschreibt. Vor Beginn der Lektüre wird er mit seinen Schülern sprechen und versuchen, sie besser kennenzulernen. Aus dieser Kenntnis heraus wird er Texte auswählen, mit deren Themen und Inhalten sich seine Schüler gerne beschäftigen. Gleichzeitig werden es Texte sein, die der Lehrer selbst schätzt und liebt und von denen er selbst angesteckt oder ergriffen worden ist.

Durch das Lesen werden die Viren des Enthousiasmós auf den Leser übertragen. Er wird spüren, dass der Text Wirkstoffe und Potenzen enthält, die ihn nicht nur beeindrucken, sondern mitreißen. Er ist kein abgestandenes Bildungsgut, das man in einem Wissensspeicher deponiert, bis es Staub ansetzt und schließlich verschimmelt. Stattdessen wirkt er wie ein Lebewesen, dessen Atmen und Fühlen man teilt und (»be-geistert«) zu ergründen sucht.

Eine solche Suche könnte man eine Suche nach Vorbildern nennen. Damit sind keine freundlichen Gutmenschen gemeint, die eine Moral verkünden oder für Weltanschauungen werben. Ein Vorbild ist vielmehr mit einem einzigartigen, gefährlichen Virus infiziert. Überträgt sich dieser Virus auf einen Leser, besteht die Gefahr, dass er so zu sprechen und zu denken beginnt wie das Vorbild. Davon muss ihn ein kluger Lehrer abbringen oder befreien. Er wird sich also bemühen, den Virus zu kanalisieren. Wirken soll er, aber er darf den Ausdruckshaushalt des Schülers nicht ausschließlich bestimmen.

Hat ein Vorbild oder haben sogar mehrere Vorbilder virenstreuend gewirkt, wird der Schüler nach dem eigenen Virus suchen. Er wird schreiben und schreiben, als ginge es um sein Leben. Lange Zeit wird er aber noch das Gefühl haben, lauter tote und uninspirierte Texte zu produzieren. Keine Rückmeldung, kein Echo des Gottes, den die alten Griechen am Werk sahen. Auch der Lehrer kann in einem solchen Moment kaum noch helfen. Er wird sich die Texte des Schülers genau anschauen, er wird sie mit ihm besprechen, er wird Varianten im Text vorschlagen – er wird alles tun, dem Schüler zu helfen.

Irgendwann (oder aber auch nie) wird es dann geschehen – und keiner, weder der Lehrer noch der Schüler, wird später erklären können, wie es denn ausgerechnet in diesem bestimmten Moment dazu kam. Der Schüler hört plötzlich seinen Text und hat das Gefühl, dass der Text so in ihm lebt, wie er selbst im Text lebt. Ein unheimlicher Austausch der Moleküle findet statt, ein Fließen, eine Metamorphose: »Das ist mein Text«, wird der Schüler irgendwann selbstbewusst sagen, und der Lehrer wird endlich nicht mehr nur sein Betreuer oder Berater, sondern sein Freund sein.

Ist das hier eine märchenhafte Geschichte mit gutem Ausgang? Ja, das ist sie. Ich unterrichte jetzt mehr als vierzig Jahre das Lesen und Schreiben. Würde mich jemand fragen, warum ich das tue, würde ich sagen: weil ich die Verzauberung durch Lesen und Schreiben nicht für mich behalten, sondern weitergeben möchte. Als Lehrer möchte ich ansteckend und begeisternd wirken.

Zusammen mit anderen möchte ich große Momente erleben: wenn ein Seminar eine so starke Begeisterungswelle durchläuft, dass die Schüler/Studenten nach ihrem Ende still dasitzen, ohne noch viel zu sagen. Wenn eine Vorlesung eine solche Wirkung aufbaut, dass ich als Vortragender die Zuhörer wie eine Schar von Eingeweihten empfinde. Wenn ich mit einem Studenten Woche für Woche zusammensitze, ohne dass wir mit seinem Text weiterkommen – und plötzlich wie nach einem Urknall klar wird, wie der Text neu zu gestalten ist.

Lesen, Schreiben und Lehren ist die Trias, die meine Arbeit geprägt und bestimmt hat. Keine dieser Tätigkeiten kann ich herauslösen und vereinzelt betreiben. Der Enthousiasmós nimmt auf, gibt wieder und teilt sich mit.

Philosophieren

Der Gedankengang

Ich liebe das Philosophieren, wenn es aus einem Gedankengang besteht. Ein Gedankengang entwickelt ein Motiv oder Thema, indem er es Schritt für Schritt, mit sich aufeinander beziehenden Sätzen, darstellt und klärt. Er fängt mit einfachen Fragen an, sucht nach Begriffen, erläutert sie, baut sie aus – und gibt dem Leser die Möglichkeit, jeden einzelnen Schritt nachzuvollziehen und dadurch ins Mitdenken zu geraten.

Ein solches Mitdenken hat eine angenehme Wirkung. Allmählich bringt es Licht in etwas, das man vorher noch nie so gründlich und lange bedacht hat. Man begleitet ein Denken auf seinem Weg, als ginge es ganz von vorne los, um wie auf einer Leiter zu den höheren und schließlich obersten Begriffen zu gelangen. Jeder einzelne Schritt ist dabei von Bedeutung, denn man gerät in Gefahr, wenn man eine Sprosse der Leiter überspringt. Man kommt aus dem Tritt, vielleicht stürzt man sogar ab.

Deshalb ist es wichtig, langsam und mit festem Blick auf jede höhere Sprosse zu steigen. Das fällt nicht leicht, und es ist eine Anstrengung, von der man sich in kurzen Pausen erholt. Man verweilt, schnauft durch, sammelt frische Kräfte. Solche Ruhemomente bieten Gelegenheit, zurückzuschauen, zu resümieren oder den Weg noch einmal ins Auge zu fassen.

Gedankengänge bestehen daher nicht nur aus Steigerungen, sondern auch aus retardierenden Momenten. Stellt man die Passagen des Retardierens am Ende nebeneinander, hat man den zurückgelegten Weg mit allen Besinnungsmomenten in großer Klarheit vor sich. Man kann ihn vergegenwärtigen oder auch überlegen, ob wirklich jeder Schritt konsequent und klar auf den vorhergehenden folgte. Vielleicht entdeckt man auch kleine Sprünge oder gar Aussetzer. Dann geht das Nachdenken von vorne los, um dem Gedankengang noch mehr Stabilität zu verleihen.

Das Philosophieren in ruhigen, gründlichen und stabilen Gedankengängen erscheint mir menschenfreundlich. Es schließt die Leser nicht durch ein peinliches Kompetenzgetue aus, sondern stellt den Anspruch, den Leser zu einem Begleiter des Denkens zu machen. Daher setzt dieses Philosophieren keine Kenntnisse voraus und verlangt vom Leser nicht mehr, als dass er bereit ist, ebenfalls ruhig und gründlich nachzudenken. Vorher muss er sich weder in ein Themengebiet einlesen noch Begriffe erlernen, denn der Ausgangspunkt des menschenfreundlichen Philosophierens sollte erscheinen wie ein Anfang bei null.

Die Schule der Gedankengänge

In ihrer überzeugenden Klarheit habe ich solche Gedankengänge im philosophischen Unterricht an Schule und Hochschule kennengelernt. Das unerreichte Vorbild all dieser Bemühungen waren die Schriften Immanuel Kants.

Zwei Stunden Kant zu lesen, bedeutete: einen scheinbar

mikroskopisch kleinen Sachverhalt so lange zu analysieren und auseinanderzupflücken, bis er restlos geklärt erschien. Die dafür notwendigen Begriffe wurden mit unendlicher Geduld ins Spiel gebracht, genau definiert und dann wieder beiseitegelegt. So hatte das Denken etwas Operatives, als ginge es darum, einen Körper mit einem desinfizierten Operationsbesteck an einer kleinen Stelle minimal zu öffnen, nach dem Rechten zu schauen und ihn langsam und sorgfältig wieder zu verschließen. Das Problem war behoben, der Körper war wieder intakt, die winzigen blinden Flecken und dunklen Zonen waren beseitigt oder erhellt.

Als Schüler oder Studenten bekamen wir das Kantische Philosophieren aber nicht nur durch angestrengte Lektüren mit. Wir erkannten seine enormen Wirkungen auch an unseren Lehrern. Mit leiser, freundlicher und bedächtiger Stimme begrüßten sie uns im Grundkurs und befragten uns nach unseren naiven Vorstellungen. Was erwarteten wir, wie stellten wir uns ein Semester mit Immanuel Kants *Kritik der reinen Vernunft* vor?

Eine Ausgabe des berühmten Werkes lag vor jedem von uns auf dem Tisch, längst hatten wir hineingeschaut, aber noch ahnten wir nicht, was uns erwartete. Wir dachten, wir würden in einem Semester recht weit kommen, die Gliederung des Seminars sah angenehm übersichtlich aus, und wir waren noch nicht durch Fichte- oder Hegellektüren verdorben, sondern kamen (wie wir angeberisch sagten) »von Descartes her«. Das machte Eindruck, und außerdem war es ungefährlich, so etwas zu behaupten.

Denn auch unsere Lehrer behaupteten (in seltenen, redseligen Momenten), Kant komme »von Descartes her« – und wenn sie es mit der Redseligkeit übertrieben (abends, bei einem Zusammentreffen eher »privater Natur«), behaupteten sie sogar, die gesamte abendländische Philosophie der Moderne komme »von Descartes her«.

Hätten wir mehr Lebenserfahrung gehabt, hätte uns auffallen müssen, dass sie nicht nur ausschließlich Kant lasen, sondern auch durch die Kantlektüren geprägt waren. Keiner von ihnen (Frauen, die Kant unterrichteten, gab es damals noch nicht) lebte in irgendeiner Form ausschweifend. Mehr als ein Glas Wein zu trinken, war zum Beispiel in einer vor allem von Philosophen besuchten Weinstube (sie hieß *Kantstube*) nicht üblich. Es stellte den Trinkenden bloß, weil er seinem Gehirn, das für Kant, aber nicht für den Alkohol geschaffen war, Schäden zufügte. Barocke Weintrinker dachten nicht so scharf wie Ein-Glas-Trinker, das galt als sicher und wurde mit keinem Wort einem längeren Gedankengang unterzogen.

Aber auch sonst waren alle Lebensformen, die eine Spur Ausschweifung verrieten, tabu. Kantlehrer fuhren nicht in großen Autos, sondern näherten sich dem Lehrgebäude auf Fahrrädern oder zu Fuß. Begegnete man ihnen auf solchen Wegen oder zufällig in der Stadt, konnte man darauf vertrauen, höchstens gegrüßt, aber niemals in eine Unterhaltung verwickelt zu werden. Wer Kant las und lehrte, hatte anscheinend von morgens bis abends auch Kant im Kopf, was in der Lebenspraxis ein blasses Gesicht und einen unsportlich, aber doch immerhin hager und schlank erscheinenden Körper zur Folge hatte. Welche Form von Libido solche Körper entwickelten, konnten wir wegen unseres jugendlichen Alters und unserer Unerfahrenheit in solchen Dingen nicht erahnen.

Stattdessen bemühten wir den einfachen Begriff der »Askese«. Kant zu lesen, führte zu einem asketischen (aber nicht unbedingt freudlosen) Leben. Die Askese wurde durch eine gewisse Heiterkeit erträglich gestaltet. Auch Kant sollte als ein vorbildlicher Unterhalter bei Tisch manchmal von der Heiterkeit gepackt worden sein. Gut informierte Kantlehrer sprachen von der »Heiterkeit der Aufklärung« und taten so, als müsste das jedem gleich etwas sagen.

Wir ahnten jedoch, dass sich hinter dieser scheinbar biederen Formel ein Wissen von ganzen Jahrhunderten verbarg, mit dem wir es nicht aufnehmen konnten. Waren wir an den Abenden »privater Natur« einmal ganz unter uns, gingen wir beim dritten Glas Wein stattdessen aufs Ganze. Einer von uns behauptete, die Formel von der »Heiterkeit der Aufklärung« sei eine versteckte Kantkritik, und ein anderer stimmte ihm zu und schlug vor, wir sollten in den kommenden Semestern die großen Kantkritiker in kleinem Kreis (und damit ohne unsere Lehrer) lesen.

Solche revolutionären Projekte erledigten sich aber von selbst, als wir mit der Lektüre der *Kritik der reinen Vernunft* begannen. Im ersten Semester schafften wir nicht mehr als etwa zehn Seiten, und als das Semester zu Ende war, hatten wir komplett vergessen, worüber wir die ganze Zeit so ungeheuer angestrengt nachgedacht hatten. Es war zum Verzweifeln, denn anscheinend war es unmöglich, die glasklaren Kantischen Gedankengänge wiederzugeben. Es waren einfach zu viele gewesen, Kant hatte uns schwindlig gedacht. Und so blieb uns nichts anderes, als uns mit blöden Witzen von unserer Verlegenheit zu befreien. Dann behaupteten wir, Kant habe nicht nur uns, sondern auch seinem späteren Kritiker Hegel Schwindel verursacht. Das Resultat dieser Schwindelgefühle sei Hegels *Phänomenologie des Geis-*

tes, deren erster Satz das Schwindelgefühl gleich anspreche (und indirekt auch beweise): *Dieser Band stellt das werdende Wissen dar ...*

Die Herkunft der Gedankengänge

Der Urvater des klaren Gedankengangs ist jedoch nicht Immanuel Kant, sondern der griechische Philosoph Platon. In seinen berühmten Dialogen hat er die Technik des Gedankengangs entworfen und in die abendländische Philosophie eingebracht. Er hat das aber nicht in theoretischer Manier, sondern in der Form von Erzählungen und Gesprächen getan, in denen er vorführte, was ein guter Gedankengang ist.

Um das anschaulich zu zeigen, lässt Platon einen oft unbedarften Menschen auftreten, der nicht ahnt, was ein Gedankengang ist und der selbst noch nie in Gedankengängen gedacht hat. Natürlich hat er einige Gedanken, aber er hat sich nie überlegt, wie seine Gedanken zu ordnen und in einen Zusammenhang zu bringen wären. Die Gedanken befinden sich in seinem Kopf also wie lose Brocken oder dünne Splitter, die in den Zellen des Gehirns umhertreiben wie nicht verarbeiteter Müll in einem toten Gewässer.

Den unbedarften Menschen lässt Platon des Wegs daherkommen und auf den Philosophen Sokrates treffen. Die beiden begrüßen sich, und Sokrates beginnt, den Unbedarften zu befragen. Anfänglich sind es sehr schlichte Fragen: Wo kommst du her? Wo gehst du hin? Womit beschäftigst du dich gerade? Da fällt es dem Unbedarften leicht, diese Fragen ebenso schlicht zu beantworten: Ich komme aus X, ich gehe nach Athen, ich habe gerade einen Preis in einem Sängerwettbewerb gewonnen.

Kaum hat er jedoch das Wort »Sängerwettbewerb« ausgesprochen, hat er der Unterhaltung ein Motiv oder Thema spendiert, und Sokrates macht sich daran, dazu einen Gedankengang zu entwickeln. Der Unbedarfte ist also anscheinend ein Sänger?! Oh ja, er ist ein Sänger. Und was singt ein Sänger? Ein Sänger singt Lieder. Und woher hat er diese Lieder? Von anderen Sängern, vielleicht hat er einige auch selbst gedichtet. Und wie dichtet er, wie macht er das?

Große, peinliche Pause. Die zuvor noch schlichten Fragen haben eine plötzliche Zuspitzung erhalten. Darüber, was beim Dichten geschieht, hat der Unbedarfte noch keinen Moment nachgedacht. Dichten ist eben dichten – so denkt er über das, was er seit langer Zeit ununterbrochen getan hat. Dass man sich darüber Gedanken machen kann, ist ihm fremd.

Sokrates ist kein Fragensteller, der die Befragten bloßstellen möchte. Er springt ihnen also bei, wenn sie in peinliche Situationen geraten und nicht weiterwissen. Also geht er einen Schritt zurück und baut den Gedankengang neu auf: Was tut der Dichter? Er findet Worte für sein Gedicht. Und woher hat er diese Worte? Erneute peinliche Pause.

Sokrates verliert aber keineswegs die Geduld und fragt weiter: Hat er sie aus einem Katalog, in dem sie verzeichnet sind? Oder hat er sie aus einer anderen Wissenssammlung, der er sie leicht entnehmen kann? Oh nein. Aha, woher hat er sie aber dann, woher bezieht er sie? Bezieht er sie überhaupt aus einem Wissen, das bereits irgendwo gespeichert und gelagert ist? Oh nein, gerade nicht. Sehr gut, gerade nicht. Woher aber dann?

Kurze Pause, dem Unbedarften beginnt es zu dämmern: Dichten hat mit einem irgendwo gespeicherten Wissen rein gar nichts zu tun, sondern ist etwas anderes. Es entsteht im Kopf des Dichters, er denkt sich es aus. Bravo. Dichten ist also der Gesang, den der Sänger sich ausdenkt. Denkt er dabei lange nach, forscht er nach den richtigen Worten oder wie dichtet er, wenn er in Schwung ist? Er denkt keineswegs lange nach, sondern es sprudelt nur so aus ihm heraus. Aha. Weiß der Dichter genau von dem, was aus ihm herausprudelt oder ergibt sich das Sprudeln von selbst, ohne dass der Dichter genau weiß, was er da gerade dichtet? Der Dichter weiß nicht genau von dem, was er dichtet, er lässt es vielmehr aus sich heraussprudeln. Aha. Dann denkt der Dichter nicht, während er dichtet? Nein, er denkt nicht, sondern lässt dem Gedichteten seinen Lauf. In welchem Zustand ist der Dichter in solchen Momenten? Der Dichter ist in solchen Momenten des großen Schwungs außer sich. Er ist außer sich? Was soll das heißen? Der Dichter ist von seinem Dichten begeistert, er glüht geradezu vor Begeisterung. Aha, so ist das.

Sokrates macht nun selbst eine Pause. Einige Sprossen des Gedankengangs wurden bereits bestiegen, jetzt kommt der Ruhemoment dran. Resümieren wir also, was wir gedacht haben: Ein Sänger singt Lieder, die er selbst oder andere gedichtet haben. Dieses Dichten ist keine Abrufung eines bereits vorhandenen Wissens, sondern eine Erfindung des Dichters. Die Erfindung vollzieht sich in Momenten und Zuständen, in denen der Dichter nicht denkt, sondern sich dem Dichten frei überlässt. Das Dichten zeigt sich in einem Sprudeln von Worten, die den Mund des Dichters wie ein Schwarm verlassen. Der Dichter hat diesen Schwarm nicht mehr unter Kontrolle, der Schwarm ist zu mächtig. Er strebt ins Freie, und der Dichter kann nichts dagegen tun.

Sehr gut, soweit sind wir, jetzt kommen die höheren Sprossen dran: Wie kommt der Schwarm von Worten, der ins Freie will, denn in des Dichters Kopf? Hat er sie selbst hineingetan? Doch anscheinend nicht. Es muss aber doch jemand existieren, der sie hineingetan hat, sonst wären sie im Kopf des Dichters nicht vorhanden. Wer also hat sie hineingetan?

Hier breche ich ab (weiterlesen kann man diesen Gedankengang in Platons Dialog *Ion*). Das Beispiel macht deutlich, wie geschickt Platon vorgegangen ist, um der abendländischen Menschheit das Denken und Gedankengängen beizubringen. Er bringt einen unbedarften Menschen ins Spiel und überträgt an den Lehrer Sokrates die Aufgabe, diesen Unbedarften in Gedankengänge zu verwickeln. Diese sind einfach und nachvollziehbar und berühren keine Stufe, bevor die vorhergehende nicht gesehen und bewusst betreten wurde. Im Verlauf des Gedankengangs klärt sich ein Sachverhalt, nicht so schwindelerregend wie beim Meister der heiteren Aufklärung, aber doch so, dass man (als Unbedarfter) eine wohltuende Wirkung spürt.

Was ich liebe – und was nicht

Die Texte in diesem Buch sind kleine Philosophien in der Form von Gedankengängen, in deren Verlauf Momente heiterer Aufklärung erlaubt sind. Sie laden den Leser aber nicht nur dazu ein, diese Gedankengänge zu begleiten oder ihnen zu folgen. Vielmehr wollen sie ihn anregen, als selbstständiger Leser ein eigenes Buch zu schreiben. Und welchen Titel hätte dann dieses Buch? *Was ich liebe und was nicht.*

Inhalt

Hanns-Josef Ortheil

Der Stift und das Papier

Roman einer Passion

384 Seiten, btb 71529

»Plötzlich, von einem Moment auf den anderen, bin ich wieder:
Das Kind, das schreibt …« – der große autobiografische Roman
des Bestsellerautors über die Anfänge seiner Lebenspassion.

»Ortheil taucht für seinen Roman in das Archiv seiner frühesten
Texte ein – und gleitet hinüber in die Sprache des Kindes,
das er mal war.«

Tobias Becker, Der Spiegel

»Alles leicht und behutsam und mit einer Langsamkeit erzählt,
die dem faszinierenden Vorgang des Ins-Leben-Gehens
angemessen erscheint.«

Anja Hirsch, Frankfurter Allgemeine Zeitung

»Wer sich für die Kunst des Schreibens interessiert,
kommt an diesem wunderbaren Buch nicht vorbei.«

Christine Adam, Neue Osnabrücker Zeitung

»Ein intensives, wahres, lebensvolles Buch.«

Alice Werner, Berner Zeitung

btb